JN060499

西洋古典名言名句集

西洋古典叢書編集部 編

京都大学学術出版会

Selected Greek and Roman Quotations

巻 頭 言

言葉の花束に寄せて

アンソロジー

内山 勝利

Katsutoshi Uchiyama

　1997年に刊行開始された『西洋古典叢書』は、一昨年150点を越えた（現時点で160点に達している）。むろん古代ギリシア・ローマの著作の全容を示すにはまだ遠いが、本邦初訳や学術性の高い著作に重点を置き、完訳を原則としたシリーズとして、少なくともわが国においては他に類を見ない企図の実現に向けて一定の地歩を固めるところまでは来たと言いうるであろう。

　ここに編まれた『西洋古典名言名句集』は、今後もつづく長い道のりにおける一つのマイルストーンを立てるような試みとして、既刊書のうちから、その精髄をなすような言葉のきらめきをすくい取って一冊に纏めたものである。

　本書に選ばれた名言名句は従来の類書のものとは大きく相異している。選定の範囲が限定されているからには、言わばお定まりの章句が見当たらないことも少なくないだろう。われわれの叢書にはいまだホメロスの『イリアス』もプラトンの『国家』も含まれていないのである。代わり

に、しかし、ここではじめて目に触れる「隠れた」名言名句の数々がこのアンソロジーには採られているはずである。それらは、邦訳作業や編集作業によって本シリーズに直接携わっているわれわれ自身が、一般にはあまり目を向けられることのないような書目を含めた古典作品の逐一に立ち返り、みずからの心の琴線に触れるもののあった個所を、有名句であると否とにかかわらず、改めて選び直したものであり、その結果として、必ずや清新さがもたらされていることであろう。

　西洋古典世界はまさに名言名句の宝庫である。のみならず、その世界に生きた人たちは古人の言葉を愛し、それに精通することを心の糧（教養）とした。彼らはそれを金言として誦ずるとともに、そこに込められた「真意」を深く追究することで英知を汲み取ろうとした。たとえばプラトンの対話篇を開けば、その随所にホメロスをはじめとする詩人たちや初期哲学者たちの言葉が引かれ、対話者たちがその意味するものの解釈をぶつけ合うことで、真理の端緒を開いていく場面を見ることができる。名言名句とは、単に気の利いた言い回しとして取り出され人口に膾炙されてきただけのものではあるまい。むしろ言い表された言葉の小片のうちに思いがけぬ深い意味を蔵しつつ、われわれの想念や思考を触発する力を持ったもののことである。

　古典という言葉の森の中から新たに「寄せ集め」（ロゴス）られた花（アントス）の数々（アントロギアー／アンソロジー）を楽しんでいただければさいわいである。

凡　例

　本書は「西洋古典叢書」刊行160冊を記念して、既刊書から名言名句を収録したものである。名言名句の選定は各訳者の協力を得ておこなったが、すでに物故された訳者、あるいは諸般の事情で協力を頂くことのできなかった訳者の作品からは、各訳者および訳者の関係者から許諾を得て、京都大学学術出版会西洋古典叢書編集部の責任において採録した。

　それぞれの名言名句は、項目別に分類・配列し、「訳文」「ギリシア語・ラテン語の原文」「著者名」「作品名」「該当箇所」「訳書の頁数」の順で配した。原文の選定を含め、収録に関する責任はすべて編集部にある。主要な項目（目次では太字で表示）については、適宜ギリシア・ラテンの原語の説明のほか、西洋古典叢書以外の典拠からの引用を加えたが、これらの執筆も編集部の責任においておこなった。また、引用文のなかには、逸話、エピソード、用語の定義のような部類のものも含まれており、かならずしも名言名句とは言えないものもあるが、西洋古典の世界を広く知っていただきたいとの思いからあえて採録した。

　訳文中の〔　〕の多くは訳者による補足であるが、理解の助けになるように、本書を刊行するにあたって、新たに加えたものもある。

　巻末に「著者名索引」を掲載する。

　最後に、名言名句集を編むにさいしてご協力頂いた訳者の先生方に、この場を借りて心より御礼申し上げます。

令和5年秋

京都大学学術出版会　西洋古典叢書編集部

目　　次

項 目 一 覧

（太字は大項目で、言語の説明を含む）

西洋古典
名言名句集

［ ア 行 ］

愛 「愛」はギリシア語ではエロース ἔρως、
ラテン語ではアモル amor というが、しばし
ば擬神化される。「愛は盲目」(nemo in amore videt)
と言われるように、愛にまつわる名言には、その抗しがたい
力を語る言葉が多い。いわゆるキューピッドの恋の神は、ギ
リシア語ではエロース Ἔρως、ラテン語ではクピードー Cupido
と言った。羽を生やした男性の姿で描かれるが、時代が下る
につれルネサンス時代のボッティチェッリの絵画《春》などにみ
られるように、幼児の姿になっていく。　→恋

目が見えないのはプルトス［地下の富の神］だけじゃない。
容赦ないエロスもそうなんだ。

τυφλὸς δ' οὐκ αὐτὸς ὁ Πλοῦτος, ἀλλὰ καὶ ὠφρόντιστος Ἔρως.

テオクリトス「エイデュリア」X 19-20（『牧歌』90頁）

＊「愛は盲目」Love is blind はチョーサーの Merchant's Tale に出てくる英語だが、西洋古典
　にも類似の言葉がある。

美は快楽を、富は逸楽を、愛は尊敬を生み出すのだから。

τὸ μὲν γὰρ κάλλος ἡδονήν, ὁ δὲ πλοῦτος τρυφήν, ὁ δὲ ἔρως αἰδῶ προξενεῖ.

アキレウス・タティオス『レウキッペとクレイトポン』V 12, 1（124頁）

愛は身体の保存にきわめて貢献しており、
これが世代を継続させている張本人である。

amor uero conseruationi corporis plurimum confert idemque est auctor successionum.

カルキディウス『プラトン「ティマイオス」註解』194（241頁）

愛の神と戦をするようなことはやめなさい。

caue sis cum Amore tu umquam bellum sumpseris.

プラウトゥス「小箱の話」300（『ローマ喜劇集2』130頁）

人間は禁じられたものを愛し、
何であれ、許されたものには眼が向かない。

illicita amantur, excidit quidquid licet.

セネカ「オエタ山上のヘルクレス」357（『悲劇集2』257頁）

愛の神は独学のソフィストなんだ。

αὐτοδίδακτος γάρ ἐστιν ὁ θεὸς σοφιστής.

アキレウス・タティオス『レウキッペとクレイトポン』I 10, 1（18頁）

わたくし、あなたを誰よりも大事な方と思い、わが命に代えてもこの世の光
を仰げるようにとの心遣いから死んで参ります。本当は死ぬ必要はない、あ
なたのためになんか。

ἐγώ σε πρεσβεύουσα κἀντὶ τῆς ἐμῆς ψυχῆς καταστήσασα φῶς τόδ᾽ εἰσορᾶν
θνήισκω, παρόν μοι μὴ θανεῖν, ὑπὲρ σέθεν.

エウリピデス「アルケスティス」282–284（『悲劇全集1』29頁）

＊アポロンは死期の迫ったアドメトスに対して、彼の身代わりに死ぬ者がいれば、長命をまっとう
　できると約束する。彼の両親は断るが、妻のアルケスティスが引き受ける。上記は彼女の言葉。

私はあなたの命を救い、あなたは私によって命を救われました。しかし、あ
なたのゆえに私は身を滅ぼし、自殺したのです。というのも、あなたは私の
気持ちに応えようとはしてくれなかったからです。私は自らこの苦難、この
愛を選んだわけではなく、愛が私を滅ぼしたのです。

ἐγὼ μὲν σὲ ἔσωσα καὶ σὺ δι᾽ ἐμὲ ἐσώθης, ἐγὼ δὲ διὰ σὲ ἀπωλόμην καὶ
ἀπέκτεινα αὐτὸς ἐμαυτόν· οὐ γάρ μοι σὺ ἐβούλου χαρίσασθαι. Ἐγὼ δὲ ταῦτα
τὰ κακὰ καὶ τὸν ἔρωτα τόνδε οὐκ αὐτὸς εἱλόμην, ἀλλά με ἔρως ἀπώλεσεν.

クテシアス『ペルシア史／インド誌』断片8b（116頁）

人は誰でも自分が愛で称えるものについて、
こうあらまほしいと望む、その姿であると考えるものです。

ἃ γὰρ ἕκαστος εἶναι βούλεται περὶ τὸ φιλούμενόν τε καὶ θαυμαζόμενον ὑφ᾽
ἑαυτοῦ, ταῦτα οἴεται.

ディオニュシオス「トゥキュディデス論」34, 6
（ロンギノス／ディオニュシオス『古代文芸論集』210頁）

というのは恋する者には恋する相手以外に甘美なものはありませんから。恋
は魂をすべて捉え、食物に場所を与えません。見る悦びは目を通って流れ込
み、胸に身を落ち着けます。しかし愛する相手の像をいつも引き寄せて魂の
鏡に残し、姿を造り直します。この美しさの流出は目に見えない光線によっ
て恋する心に引き寄せられ、奥に影を押しつけるのです。

οὐδὲν γὰρ ἡδὺ τοῖς ἐρῶσι πλὴν τὸ ἐρώμενον· τὴν γὰρ ψυχὴν πᾶσαν ὁ ἔρως
καταλαβὼν οὐδὲ αὐτῇ χώραν δίδωσι τῇ τροφῇ. ἡ δὲ τῆς θέας ἡδονὴ διὰ τῶν
ὀμμάτων εἰσρέουσα τοῖς στέρνοις ἐγκάθηται· ἕλκουσα δὲ τοῦ ἐρωμένου τὸ
εἴδωλον ἀεί, ἐναπομάσσεται τῷ τῆς ψυχῆς κατόπτρῳ καὶ ἀναπλάττει τὴν
μορφήν· ἡ δὲ τοῦ κάλλους ἀπορροὴ δι᾿ἀφανῶν ἀκτίνων ἐπὶ τὴν ἐρωτικὴν
ἑλκομένη καρδίαν ἐναποσφραγίζει κάτω τὴν σκιάν.

アキレウス・タティオス『レウキッペとクレイトポン』V 13, 3（125頁）

愛されるためには愛されるにふさわしい人であれ。

Ut ameris, amabilis esto.

オウィディウス「恋の技術」II 107（『恋の技術／恋の病の治療／女の化粧法』59頁）

だれが愛しあう者たちに掟を与えられるか。
大いなる掟だ、愛こそは愛にとっての。

Quis legem det amantibus? maior lex amor est sibi.

ボエティウス『哲学のなぐさめ』III 歌12, 47–48（176–177頁）

わたくしは、わたくしを破滅させようとなさるキュプリスさまを、今日のこ
の日、命の緒を取りはずして喜ばせて差し上げましょう。きびしい愛（エロ
ース）の力に打ち果たされましょう。だけどもう一人の者にも、死んで仇を
返してやるつもり。わたくしの不幸を笑って見てはおれないことを、思い知
るように。この禍をわたくしと分担して引き受けてこそ、節度とは何かを学
び知ることになりましょう。

ἐγὼ δὲ Κύπριν, ἥπερ ἐξόλλυσί με, ψυχῆς ἀπαλλαχθεῖσα τῇδ᾿ ἐν ἡμέραι
τέρψω· πικροῦ δ᾿ ἔρωτος ἡσσηθήσομαι. ἀτὰρ κακόν γε χἀτέρωι γενήσομαι
θανοῦσ᾿, ἵν᾿ εἰδῆι μὴ ᾿πὶ τοῖς ἐμοῖς κακοῖς ὑψηλὸς εἶναι· τῆς νόσου δὲ τῆσδέ μοι
κοινῇι μετασχὼν σωφρονεῖν μαθήσεται.

エウリピデス「ヒッポリュトス」725–731（『悲劇全集1』338頁）
＊キュプリスとはアプロディテ、すなわちヴィーナスのこと。

愛 欲

貧乏と色欲の二つが俺の厄災(わざわい)だ。貧乏はへっちゃらだが、
身を灼くキュプリスの炎ばっかりは、どうにも堪えかねる。

Καὶ πενίη καὶ ἔρως δύο μοι κακά· καὶ τὸ μὲν οἴσω κούφως, πῦρ δὲ φέρειν
Κύπριδος οὐ δύναμαι.　逸名「ギリシア詞華集」V 50（『ギリシア詞華集1』167頁）

他人の結婚生活を壊して何か得をしようという女もいれば、自分で過ちを犯
しておいて、他人にも同じ過ちを犯させようとする女もいます。その多くが
色欲のせい。

ἡ μέν τι κερδαίνουσα συμφθείρει λέχος, ἡ δ᾽ ἀμπλακοῦσα συννοσεῖν αὑτῆι
θέλει, πολλαὶ δὲ μαργότητι.　エウリピデス「アンドロマケ」947-949（『悲劇全集2』72頁）

暁

神々しい輝きをまとって昇る「暁」が、暗い夜を空から追い散らしていった。
島の岸辺は笑みをこぼし、遠くから延びてくる草原の小径も、瑞々しい朝露
に濡れ笑い声を上げる。街路にも物音が起こり始めていた。

Ἠὼς δ᾽ ἀμβροσίοισιν ἀνερχομένη φαέεσσιν λῦε κελαινὴν νύκτα δι᾽ ἠέρος· αἱ
δ᾽ ἐγέλασσαν ἠιόνες νήσοιο καὶ ἑρσήεσσαι ἄπωθεν ἀτραπιτοὶ πεδίων· ἐν δὲ
θρόος ἔσκεν ἀγυιαῖς.　アポロニオス・ロディオス『アルゴナウティカ』IV 1170-1173（322頁）

「悪」に相当するギリシア語はカコン κακόν、ラテン
語ではマルム malum という。アリストテレスの名前
で伝わる『大道徳学』には、「悪には多くのかた
ちがあるが、善にはひとつのかたちしかない」（I
24）という言葉がある。

他人に悪事を働く者は、自分自身に悪事を働く、
不正な企みは、企んだ者に最悪となる。

οἷ αὐτῷ κακὰ τεύχει ἀνὴρ ἄλλῳ κακὰ τεύχων, ἡ δὲ κακὴ βουλὴ τῷ
βουλεύσαντι κακίστη.　ヘシオドス「仕事と日」265-266（『全作品』174頁）

悪い種を播けば、悪い儲けを刈り入れるだろう。

εἰ κακά τις σπείραι, κακὰ κέρδεά κ᾿ ἀμήσειεν.

ヘシオドス「メガラ・エルガ」断片 221(『全作品』408 頁)

「悪行に対抗する有益な武器は悪行だ」と言う者は、悪を模倣することで悪に
報いるという悪い習慣づけをしているのである。

ὁ μὲν γὰρ εἰπὼν ʻποτὶ πονηρὸν οὐκ ἄχρηστον ὅπλον ἁ πονηρίαʼ κακῶς ἐθίζει
μιμούμενον ἀμύνεσθαι τὴν κακίαν.

プルタルコス「気弱さについて」534A–B(『モラリア 7』42–43 頁)
＊引用はエピカルモス「断片」32(DK)。

悪党が悪事をなすに、短すぎる時間などない。

Nullum ad nocendum tempus angustum est malis.

セネカ「メデア」292(『悲劇集 1』267 頁)

死から逃れることはむずかしくはないでしょう。それよりもはるかにむずか
しいのは、劣悪さから逃れることでしょう。なぜなら、それは死よりも速く
走ってくるからです。

μὴ οὐ τοῦτ᾿ ᾖ χαλεπόν, ... θάνατον ἐκφυγεῖν, ἀλλὰ πολὺ χαλεπώτερον πονηρίαν·
θᾶττον γὰρ θανάτου θεῖ.

プラトン「ソクラテスの弁明」39A(『エウテュプロン／ソクラテスの弁明／クリトン』126 頁)

こうしてローマは大々的に拡張されたが、人口が増大するに従って理非曲直
の別がおろそかにされ、隠れて多くの悪事が行われるようになった。

ingenti incremento rebus auctis, cum in tanta multitudine hominum, discrimine
recte an perperam facti confuso, facinora clandestina fierent.

リウィウス『ローマ建国以来の歴史 1』I 33, 8(80 頁)

[信じがたいとおそらくひとには見られることでしょうが、]悪人は、欲すること
を満たせないときよりも、欲していたことを成し遂げたときのほうが、じつ
のところ、必ずやいっそう不幸です。じつに、邪悪なことを意志したことが
悲惨でしたら、それができたことはもっと悲惨です——できなければ悲惨な
意志による結果は生じなかったはずですから。

Etenim, [quod incredibile cuiquam forte uideatur,] infeliciores esse necesse est malos cum cupita perfecerint, quam si ea quae cupiunt implere non possint. Nam si miserum est uoluisse praua, potuisse miserius est, sine quo uoluntatis miserae langueret effectus. ボエティウス『哲学のなぐさめ』IV 散4, 3–4（200–201頁）

悪 癖

私が最も恐れているのは、かの悪癖であります。すなわち、いつも強い友人を打ち捨てて弱い者を選ぶというわれわれの悪癖、また、自身は平和を保てるにかかわらず他人のために戦争をなすというわれわれの悪癖であります。

Ἐγὼ μὲν οὖν ἐκεῖνο δέδοικα μάλιστα ... τὸ εἰθισμένον κακόν, ὅτι τοὺς κρείττους φίλους ἀφιέντες ἀεὶ τοὺς ἥττους αἱρούμεθα, καὶ πόλεμον ποιούμεθα δι᾽ ἑτέρους, ἐξὸν δι᾽ ἡμᾶς αὐτοὺς εἰρήνην ἄγειν ...

アンドキデス「第三番弁論」28（アンティポン／アンドキデス『弁論集』326頁）

仇 討 ち

ぼくは彼［アイギストス］を殺した、さらに母を血祭りに上げた。
やったことは非道だが、しかしそれで父親の仇は討ったのです。

τοῦτον κατέκτειν᾽, ἐπὶ δ᾽ ἔθυσα μητέρα, ἀνόσια μὲν δρῶν, ἀλλὰ τιμωρῶν πατρί.

エウリピデス「オレステス」562–563（『悲劇全集4』301頁）

　＊オレステスは、父親アガメムノンを殺害した母のクリュタイネストラとその情夫アイギストスを討つことで、復讐を遂げる。

過 ち

過ちを犯す人は、自分に対して過ちを犯すのである。

Ὁ ἁμαρτάνων ἑαυτῷ ἁμαρτάνει.　　　マルクス・アウレリウス『自省録』IX 4（194頁）

よく聞いてください。恥ずべき所行に及んだ以上は、これも企まねばなりません。私を始めに惑わしたのは過ちでしたが、恥ずべき望みを実現したのは神なのです。

φράζεο νῦν· χρειὼ γὰρ ἀεικελίοισιν ἐπ᾽ ἔργοις καὶ τόδε μητίσασθαι, ἐπεὶ τὸ πρῶτον ἀάσθην ἀμπλακίῃ, θεόθεν δὲ κακὰς ἤνυσσα μενοινάς.

アポロニオス・ロディオス『アルゴナウティカ』IV 411–413（277頁）

なぜ怒りを解かぬのです。
過ちは犯しました、でも過ちは神々をも襲うのですよ。

τί τοι χόλος ἐστήρικται; ἀάσθη· καὶ γάρ τε θεοὺς ἐπινίσσεται ἄτη.

アポロニオス・ロディオス『アルゴナウティカ』IV 816–817（301頁）

以前にたしかに過ちが繰り返されたからといって、
今回もまた過ちを犯してよいという道理は断じてない。

οὐχ ὅτι πολλάκις ἡμάρτηται δήπου πρότερον, διὰ τοῦτ᾽ ἐπεξαμαρτητέον ἐστὶ
καὶ νῦν.　　　　　　　　　デモステネス「アンドロティオン弾劾」6（『弁論集3』258頁）

他人を非難するのにもっとも熱心な者が、
自分の生活でもっとも多くの過ちを犯す者である。

τοὺς προχειρότατα τοῖς πέλας ἐπιτιμῶντας πλεῖστα περὶ τὸν ἴδιον βίον
ἁμαρτάνοντας.　　　　　　　　ポリュビオス「歴史」XII 25c, 5（『歴史3』250頁）

争　い

忌まわしい争い（エリス）が生んだのは、痛ましい労苦（ポノス）に、忘却（レテ）に、飢え（リモス）に、涙に満
ちた痛苦（アルゴス）、戦闘（ヒュスミネ）に、戦い（マケ）に、殺戮（ポノス）に、殺人（アンドロクタシア）、諍い（ネイコス）に、嘘（プセウドス）に、屁理屈（ロゴス）に、
水掛け論（アンピロギア）、無法（デュスノミア）に、迷妄（アテ）……同じ穴の狢どもだ。

Αὐτὰρ Ἔρις στυγερὴ τέκε μὲν Πόνον ἀλγινόεντα Λήθην τε Λιμόν τε καὶ
Ἄλγεα δακρυόεντα Ὑσμίνας τε Μάχας τε Φόνους τ᾽ Ἀνδροκτασίας τε Νείκεά
τε Ψεύδεά τε Λόγους τ᾽ Ἀμφιλλογίας τε Δυσνομίην τ᾽ Ἄτην τε, συνήθεας
ἀλλήλησιν.　　　　　　　ヘシオドス「神統記」226–230（『全作品』106頁）

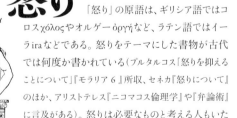

怒り

「怒り」の原語は、ギリシア語ではコ
ロスχόλοςやオルゲーὀργήなど、ラテン語ではイー
ラiraなどである。怒りをテーマにした書物が古代
では何度か書かれている（プルタルコス「怒りを抑える
ことについて」『モラリア6』所収、セネカ『怒りについて』
のほか、アリストテレス『ニコマコス倫理学』や『弁論術』
に言及がある）。怒りは必要なものと考える人もいた

が、まったく無用なものとする人もいた。

またさらに、召使の一人に対して「私がもし逆上していなかったら、おまえ
は鞭打たれていただろう」と［プラトンは］言った。

ἀλλὰ καὶ πρός τινα τῶν παίδων, "μεμαστίγωσο ἄν," εἶπεν, "εἰ μὴ ὠργιζόμην."

ディオゲネス・ラエルティオス「プラトン伝」39（『プラトン哲学入門』231頁）

　＊プラトンが怒りのあまり鞭打つようなことはなかった。怒りで自分を見失ってはならないとい
　　う理由であろう。

まことに怒りほど悪いものはない。
人間にとってはひどい争いの温床となるものだ。

ὡς οὔ πώ τι κακώτερον ἄλλο χόλοιο γίνεται, ὅς τε βροτοῖσι κακὴν ἐπὶ δῆριν
ἀέξει.

クイントス・スミュルナイオス『ホメロス後日譚』V 574（226頁）

天の怒りに触れる者は不幸になり、人間の怒りに触れる者は無になる。

caelestis ira quos premit, miseros facit: humana nullos.

セネカ「オエタ山上のヘルクレス」441–442（『悲劇集2』263頁）

わたしにだって、自分がどれほどひどいことをしようとしているかぐらいわ
かっている。だけどそれをわたしにやらせようとしているのは、この胸のう
ちに燃える怒りの焔。そしてこれこそ人間にとってこの上ない禍の因となる
もの。

καὶ μανθάνω μὲν οἷα δρᾶν μέλλω κακά,　θυμὸς δὲ κρείσσων τῶν ἐμῶν
βουλευμάτων, ὅσπερ μεγίστων αἴτιος κακῶν βροτοῖς.

エウリピデス「メデイア」1078–1080（『悲劇全集1』176–177頁）

偉　業

そなたの御亭主はとても偉い仕事をやり遂げたというのだが、さてな。沼に
棲む水蛇を退治して殺した、またネメアの獅子もと言うのだが、これは網に
かけて捕らえたのを、いやわが腕で絞め殺したと言い繕っているにすぎん。

τί δὴ τὸ σεμνὸν σῶι κατείργασται πόσει, ὕδραν ἕλειον εἰ διώλεσε κτανὼν ἢ
τὸν Νέμειον θῆρ', ὃν ἐν βρόχοις ἑλὼν　βραχίονός φησ' ἀγχόναισιν ἐξελεῖν;

エウリピデス「ヘラクレス」151–154（『悲劇全集3』16頁）

意 識

大それたことを犯したということを知っている、この意識。

ἡ σύνεσις, ὅτι σύνοιδα δείν' εἰργασμένος.

エウリピデス「オレステス」396（『悲劇全集4』289頁）

医 者

病人が弱っている最中には何の助言もしないで、死んでから葬式にやってきて、遺族に向かってこういう療法を施せば快癒しただろうと講釈する医者とはどんな医者か。

τίς ἂν εἴη τοιοῦτος ἰατρός, ὅστις τῷ νοσοῦντι μεταξὺ μὲν ἀσθενοῦντι μηδὲν συμβουλεύοι, τελευτήσαντος δὲ ἐλθὼν εἰς τὰ ἔνατα διεξίοι πρὸς τοὺς οἰκείους, ἃ ἐπιτηδεύσας ὑγιὴς ἂν ἐγένετο.　アイスキネス「クテシポン弾劾」225（『弁論集』324頁）

両脚に大きな静脈瘤ができたらしく、その不格好さが気に入らなくて、医者のところへ行く決心をした。手足を縛らせず、ただ片足を差し出して、身動き一つせず、呻きもせず、落ち着いた顔つきで、黙って、切られる痛みに耐えた。しかし、医者がもう一方の脚に取りかかろうとすると、今度は脚を差し出さず、この治療には痛みだけの値打ちがないと知れた、と言った。

ἰξιῶν γὰρ ὡς ἔοικε μεγάλων ἀνάπλεως ἄμφω τὰ σκέλη γεγονὼς καὶ τὴν ἀμορφίαν δυσχεραίνων, ἔγνω παρασχεῖν ἑαυτὸν ἰατρῷ·καὶ παρέσχεν ἄδετος θάτερον σκέλος, οὐδὲν κινηθεὶς οὐδὲ στενάξας, ἀλλὰ καθεστῶτι τῷ προσώπῳ καὶ μετὰ σιωπῆς ὑπερβολάς τινας ἀλγηδόνων ἐν ταῖς τομαῖς ἀνασχόμενος. τοῦ δ' ἰατροῦ μετιόντος ἐπὶ θάτερον, οὐκέτι παρέσχε, φήσας ὁρᾶν τὸ ἐπανόρθωμα τῆς ἀλγηδόνος οὐκ ἄξιον.　プルタルコス「マリウス」6, 6-7（『英雄伝3』248頁）

偉 人

われらはみな、みごとなまでに有名人のことを、
その人が生きている間は妬み、死んでから褒めたたえる。

δεινοὶ γὰρ ἀνδρὶ πάντες ἐσμὲν εὐκλεεῖ ζῶντι φθονῆσαι, κατθανόντα δ' αἰνέσαι.

ミムネルモス断片25（テオグニス他『エレゲイア詩集』68頁）

ギリシア人が相互に、あるいはバルバロイと戦った戦争が数多くあるなかで、イリオンでの戦いにおけるアキレウス、あるいはマラトンでの偉業におけるミルティアデスの場合のように、一人の男の勇敢さによって有名になった戦争を数え上げることは困難ではないであろう。

γεγόνασι μὲν δὴ πόλεμοι καὶ Ἑλλήνων πολλοὶ καὶ ἐς ἀλλήλους βαρβάρων, εὐαρίθμητοι δὲ ὁπόσους ἀνδρὸς ἑνὸς μάλιστα ἀρετὴ προήγαγεν ἐς πλέον δόξης, ὡς Ἀχιλλεύς τε τὸν πρὸς Ἰλίῳ πόλεμον καὶ Μιλτιάδης τὸ Μαραθῶνι ἔργον.　　　　　　　パウサニアス「ギリシア案内記」III 4, 7（『ギリシア案内記2』20頁）

すでに各艦への兵の準備は完了し、ペリクレスも自らの艦に乗り組んだところ、たまたま日食が起こって暗闇となり、人々はみな、これは何かたいへんなことが起こる前兆だと仰天した。舵取が腰を抜かして途方に暮れているのを見るとペリクレスは、自分の外套を彼の目の前にかざして視界を遮り、どうだ、これが恐ろしいか、あるいは恐ろしいことの前触れだと思うか、と言った。かれが恐ろしくないと答えると、「あれとこれとどこが違う。あっちは外套より大きいから暗くなった。それだけのことではないか」と言った。この話は哲学の学校で話題にされている。

ἤδη δὲ πεπληρωμένων τῶν νεῶν καὶ τοῦ Περικλέους ἀναβεβηκότος ἐπὶ τὴν ἑαυτοῦ τριήρη, τὸν μὲν ἥλιον ἐκλιπεῖν συνέβη καὶ γενέσθαι σκότος, ἐκπλαγῆναι δὲ πάντας ὡς πρὸς μέγα σημεῖον. ὁρῶν οὖν ὁ Περικλῆς περίφοβον τὸν κυβερνήτην καὶ διηπορημένον, ἀνέσχε τὴν χλαμύδα πρὸ τῆς ὄψεως αὐτοῦ, καὶ παρακαλύψας ἠρώτησε, μή τι δεινὸν ἢ δεινοῦ τινος οἴεται σημεῖον· ὡς δ' οὐκ ἔφη, "τί οὖν" εἶπεν "ἐκεῖνο τούτου διαφέρει, πλὴν ὅτι μεῖζόν τι τῆς χλαμύδος ἐστὶ τὸ πεποιηκὸς τὴν ἐπισκότησιν;" ταῦτα μὲν οὖν ἐν ταῖς σχολαῖς λέγεται τῶν φιλοσόφων.　　　　　プルタルコス「ペリクレス」35, 2（『英雄伝2』58頁）

また私は、どこにでもいる人物としてプラトンを批判しているのではなく、偉大で不死なる神の本性に近づいた人物として批判しているのです。

ἐπιτιμῶ τε οὐχ ὡς τῶν τυχόντων τῷ ἀλλ' ὡς ἀνδρὶ μεγάλῳ καὶ ἐγγὺς τῆς θείας ἐληλυθότι φύσεως.　　　　ディオニュシオス「ポンペイオス・ゲミノスへの書簡」II 2
（ロンギノス／ディオニュシオス『古代文芸論集』331頁）

デモステネスは、……最も偉大な才能の極致となった長所、すなわち、崇高な表現がもつ緊張、生気ある激情、過剰さ、機転、有効な場合の速さ、誰も近づけない恐ろしさと迫力、以上のものを……一種の神からの贈り物として

（人間のものとするのは許されません）まとめて自らの中へと吸収し、……まるで雷のように轟きわたり、その輝きによってあらゆる時代の弁論家の影を薄くするのです。

ὁ δὲ … τοῦ μεγαλοφυεστάτου καὶ ἐπ' ἄκρον ἀρετὰς συντετελεσμένας, ὑψηγορίας τόνον, ἔμψυχα πάθη, περιουσίαν ἀγχίνοιαν τάχος, ἔνθα δὴ κύριον, τὴν ἅπασιν ἀπρόσιτον δεινότητα καὶ δύναμιν … ἐπειδὴ ταῦτα, … ὡς θεόπεμπτα δεινὰ δωρήματα (οὐ γὰρ εἰπεῖν θεμιτὸν ἀνθρώπινα) ἀθρόα ἐς ἑαυτὸν ἔσπασεν, … καὶ ὡσπερεὶ καταβροντᾷ καὶ καταφέγγει τοὺς ἀπ' αἰῶνος ῥήτορας.

ロンギノス「崇高について」XXXIV 4（ロンギノス／ディオニュシオス『古代文芸論集』86頁）

アルキメデス本人は、そんな仕掛けは本気で打ち込むほどのことではなく、むしろ、遊び半分にやっている幾何学のおまけぐらいにしか思っていなかったが、以前に、名誉欲旺盛なヒエロン王が、アルキメデスを説得して、思考の対象にとどまっていたものを、具体的な技術に転じさせ、理論を感覚的なものと何とか融合させることによって、人々の目にも、これは有用だとよく分かるものとして提示したのであった。

ἧς ἄρα λόγος οὐδεὶς ἦν Ἀρχιμήδει καὶ τοῖς Ἀρχιμήδους μηχανήμασιν. ὧν ὡς μὲν ἔργον ἄξιον σπουδῆς οὐδὲν ὁ ἀνὴρ προΰθετο, γεωμετρίας δὲ παιζούσης ἐγεγόνει πάρεργα τὰ πλεῖστα, πρότερον φιλοτιμηθέντος Ἱέρωνος τοῦ βασιλέως καὶ πείσαντος Ἀρχιμήδη τρέψαι τι τῆς τέχνης ἀπὸ τῶν νοητῶν ἐπὶ τὰ σωματικά, καὶ τὸν λόγον ἁμῶς γέ πως δι' αἰσθήσεως μείξαντα ταῖς χρείαις ἐμφανέστερον καταστῆσαι τοῖς πολλοῖς.

プルタルコス「マルケルス」14, 5–8（『英雄伝2』414頁）
＊冒頭の「そんな仕掛け」とは、ローマの軍船を破壊するための道具を指す。

四日目にアレクサンドロスは死の疑いなきことを感知し、次のように言った。即ち、自分は自分の父祖の家にまつわる運命に気付いている。なぜなら、アイアキダイ氏族の大抵の者は三〇歳までに死んでいるからだ、と。……皆が涙を流したのに、彼は涙を流さなかったばかりでなく、悲しい心を少しも見せず、苦しみを堪え切れない者がいるとそれらを慰め、また別の者には彼らの親たちへの伝言をことづけた。このように彼の心は敵に対してのように、死に対しても敗けることはなかった。

Quarto die Alexander indubitatam mortem sentiens agnoscere se fatum domus maiorum suorum ait, nam plerosque Aeacidarum intra XXX annum defunctos. …

Cum lacrimarent omnes, ipse non sine lacrimis tantum, verum sine ullo tristioris mentis argumento fuit, ut quosdam inpatientius dolentes consolatus sit, quibusdam mandata ad parentes eorum dederit: adeo sicuti in hostem, ita et in mortem invictus animus fuit.

ポンペイウス・トログス、ユニアヌス・ユスティヌス抄録『地中海世界史』XII 15（209頁）

カエサルは常に食事も睡眠も楽しむためでなく
生きるためにとるような人物だった。

[Caesar est is] qui denique semper et cibo et somno in uitam, non in uoluptatem uteretur.　　　　　　　　　　ウェレイユス・パテルクルス『ローマ世界の歴史』II 41, 2（100頁）

嘘

「嘘」はギリシア語ではプセウドスψεῦδος、ラテン語ではファルサfalsa。「偽り」とも訳される。「詩人は多くの偽りを歌う」（→詩人）という言葉があるように、文学的な虚構の意味にも解される。

本当のことを言うことがぼくの尽くす方のためにならないからです。
いまは嘘が役に立つのです。

quia vera obessent illi quoi operam dabam: nunc falsa prosunt.

プラウトゥス「捕虜」705-706（『ローマ喜劇集1』453頁）

嘘でたらめは、耳より先には届かない。

τὸ γὰρ ψευδὲς ὄνειδος οὐ περαιτέρω τῆς ἀκοῆς ἀφικνεῖται.

アイスキネス「使節職務不履行について」149（『弁論集』180頁）

クレタ人に対してクレタ人気取りにふるまう。

πρὸς Κρῆτα ... κρητίζων.　　　プルタルコス「リュサンドロス」20, 2（『英雄伝3』343頁）
　　　＊クレタ人は嘘つきで有名。そのクレタ人に嘘をついて出し抜くという意味の諺。

わたしが尋ねたのは効用のために嘘を吐くような連中のことではない。この連中は許される。そのうちの何人かは賞讃にも価する。敵を欺き、あるいは窮乏時そこから抜け出すためにそれを特効薬として使用した。オデュッセウ

スだって、自分の命を救い仲間の者たちの帰国を図るためにその種のことは数多くやっている。ところが、なあ友よ、わたしが言うのは真実からずっと遠い嘘そのもの、方便にもならぬやつを吐く輩のことだよ。嘘を吐くこと自体を楽しみ、何ら必然的な口実もなしにそれにうつつを抜かしている輩だ。わたしが知りたいのはこういった輩のことだ、何のためにそんなことをするのかね。

οὐ γὰρ περὶ τούτων ἠρόμην ὁπόσοι τῆς χρείας ἕνεκα ψεύδονται· συγγνωστοὶ γὰρ οὗτοί γε, μᾶλλον δὲ καὶ ἐπαίνου τινὲς αὐτῶν ἄξιοι, ὁπόσοι ἢ πολεμίους ἐξηπάτησαν ἢ ἐπὶ σωτηρίᾳ τῷ τοιούτῳ φαρμάκῳ ἐχρήσαντο ἐν τοῖς δεινοῖς, οἷα πολλὰ καὶ ὁ Ὀδυσσεὺς ἐποίει τήν τε αὐτοῦ ψυχὴν ἀρνύμενος καὶ τὸν νόστον τῶν ἑταίρων. ἀλλὰ περὶ ἐκείνων, ὦ ἄριστε, φημὶ οἳ αὐτὸ ἄνευ τῆς χρείας τὸ ψεῦδος πρὸ πολλοῦ τῆς ἀληθείας τίθενται, ἡδόμενοι τῷ πράγματι καὶ ἐνδιατρίβοντες ἐπ᾽ οὐδεμιᾷ προφάσει ἀναγκαίᾳ. τούτους οὖν ἐθέλω εἰδέναι τίνος ἀγαθοῦ τοῦτο ποιοῦσιν.　　ルキアノス「嘘好き人間」1（『食客』228頁）

この件、詩人たちの場合はまあ普通のことだろう。ところが町や人あげて皆押しなべて堂々と嘘を吐いているというのは笑止千万っていうものではないかね。クレタ人はゼウスの墓なるものを開陳して何ら恥じず、アテナイ人はエリクトニオスが大地から生じ、人間の最初はアッティカの地で野菜のように発生したのだと言っている始末だ。

Καίτοι τὰ μὲν τῶν ποιητῶν ἴσως μέτρια, τὸ δὲ καὶ πόλεις ἤδη καὶ ἔθνη ὅλα κοινῇ καὶ δημοσίᾳ ψεύδεσθαι πῶς οὐ γελοῖον; εἰ Κρῆτες μὲν τὸν Διὸς τάφον δεικνύντες οὐκ αἰσχύνονται, Ἀθηναῖοι δὲ τὸν Ἐριχθόνιον ἐκ τῆς γῆς ἀναδοθῆναί φασιν καὶ τοὺς πρώτους ἀνθρώπους ἐκ τῆς Ἀττικῆς ἀναφῦναι καθάπερ τὰ λάχανα.　　ルキアノス「嘘好き人間」3（『食客』230頁）
　　　　＊エリクトニオスは神話的な古いアテナイ王で、大地から生まれたとされる。

あなたは嘘をつきました。しかし、あなたの子はその嘘によって、いっそう優れた者となりました。私たちも知ってのとおり、このような嘘はプラトンの国家でも認められています。

Ἐφεύσω μέν, ἀλλ᾽ ὁ παῖς σοι τῷ ψεύδει γεγένηται βελτίων, τῷ δὲ τοιούτῳ ψεύδει κἂν τῇ Πλάτωνος πόλει χώραν ὁρῶμεν οὖσαν.
　　　　　　　　リバニオス「書簡集」121（『書簡集1』156頁）
　　　　　　　　＊プラトン『国家』414B以下を参照。

裏 切 り

わしは裏切りは好きだが、裏切り者たちは褒めない。

ἐγὼ προδοσίαν φιλῶ, προδότας δ᾽ οὐκ ἐπαινῶ.

プルタルコス「ローマ人たちの名言集」207A（『モラリア3』164頁）
＊アウグストゥスの言葉。

占 い

鳥飼のあいだでその日の鳥占を巡って言い争いになり、それをローマの騎兵が耳にした。彼らはそれを重大なことと考え、コーンスルの甥にあたるスプリウス・パピリウスに、鳥占にかんして疑念がありますと報告した。若者は［現在のような］神々を蔑する思想が生じる前に生まれたので、何事も不確実なままで告発しないよう事案を調べた上で、コーンスルに報告した。

altercatio inter pullarios orta de auspicio eius diei exauditaque ab equitibus Romanis, qui rem haud spernendam rati Sp. Papirio, fratris filio consulis, ambigi de auspicio renuntiauerunt. iuuenis ante doctrinam deos spernentem natus rem inquisitam nequi incompertum deferret ad consulem detulit.

リウィウス『ローマ建国以来の歴史4』X 40, 9–10（244頁）
＊ローマ人は鳥占をことのほか重んじ、鳥が餌を嘴よりこぼすほど勢いよく啄むことを吉兆とした。上記は鳥占の結果をめぐって一喜一憂する場面を描く。

学び知って行なうよう神々の許し給うた事柄は学び知られねばならず、人の身に明らかならざることがらについては占いによって神々に聞き従うべきである。

(ἔφη δὲ) δεῖν, ἃ μὲν μαθόντας ποιεῖν ἔδωκαν οἱ θεοί, μανθάνειν, ἃ δὲ μὴ δῆλα τοῖς ἀνθρώποις ἐστί, πειρᾶσθαι διὰ μαντικῆς παρὰ τῶν θεῶν πυνθάνεσθαι.

クセノポン「ソクラテス言行録」I 1, 9（『ソクラテス言行録1』8頁）

「噂」はギリシア語ではペーメー φήμη、ラテン語ではファーマ fama という。ホメロスに「あなた方は神であり、その場にいて全てを知っているが、われわれは人間であり、噂を聞くだけで何ひとつ知らない」（『イリアス』II 485–486）

という言葉があるように、真実と噂の対比は何度も登場するが、噂は中傷など人を害するものとみなされることが多い。 →**真実**

噂とは、不特定多数の市民が誰言うとなく、取りたてた理由なしに、かくかくしかじかの出来事が起こったと言うときのもの。シューコパンティアー[誣告<ruby>誣告<rt>ぶこく</rt></ruby>]とは一個人が多数者を前に告発を行なって、非難中傷するときのもの。

Φήμη μέν ἐστιν, ὅταν τὸ πλῆθος τῶν πολιτῶν αὐτόματον ἐκ μηδεμιᾶς προφάσεως λέγῃ τινὰ ὡς γεγενημένην πρᾶξιν· συκοφαντία δ᾽ ἐστίν, ὅταν πρὸς τοὺς πολλοὺς εἷς ἀνὴρ αἰτίαν ἐμβαλών, ... διαβάλλῃ τινά.

アイスキネス「使節職務不履行について」145（『弁論集』176頁）

「噂」、これよりも速い害悪は他にない。
動きが加わるや勢いづき、進むにつれて力を身に帯びる。

fama, malum qua non aliud uelocius ullum: mobilitate uiget uirisque adquirit eundo

ウェルギリウス『アエネーイス』IV 174–175（154頁）

敵の手にかかれば噂がありのままに伝わることはない。

inimici famam non ita ut natast ferunt.

プラウトゥス「ペルシア人」351（『ローマ喜劇集3』397頁）

人の世に起こった悪い噂はいつまでもついて回るもの。

hominum immortalis est infamia;　プラウトゥス「ペルシア人」355（『ローマ喜劇集3』398頁）

このあたりじゃどんな悪い噂のある女でも結婚なんか簡単だ。
持参金があれば欠点も欠点じゃなくなる。

quoivis modi hic cum [mala] fama facile nubitur: dum dos sit, nullum vitium vitio vortitur.　プラウトゥス「ペルシア人」386–387（『ローマ喜劇集3』400頁）

世間の評判とは恐ろしいもので、まるで布の色染めを洗い落とすように、人の心から理知を洗い落としてしまう。

ἡ δόξα δεινὴ τὸν λόγον ὥσπερ βαφὴν ἀποκλύσαι τῆς ψυχῆς.

プルタルコス「キケロ」32, 7（『英雄伝5』698頁）

世評や噂は、一部では、社会の共通見解、いわば公衆の証言といわれています。また一部では、確証もなく広まった評判であって、悪意で始まり軽信ゆえに拡大し、虚言を広める敵の欺瞞によって最も潔白な人々までまきこまれてしまうものだといわれています。

Famam atque rumores pars altera consensum ciuitatis et uelut publicum testimonium uocat, altera sermonem sine ullo certo auctore dispersum, cui malignitas initium dederit, incrementum credulitas, quod nulli non etiam innocentissimo possit accidere fraude inimicorum falsa uulgantium.

クインティリアヌス「弁論家の教育」V 3,1（『弁論家の教育2』216頁）

運 「運」はギリシア語ではテュケー τύχη、ラテン語ではフォルトゥーナ fortuna というが、厳密には「運命」と区別される（なお、下の例のように、文脈から運命と訳されることもある）。プルタルコスからの引用にあるように、過度の幸運は妬みを招くと広く信じられていた。「ひとの運ほど理性に反し、首尾一貫していないものはない」（キケロ『卜占について』II 7, 18）と言われるように、人間は運の転変に一喜一憂する。　→幸運

運は大きな幸運を自然と妬む。

τοῖς μεγάλοις εὐτυχήμασι φθονεῖν πέφυκεν ἡ τύχη.

プルタルコス「アポロニオスへの慰めの手紙」105B（『モラリア2』70頁）

あちこちでよくあることですが、考えてするより、
何も知らずに行なったほうがよい結果になることが多いものです。

itidem ut saepe iam in multis locis plus insciens quis fecit quam prudens boni.

プラウトゥス「捕虜」44–45（『ローマ喜劇集1』392頁）

何らかの不運によってつまずいたときに徳の何たるかを知るだけならよくあることだが、しかし境遇の激変のさなかにあって、範とする事をそのとおりに実行し、忌むべき事を遠ざけるだけの強さを持つのは、誰にでもできることではない。

κοινοῦ μὲν ὄντος τοῦ αἰσθάνεσθαι τῆς ἀρετῆς τοῖς δι᾽ ἀπορίαν τινὰ σφαλλομένοις, οὐ μὴν ἁπάντων ἃ ζηλοῦσι μιμεῖσθαι καὶ φεύγειν ἃ δυσχεραίνουσιν ἐρρωμένων ἐν ταῖς μεταβολαῖς.

プルタルコス「アントニウス」17, 4(『英雄伝6』112頁)

快いものであれ険しいものであれ、運はすべて、あるときは善いひとたちが報われるために、あるいは鍛錬されるために、あるときは不誠実なひとたちが罰せられるために、あるいは矯正されるためにもたらされますから、すべてが善いもので、正義にかなうか有益かだということは明白です。

Cum omnis fortuna uel iucunda uel aspera tum remunerandi exercendiue bonos tum puniendi corrigendiue improbos causa deferatur, omnis bona, quam uel iustam constat esse uel utilem.

ボエティウス『哲学のなぐさめ』IV 散7, 3(231頁)

運の女神が大いに支援してくれる時間は短い。

breuis est magni Fortuna fauoris.

シーリウス・イタリクス「ポエニー戦争の歌」IV, 732(『ポエニー戦争の歌1』188頁)

人の運は気まぐれな人間同様、時と場所を選ばず跳びまわるのがそのやり方。誰も自分の力だけで幸せであり続けることはできぬのだ。

τοῖς τρόποις γὰρ αἱ τύχαι, ἔμπληκτος ὡς ἄνθρωπος, ἄλλοτ᾽ ἄλλοσε πηδῶσι, κοὐδεὶς αὐτὸς εὐτυχεῖ ποτε.

エウリピデス「トロイアの女たち」1204–1206(『悲劇全集3』195頁)

たとえ武勇は他の場所に運ぶことができるとしても、
この場所の持つ天運をともに連れて行くことが可能だろうか。

cum iam ut uirtus uestra transire alio possit, fortuna certe loci huius transferri non possit?

リウィウス『ローマ建国以来の歴史2』V 54, 6(392頁)

腕前が確かであれば槍の一投で満足することができますが、腕前が不確かであれば運の可能性にもかけるために何投か投げ散らすのです。

ut certa manus uno telo potest esse contenta, incerta plura spargenda sunt, ut sit et fortunae locus.

クインティリアヌス「弁論家の教育」IV 5, 14(『弁論家の教育2』205頁)

人間は誰しも運勢に左右されずには生きられない。
神だってそうだ、詩人の言ってることが嘘でなければ。

οὐδεὶς δὲ θνητῶν ταῖς τύχαις ἀκήρατος, οὐ θεῶν, ἀοιδῶν εἴπερ οὐ ψευδεῖς λόγοι.
エウリピデス「ヘラクレス」1314-1315（『悲劇全集3』96頁）

誰も自分の不幸を前もって知ることはできないのです。
運勢とは窺い知れぬ闇の中のことですから。

κοὐδὲν οἶδ' οὐδεὶς κακὸν ἢ γὰρ τύχη παρήγαγ' ἐς τὸ δυσμαθές.
エウリピデス「タウロイ人の地のイピゲネイア」477-478（『悲劇全集3』240頁）

人間世界の運命の変転は、それまで無名であった場所さえ、
有名なものとするよう。

ἐοίκασι δὲ αἱ ἀνθρώπειαι τύχαι καὶ χωρία τέως ἄγνωστα ἐς δόξαν προῆχθαι.
パウサニアス「ギリシア案内記」IV 36, 6（『ギリシア案内記2』237頁）

運命とは好きなように人間を捻り捏ねまわすものです。

fortuna humana fingit artatque ut lubet.　プラウトゥス「捕虜」304（『ローマ喜劇集1』415頁）

運命は万人に平等にふるまうけれども、良き人間からは奪い去らないものが
ひとつある、それは、つまずいたときにその情況に対処するための賢明な判
断力である。

ττὰ γὰρ ἄλλα κοινὴν ἡ τύχη παρέχουσα πᾶσιν ἑαυτήν, ἓν οὐκ ἀφαιρεῖται τῶν
ἀγαθῶν, τὸ κἂν πταίσωσιν εὐλογιστεῖν πρὸς τὰ συντυγχάνοντα.
プルタルコス「オト」13, 5（『英雄伝6』582頁）

運命

「運命」は、とくに転変する運と区別されるときは、ギリシア語ではヘイマルメネーεἱμαρμένη、ラテン語ではファートゥムfatumという（分けあたえられた運命の意でモイラμοῖραも用いられる）。「みんな忘れているぞ。俺たちゃみんな死すべきもので、モイラから短い命しかもらっていないことをね」（スミュルナのビオン、ストバイオス『精華集』IV 16,15）という言葉がある。

運命の力は誠に抗いがたく、自分の運を変えようとする者が
あるたびに、その意図を台なしにするものである。

profecto ineluctabilis fatorum uis, cuius cum fortuna mutare constituit, consilia
corrumpit.　　　　　　　　ウェレイユス・パテルクルス『ローマ世界の歴史』II 57, 3（123頁）

死すべき人間には運命を逃れることは許されず、
巨大な網に捕らわれてしまっているのだ。

τὴν γὰρ θέμις οὔ ποτ᾽ἀλύξαι θνητοῖσιν, πάντη δὲ περὶ μέγα πέπταται ἕρκος.
　　　　　　　　アポロニオス・ロディオス『アルゴナウティカ』I 1035–1036（66頁）

運命は逃れられぬのが世の掟。知恵をもってしても押し返せない。
逸ればいたずらに苦労を背負い込むのが常のこと。

μόρσιμα δ᾽ οὔτι φυγεῖν θέμις, οὐ σοφίᾳ τις ἀπώσεται, ἀλλὰ μάταν ὁ πρόθυμος
ἀεὶ πόνον ἕξει.　　　　　エウリピデス「ヘラクレスの子供たち」615–617（『悲劇全集1』249頁）

おお運命よ、そなたは老いて老い果てたいまとなって、
惨めなこの身にまだどれほどまとわりつこうというのだ。

ὦ μοῖρα, γήρως ἐσχάτοις πρὸς τέρμασιν οἵα με τὸν δύστηνον ἀμφιβᾶσ᾽ ἔχεις.
　　　　　　　　エウリピデス「アンドロマケ」1081–1082（『悲劇全集2』81頁）

アエネーアスはこれに驚嘆し、事績は知らずとも、
その絵柄を喜びつつ、子々孫々の名声と運命を肩に担う。

miratur rerumque ignarus imagine gaudet attollens umero famamque et fata
nepotum.　　　　　　　　ウェルギリウス『アエネーイス』VIII 730–731（391頁）

われわれはこれからもまだ涙を流す。
それが恐るべき戦争の変わらぬ運命の思し召しだ。

nos alias hinc ad lacrimas eadem horrida belli fata uocant
　　　　　　　　ウェルギリウス『アエネーイス』XI 96–97（505頁）

運命が約束してくれるものでは飽きたらないのが人間の本性である。

ut est humanus animus insatiabilis eo quod fortuna spondet.
　　　　　　　　リウィウス『ローマ建国以来の歴史2』IV 13, 4（181頁）

運命の皮肉

運命はりっぱな人間への褒美であるはずの名誉ある死を、
ときとして卑劣きわまりない人間に授けるものだ。

τὸ τῶν ἀγαθῶν ἀνδρῶν ἆθλον τὴν εὐθανασίαν τοῖς χειρίστοις ἐνίοτε
περιτίθησιν.　　　　　　　　　　ポリュビオス「歴史」XXXII 4, 3（『歴史4』276頁）

そうなのだ、かの偉大な勇士らに勝利したアキッレウスが、
ギリシアの人妻をさらった臆病者の手にかかって敗れたのだ。

ille igitur tantorum victor, Achille, victus es a timido Graiae raptore maritae!
　　　　　　　　　　オウィディウス「変身物語」XII 608–609（『変身物語2』188頁）

永　遠

[ですから、] 終わりなき生の充満の全体を同時に把捉し所有するもの、そこ
には生じることになるものがなにも欠けず、過ぎ去ったものもなにも流失し
ないもの、これこそが永遠なるものだと正当に断言されますし、このような
ものは必ずや、自らの意のままに現在しながら自らのもとにいつもあり、か
つ無限の迅速なる時を、現在するものとしてもつのです。

Quod [igitur] interminabilis uitae plenitudinem totam pariter comprehendit ac
possidet, cui neque futuri quicquam absit nec praeteriti fluxerit, id aeternum esse iure
perhibetur idque necesse est sui compos praesens sibi semper adsistere et infinitatem
mobilis temporis habere praesentem.　　ボエティウス『哲学のなぐさめ』V 散6, 8（274頁）

こう言ってやりましょう、「愚か者らよ、そんなことになんで熱中するのだ。
疲れるから止めよ。いつまでも生きられるわけではないだろう。この世で偉
いとされるものに何一つ永劫に続くものはなし、また誰一人として死んでし
まえば何一つ墓場へ持って行けるわけではない。いや裸の身一つで降りて行
くことになる。家も畑も金銭も他人の手に渡り次々と持主を換えて行くこと
になる」とね。

λέγων, "Ὦ μάταιοι, τί ἐσπουδάκατε περὶ ταῦτα; παύσασθε κάμνοντες·
οὐ γὰρ εἰς ἀεὶ βιώσεσθε· οὐδὲν τῶν ἐνταῦθα σεμνῶν ἀΐδιόν ἐστιν, οὐδ' ἂν
ἀπαγάγοι τις αὐτῶν τι σὺν αὑτῷ ἀποθανών, ἀλλ' ἀνάγκη τὸν μὲν γυμνὸν
οἴχεσθαι, τὴν οἰκίαν δὲ καὶ τὸν ἀγρὸν καὶ τὸ χρυσίον ἀεὶ ἄλλων εἶναι καὶ
μεταβάλλειν τοὺς δεσπότας."　　　　ルキアノス「カロン」20（『食客』24–25頁）

英雄

「英雄」とは神話の世界では神と人間との間に生まれた半神（デミゴッド）である。トロイア戦争で戦った英雄たちは、半神とも呼ばれる。神と人間から生まれた種族で、死後は「至福者の島」（「仕事と日」171）で暮らしているとヘシオドスは語る。

アイアースに勝てる者はいないのだ、アイアース以外にはな。

ne quisquam Aiacem possit superare nisi Aiax.

オウィディウス「変身物語」XIII 390（『変身物語2』217頁）
＊英雄アイアースが自害するくだり。

わが子よ、わたしからは武勇と真の苦難を学べ。
幸運は他の者から学ぶがよい。

disce, puer, uirtutem ex me uerumque laborem, fortunam ex aliis.

ウェルギリウス『アエネーイス』XII 435–436（581頁）
＊英雄アエネーアスがわが子アスカニウスに語った言葉。

王 権

不正の王権が永遠に続いた例（ためし）はありません。

Iniqua numquam regna perpetuo manent.　　セネカ「メデア」196（『悲劇集1』260頁）

クレアルコスよ、お前は何を言っているのだ。王座をねらおうとするこの私に、その地位にふさわしくない行動をとれとでも言っているのか。

'Τί λέγεις, ὦ Κλέαρχε; σὺ κελεύεις με τὸν βασιλείας ὀρεγόμενον ἀνάξιον εἶναι βασιλείας;'

クテシアス『ペルシア史／インド誌』断片18（186頁）

王権というのは、人は誉めそやしますが、空しいもの。表向きは晴れやかでも、一歩内へ入ると悩みは尽きません。びくびくしながら、権力に縋りついて馬齢を重ねたところで、何が幸せでしょう。何が恵まれた身でしょう。わたしなら王位に就くよりも幸せな一市民として生きるほうを、断然選びます。

τυραννίδος δὲ τῆς μάτην αἰνουμένης τὸ μὲν πρόσωπον ἡδύ, τἀν δόμοισι δὲ
λυπηρά· τίς γὰρ μακάριος, τίς εὐτυχής, ὅστις δεδοικὼς καὶ περιβλέπων βίαν
αἰῶνα τείνει; δημότης ἂν εὐτυχῶς ζῆν ἂν θέλοιμι μᾶλλον ἢ τύραννος ὤν,.

エウリピデス「イオン」621–626（『悲劇全集3』367頁）

大いなるパーンの死

船はパクソイ諸島の付近で漂うこととなった。ほとんどの人びとは目を覚ましていて、多くはまだ夕食後の葡萄酒を楽しんでいた。と突然、パクソス島から声が聞こえ、「タムス！」と誰かが大音声で呼ばわったので、一同は驚嘆した。ところがタムスというのはエジプト人の舵取りで、……三度目に彼は呼ばわる声に応えた。するとその声の主は一層声を張り上げてこう言った。「パロデス辺りに至りなば、伝へるべし、『大いなるパーンは死せり！』と」。

ἑσπέρας δ᾽ ἤδη περὶ τὰς Ἐχινάδας νήσους ἀποσβῆναι τὸ πνεῦμα, καὶ τὴν
ναῦν διαφερομένην πλησίον γενέσθαι Παξῶν· ἐγρηγορέναι δὲ τοὺς πλείστους,
πολλοὺς δὲ καὶ πίνειν ἔτι δεδειπνηκότας·ἐξαίφνης δὲ φωνὴν ἀπὸ τῆς νήσου
τῶν Παξῶν ἀκουσθῆναι, Θαμοῦ τινος βοῇ καλοῦντος, ὥστε θαυμάζειν. ὁ δὲ
Θαμοῦς Αἰγύπτιος ἦν κυβερνήτης οὐδὲ τῶν ἐμπλεόντων γνώριμος πολλοῖς
ἀπ᾽ ὀνόματος. δὶς μὲν οὖν κληθέντα σιωπῆσαι, τὸ δὲ τρίτον ὑπακοῦσαι τῷ
καλοῦντι· κἀκεῖνον ἐπιτείνοντα τὴν φωνὴν εἰπεῖν 'ὁπόταν γένῃ κατὰ τὸ
Παλῶδες, ἀπάγγειλον ὅτι Πὰν ὁ μέγας τέθνηκε.'

プルタルコス「神託の衰微について」419B–C（『モラリア5』270頁）
＊「パーン」とは牧神の意味だが、「大いなるパーンは死せり」という言葉は、パーンを象徴とする異教宗教が滅び去り、かわってキリスト教が誕生したという意味にしばしば理解された。

掟

だが神々は力を持っておられる。そしてその神々をも支配するのが掟（ノモス）というもの。この掟のおかげでわれらは神の所在を知り、善悪を知り分けて生きているのです。

ἀλλ᾽ οἱ θεοὶ σθένουσι χὠ κείνων κρατῶν νόμος· νόμῳ γὰρ τοὺς θεοὺς
ἡγούμεθα καὶ ζῶμεν ἄδικα καὶ δίκαι᾽ ὡρισμένοι·

エウリピデス「ヘカベ」799–801（『悲劇全集2』154頁）

臆 病

おやおや、おまえさんも戦争について一言あるのか。
烏賊とおんなじで、剣はもってるが、肝っ玉はないのになあ。

οἳ καθάπερ αἱ τευθίδες μάχαιραν μὲν ἔχετε, καρδίαν δ᾽ οὐκ ἔχετε;

プルタルコス「テミストクレス」11, 6(『英雄伝1』340頁)

贈 り 物

よき贈り物には、お返しがくるもの。

καλὸς οὖν ἔρανος χάρις δικαία.　　デモステネス「書簡集」5, 5(『弁論集7』267頁)

思いこみ

「思いこみ(思惑)」はギリシア語ではドクサδόξα、ラテン語ではオピーニオーopinioという。哲学では「真実」との対比のかたちでしばしば登場する。セネカには「われわれは実際よりも思い込みで苦しむことがよくある」(『倫理書簡集』XIII 4)という言葉がある。　**→真実**

皆さん方には今申し述べた私の運命のゆえに、私の弁明を受け容れて、思いこみではなく真実に基づいて判断を下されるようお願いいたします。思いこみの説は弁舌能力に長けた者の味方ですが、真実は正道を踏み外さぬ者の味方なのですから。

μὴ διὰ τὰ προειρημένα δυσχερῶς ἀποδεξαμένους μου τὴν ἀπολογίαν δόξῃ καὶ μὴ ἀληθείᾳ τὴν κρίσιν ποιήσασθαι· ἡ μὲν γὰρ δόξα τῶν πραχθέντων πρὸς τῶν λέγειν δυναμένων ἐστίν, ἡ δὲ ἀλήθεια πρὸς τῶν δίκαια καὶ ὅσια πρασσόντων.

アンティポン「第三番弁論」B2(アンティポン／アンドキデス『弁論集』44頁)

われわれは大地の窪みのなかに住んでいるとは気づかずに、
大地の上のところに住んでいると思い込んでいる。

ἡμᾶς οὖν οἰκοῦντας ἐν τοῖς κοίλοις αὐτῆς λεληθέναι καὶ οἴεσθαι ἄνω ἐπὶ τῆς γῆς οἰκεῖν.

プラトン「パイドン」109C(『饗宴／パイドン』320頁)

「音楽」(ムーシケーμουσική)は文字通りムーサ(ミューズ)の技であり、幼少教育においても重要なはたらきをしたことが、現存の古典からもわかる。古代の初等教育の中心となるのは音楽と体育であった(プラトン『国家』第2巻以下参照)。

音楽

幸せな皆様方に申し上げまする。音楽とはすなわち、大きな、また、ゆるがぬ宝の蔵。人々これによって学を身につけ心を養われまする。

θησαυρός ἐστιν καὶ βέβαιος ἡ μουσικὴ ἅπασι τοῖς μαθοῦσι παιδευθεῖσί τε.
アテナイオス「食卓の賢人たち」XIV 623f(『食卓の賢人たち5』209頁)
＊テオピロスの言葉。

われわれは音楽を、労働の苦痛を軽減するためのいわば贈り物として、自然そのものから授かったように思われます。

Atque eam natura ipsa uidetur ad tolerandos facilius labores uelut muneri nobis dedisse, ...　クインティリアヌス「弁論家の教育」I 10, 6(『弁論家の教育1』114–115頁)

わが愛しき心がつねになごむのは、麗しき音を奏でる笛の音を聞くとき。楽しきは、快く酒を飲みながら笛吹きに合わせて歌うこと。楽しきは、響き美しき竪琴をしかと手に抱くこと。

αἰεί μοι φίλον ἦτορ ἰαίνεται, ὁππότ' ἀκούσω αὐλῶν φθεγγομένων ἱμερόεσσαν ὄπα· χαίρω δ' εὖ πίνων καὶ ὑπ' αὐλητῆρος ἀείδων, χαίρω δ' εὔφθογγον χερσὶ λύρην ὀχέων.　テオグニス531–534(テオグニス他『エレゲイア詩集』171頁)

音楽には三つの起源、つまり悲嘆、喜悦、法悦があり、しかも、これらの感情は、いずれも人間の声を、普通の音域から逸らし、はずれさせる。

... μουσικῆς ἀρχὰς τρεῖς εἶναι, λύπην, ἡδονήν, ἐνθουσιασμόν, ὡς ἑκάστου τῶν ... αὐτῶν παρατρέ<ποντος> ἐκ τοῦ συνήθους <καὶ παρ>εγκλίνοντος τὴν φωνήν.
プルタルコス「食卓歓談集」623A(『モラリア8』40頁)
＊テオプラストスの言葉。

音楽が魂を理性的に秩序づけ、かつての本性へと呼び戻し、ついには、製作者である神が最初に魂を作ったときと同じ状態に仕上げることは、疑いの余地がない。

Procul dubio musica exornat animam rationabiliter ad antiquam naturam reuocans et efficiens talem demum, qualem initio deus opifex eam fecerat.

カルキディウス『プラトン「ティマイオス」註解』267（330頁）

恩　恵

恩恵を受けた者は、誠実でありたいならいつまでもそれを記憶にとどめておかねばならないが、恩恵を施した方は、狭量でありたくなければ、ただちにしたことを忘れるべきだというのが私の考えです。

ἐγὼ νομίζω τὸν μὲν εὖ παθόντα δεῖν μεμνῆσθαι πάντα τὸν χρόνον, τὸν δὲ ποιήσαντ᾽ εὐθὺς ἐπιλελῆσθαι, εἰ δεῖ τὸν μὲν χρηστοῦ, τὸν δὲ μὴ μικροψύχου ποιεῖν ἔργον ἀνθρώπου.

デモステネス「冠について」269（『弁論集2』149頁）

逆境の中で誰が恩恵のことなど記憶していようか？　誰が、不幸のどん底にいる人々に対して報恩の義務があると考えるだろうか？

quis in aduersis beneficiorum seruat memoriam? Aut quis ullam calamitosis deberi putat gratiam?

ウェレイユス・パテルクルス『ローマ世界の歴史』II 53, 2（118頁）

女　ギリシア語ではギュネー γυνή、ラテン語ではフェーミナ femina という。父系社会の古代において女性たちが活躍する範囲は限られていた。しかし、女性が学問することはまれであったが、ピタゴラス派の教団には何人かの女性の名前がみられ、プラトンのアカデメイアやエピクロス派の学園でも女性が排除されることはなかった。プルタルコスには『女性も学問すべきこと』という著作があったようだが、残念ながら散佚してしまった。　**→男女**

旅の方、女というものは男につくもの、子供の味方にはなりません。

γυναῖκες ἀνδρῶν, ὦ ξέν᾽, οὐ παίδων φίλαι.

エウリピデス「エレクトラ」265（『悲劇全集2』305頁）

女は弱いもの、泣くように生まれついているのです。

γυνὴ δὲ θῆλυ κἀπὶ δακρύοις ἔφυ.　エウリピデス「メデイア」928（『悲劇全集1』165頁）

女の悪口は昔の人も今の人も言い、またこの先も人は口にするはずだが、ひとまとめにして申し上げるなら、海も陸もこんな種族は養いはしないということだ。

ἣ νῦν λέγων ἔστιν τις ἢ μέλλει λέγειν, ἅπαντα ταῦτα συντεμὼν ἐγὼ φράσω·
γένος γὰρ οὔτε πόντος οὔτε γῆ τρέφει τοιόνδ᾽·

エウリピデス「ヘカベ」1179–1182（『悲劇全集2』181頁）

ええ、確かに女というものは好き心の強いもの、そうでないとは申しません。でもそうした下地のあるところに加えて、夫が過ちを犯して本妻を寝床から追い退けるようなことをすれば、妻のほうだって真似して負けずに他の男を情人（いいひと）にしたくなるものよ。

μῶρον μὲν οὖν γυναῖκες, οὐκ ἄλλως λέγω·ὅταν δ᾽, ὑπόντος τοῦδ᾽, ἁμαρτάνηι
πόσις τἄνδον παρώσας λέκτρα, μιμεῖσθαι θέλει γυνὴ τὸν ἄνδρα χἀτερον
κτᾶσθαι φίλον.

エウリピデス「エレクトラ」1035–1038（『悲劇全集2』370頁）

でもおかしなことですね。獰猛な毒蛇から、身を守る術は、どなたか神さまが人間に与えてくださったのに、その腹や烈火をはるかに凌ぐもの、女から身を守る薬はどなたも見つけ出してはくれなかったとは。

δεινὸν δ᾽ ἑρπετῶν μὲν ἀγρίων ἄκη βροτοῖσι θεῶν καταστῆσαί τινα, ὃ δ᾽ ἔστ᾽
ἐχίδνης καὶ πυρὸς περαιτέρω   οὐδεὶς γυναικὸς φάρμακ᾽ ἐξηύρηκέ πω.

エウリピデス「アンドロマケ」269–272（『悲劇全集2』26頁）

女はみんな癪の種。でも二度だけはありがたや。一度目は新手枕を交わすとき、二度目はようやく息絶えて、あの世に行ってくれるとき。

Πᾶσα γυνὴ χόλος ἐστίν· ἔχει δ᾽ ἀγαθὰς δύο ὥρας, τὴν μίαν ἐν θαλάμῳ, τὴν
μίαν ἐν θανάτῳ.

パルラダス「ギリシア詞華集」XI 381（『ギリシア詞華集3』744頁）

遊女は享楽のために、妾は日々の肉体の慰めのために、
妻は嫡出子をなし、家中の信頼できる守護のために持つのです。

τὰς μὲν γὰρ ἑταίρας ἡδονῆς ἕνεκ᾽ ἔχομεν, τὰς δὲ παλλακὰς τῆς καθ᾽ ἡμέραν
θεραπείας τοῦ σώματος, τὰς δὲ γυναῖκας τοῦ παιδοποιεῖσθαι γνησίως καὶ τῶν
ἔνδον φύλακα πιστὴν ἔχειν.   デモステネス「ネアイラ弾劾」122（『弁論集7』73頁）

女嫌いの古代ギリシア人

西洋古典から格言、名言に類するものを集めるときに厄介な問題がある。古代ギリシア人の女嫌いである。これをギリシア語ではミーソギュネース（μισογύνης）という。英語はmisogynyである。男も女も嫌いだというのはいわゆる人間嫌いで、こちらはミーサントローポス（μισάνθρωπος）で、これが英語のmisanthropeになる。

例えば、エウリピデスの劇にこんなくだりがある。

殿方一人は女一万人よりも生きる価値があります。

εἷς γ' ἀνὴρ κρείσσων γυναικῶν μυρίων ὁρᾶν φάος.

エウリピデス「アウリスのイピゲネイア」1394

古代ギリシア人には女嫌いが多く、エウリピデスが断然その先頭を行く。もっとも、すべてがではなく、プラトンのように（おそらくピタゴラスも）、いわゆるフェミニストかどうかについては議論があるものの、男女は同じ能力を有し同等の教育を受けるべきだという考えをもつ人もいた。しかし、これは少数派の意見である。ミーソギュネース名言集なんかを作れば、いくつも言葉を集めることができそうだが、世の読者の半分を敵にまわすことになるだろう。夏目漱石の『吾輩は猫である』にトーマス・ナッシュ『愚行の解剖』から古代の賢哲の女性観が引かれているように、古代ギリシア人は女性に辛口の人が多かった。

［ カ 行 ］

外 見

外見から人を好んだり嫌ったりすべきではなくて、
行動によって判断すべきである。

οὐκ ἄξιον ἀπ' ὄψεως, οὔτε φιλεῖν οὔτε μισεῖν οὐδένα, ἀλλ' ἐκ τῶν ἔργων σκοπεῖν.

リュシアス「評議会において資格審査を受けるマンティテオスの弁明」16, 19（『弁論集』242頁）

カトは立派に見えることではなく、立派であることを望んだ。

esse quam videri bonus malebat.

サルスティウス「カティリナ戦記」54（『カティリナ戦記／ユグルタ戦記』75頁）

君には男の心も女の心もわからず、軛（くびき）をはめる家畜と同じように、試してみるまではわからず、……それを推し量ることもできない。なぜなら、判断はしばしば、外見（そとみ）に欺かれて狂うからだ。

οὐδὲ γὰρ εἰδείης ἀνδρὸς νόον οὐδὲ γυναικός, πρὶν πειρηθείης ὥσπερ ὑποζυγίου, οὐδέ κεν εἰκάσσαις †ὥσπερ ποτ᾽ ἐς ὥριον ἐλθών·†πολλάκι γὰρ γνώμην ἐξαπατῶσ᾽ ἰδέαι.　　　　テオグニス125–128（テオグニス他『エレゲイア詩集』128–129頁）

愛しいパンとこの地にいますかぎりの神々よ、私が内面で美しくなることをお与え下さい。そして、外面に関して私が持つかぎりのものが私の内面と仲良くすることを。私が知者を富者とみなしますように。思慮の健全な人が獲得することができるだけの量の金［知］を私が持ちますように。

Ὦ φίλε Πάν τε καὶ ἄλλοι ὅσοι τῇδε θεοί, δοίητέ μοι καλῷ γενέσθαι τἄνδοθεν· ἔξωθεν δὲ ὅσα ἔχω, τοῖς ἐντὸς εἶναί μοι φίλια. πλούσιον δὲ νομίζοιμι τὸν σοφόν· τὸ δὲ χρυσοῦ πλῆθος εἴη μοι ὅσον μήτε φέρειν μήτε ἄγειν δύναιτο ἄλλος ἢ ὁ σώφρων.　　　　プラトン『パイドロス』279B（135–136頁）

快楽

「快楽」を意味するギリシア語はヘードネー ἡδονή、ラテン語はウォルプタース voluptas で、ギリシア語のほうは快楽主義（hedonism）の語源となっている。

ああ、クレイトポン、あなたは悦びの極致をご存知ない。満たされないことがつねに望ましいのですよ。あまり長くつづきすぎるものは飽きで悦びを弱めます。しかし奪い去られるものはいつも新しく、いっそう咲き誇るのです。老いない悦びですからね。

ἀγνοεῖς, ὦ Κλειτοφῶν ... τὸ κεφάλαιον τῆς ἡδονῆς. ποθεινὸν γὰρ ἀεὶ τὸ ἀκόρεστον. τὸ μὲν γὰρ εἰς χρῆσιν χρονιώτερον τῷ κόρῳ μαραίνει τὸ τερπνόν· τὸ δὲ ἁρπαζόμενον καινόν ἐστιν ἀεὶ καὶ μᾶλλον ἀνθεῖ· οὐ γὰρ γεγηρακυῖαν ἔχει τὴν ἡδονήν.　　　　アキレウス・タティオス『レウキッペとクレイトポン』II 36, 1（59頁）

眼の前の快楽や安逸は、いつか後でもたらされるだろう利益よりも
はるかに力強いものなのです。

οὕτως ἡ παραυτίχ᾽ ἡδονὴ καὶ ῥαστώνη μεῖζον ἰσχύει τοῦ ποθ᾽ ὕστερον
συνοίσειν μέλλοντος.　　デモステネス「ピリッポス弾劾（第2演説）」27（『弁論集1』131頁）

広く栄えた町々が奢侈のために覆った。そうなのだ。神々の怒りも、武器も
敵もたいしたことはない。心に入り込んだ「快楽」のほうが一人で大きな害
を及ぼすのだ。

aspice, late florentis quondam luxus quas uerterit urbes. quippe nec ira deum tantum
nec tela nec hostes, quantum sola noces animis inlapsa, Voluptas.
　　　　シーリウス・イタリクス「ポエニー戦争の歌」XV 92–95（『ポエニー戦争の歌2』290頁）

快楽と苦痛は、われわれの人生の全体を貫いている。

[ἡδονὴ καὶ λύπη] διατείνει γὰρ ταῦτα διὰ παντὸς τοῦ βίου.
　　　　　　　　　　アリストテレス『ニコマコス倫理学』1172a（448頁）

快いことと最善のこととの両方を合わせ持つことができないのであれば、快
いことに代えて最善のことのほうを諸君は採択すべきなのです。

δεῖ τὰ βέλτιστ᾽ ἀντὶ τῶν ἡδέων, ἂν μὴ συναμφότερ᾽ ἐξῇ, λαμβάνειν.
　　　　　　　　デモステネス「オリュントス情勢（第3演説）」18（『弁論集1』52頁）

過去の事実は将来をみすえるための先例になるという考えがあ
る一方で、過去を嘆いても仕方がないという考えもある。哲学
者によれば、人が所有するのは現在のみ。「現在はわれわれの
ものであるが、過去も未来もそうではない。過
去は過ぎ去ったものであり、未来はそうなるの
かどうか不明であるから」（アリスティッポスの言
葉。アイリアノス『ギリシア奇談集』XIV 6）。

いったん生じた過去を、生じなかったものにすることはできない。

τὸ δὲ γεγονὸς οὐκ ἐνδέχεται μὴ γενέσθαι.
　　　　　　　　　　アリストテレス『ニコマコス倫理学』1139b（258頁）

諸君は、以前に起こった出来事を先例として利用して、
将来あるべきことを議論せねばならない。

χρὴ τοῖς πρότερον γεγενημένοις παραδείγμασι χρωμένους βουλεύεσθαι περὶ
τῶν μελλόντων ἔσεσθαι. リュシアス「民主政破壊に関する弁明」25, 23（『弁論集』350頁）

過去は去らせるのが人の世の常。

τὸ μὲν παρεληλυθὸς ἀεὶ παρὰ πᾶσιν ἀφεῖται.
デモステネス「冠について」192（『弁論集2』112頁）
＊ホメロス『イリアス』第18歌112行以来の格言。

家 族・家 庭

「母親に対して傲慢なわしの息子は、ギリシア人の最大の権力者だ」とテミス
トクレスは言った。「というのは、アテナイ人がギリシア人を支配しているが、
そのアテナイ人をわし自身が支配しているのであり、そのわしを母親が支配
し、しかもその母親を息子が支配しているのだからな」と。

Τὸν δὲ υἱὸν ἐντρυφῶντα τῇ μητρὶ πλεῖστον Ἑλλήνων ἔλεγε δύνασθαι· τῶν
γὰρ Ἑλλήνων ἄρχειν Ἀθηναίους, Ἀθηναίων δ᾽ ἑαυτόν, ἑαυτοῦ δὲ τὴν ἐκείνου
μητέρα, τῆς δὲ μητρὸς ἐκεῖνον.
プルタルコス「王と将軍たちの名言集」185D（『モラリア3』63頁）
＊テミストクレスの息子が、母親の口を借りて指図したときに、彼女に言った言葉。プルタルコ
ス「マルクス・カトー」8, 5（『英雄伝1』63頁）にも同様の言及がある。

COLUMN　　　　　　　　良 好 な 夫 婦 生 活

　クセノポンが「神は……屋内での仕事と監督を女性の特性、〈屋外での仕事と監督
を男性の特性〉として配した」（『家政管理論』第 7 章22、『ソクラテス言行録 2 』所収、カッ
コ内はStephanusの補訂）と言っているように、古代では家長である夫が家族を代表し、
妻は使用人に仕事を配分し監督するなど、家事全般を取り仕切っていた。さらに、家
族の構成員として重要なのが奴隷の存在であった。奴隷の数の把握はむずかしいが、
全人口の15パーセントとも40パーセントとも言われる。家庭内には「夫と妻」「父と子」
「主人と奴隷」の人間関係が存在した。夫婦の関係がうまくいかず、離婚にいたるこ
ともあった。あるローマ人が妻を離別したのだが、友人たちがその人をたしなめて、分
別のある婦人じゃないか、見目うるわしい女性じゃないか、子供も産んだではないか、

などと言うと、その人は自分の履物を見せてこう言った。「いい形の靴じゃないか、新品じゃないか。だが、君らはだれも、この靴のどこがぼくの足に当たるのか、ご存じあるまい」(プルタルコス「アエミリウス・パウルス」5、『英雄伝2』所収)。夫婦のことは当事者しかわからないのは、今と変わらない。

語 り

語ることは行なうことであり、作ることでもある。

τὸ λέγειν ἄρα πράττειν τε καὶ ποιεῖν ἐστιν.

プラトン「エウテュデモス」284C(『エウテュデモス／クレイトポン』44頁)

語ることの本物の技術は、真理がしっかり把握されることなしには、存在しないし、今後も生じることはけっしてない。

τοῦ δὲ λέγειν, ... ἔτυμος τέχνη ἄνευ τοῦ ἀληθείας ἧφθαι οὔτ' ἔστιν οὔτε μή ποτε ὕστερον γένηται.　　　　　　　プラトン『パイドロス』260E(85頁)

言論とは魂に抱かれた理性の仲介者である。

est enim oratio interpres animo conceptae rationis.

カルキディウス『プラトン「ティマイオス」註解』104(140頁)

「金貸しにも借り手にもなりたくないもの」(シェイクスピア『ハムレット』1, 3, 75)という言葉があるように、金銭の借り貸しから訴訟に転じることは、古代でも日常茶飯事であった。こうした例は、デモステネス『弁論集』の私訴弁論(第5〜6巻に所収)にいくつも類例がみられる。

金(かね)

投機屋(やましし)の金はなくなるものだ。

τοῖς προϊεμένοις ἀπολεῖται τὰ χρήματα

デモステネス「ゼノテミスへの抗弁」15(『弁論集5』148頁)

ご承知のように、人間、借金するときは証人の数は僅かにしておくけれども、返済するときは大勢の人を証人に呼んで、契約を誠実に守る男と見なされたがるものです。

ἴστε γὰρ δήπου πάντες ὅτι δανείζονται μὲν μετ᾿ ὀλίγων μαρτύρων, ὅταν δ᾿ ἀποδιδῶσιν, πολλοὺς παρίστανται μάρτυρας, ἵνα ἐπιεικεῖς δοκῶσιν εἶναι περὶ τὰ συμβόλαια.　　　　　　　　デモステネス「ポルミオンへの抗弁」30（『弁論集5』200頁）

交易従事者が順調に事業を行なえるのは、金を借りる人たちではなく、貸す人たちのおかげであって、貸し手の持ち分が取り上げられてしまえば、船も船主も乗船者も出航できないからです。

αἱ γὰρ εὐπορίαι τοῖς ἐργαζομένοις οὐκ ἀπὸ τῶν δανειζομένων, ἀλλ᾿ ἀπὸ τῶν δανειζόντων εἰσίν, καὶ οὔτε ναῦν οὔτε ναύκληρον οὔτ᾿ ἐπιβάτην ἔστ᾿ ἀναχθῆναι, τὸ τῶν δανειζόντων μέρος ἂν ἀφαιρεθῇ.

デモステネス「ポルミオンへの抗弁」51（『弁論集5』210頁）

儲けがこれまでにも多くの人間を醜い人間にしてきている。

scio ego, multos iam lucrum lutulentos homines reddidit;

プラウトゥス「捕虜」326（『ローマ喜劇集1』416頁）

すばらしい土地や大きな家、大金を前にしてわれを忘れ、それらを幸福と考えている人たちに対しては、「もし幸福が売りに出されていて、それを買い取ることが許されているのであればね」と言えばいいだろう。（もっとも、お金を出して幸福になるよりも、不幸であっても富を所有し続けることを望む人も多い、と言われるかもしれないが）。けれども、苦しみからの解放、気品、落ち着き、安心感、自足は、お金では買えないのである。

οὔτ᾿ ἔστιν εἰπεῖν πρὸς τοὺς τὰ καλὰ χωρία καὶ τὰς μεγάλας οἰκίας καὶ τὸ πολὺ ἀργύριον ὑπερεκπεπληγμένους καὶ μακαρίζοντας· ‘εἴ γ᾿ ἔδει πωλουμένην πρίασθαι τὴν εὐδαιμονίαν· (καίτοι πολλοὺς ἂν εἴποι τις ὅτι μᾶλλον ἐθέλουσι πλουτεῖν [καὶ] κακοδαιμονοῦντες ἢ μακάριοι γενέσθαι δόντες ἀργύριον). ἀλλ᾿ οὐκ ἔστι γε χρημάτων ὤνιον ἀλυπία μεγαλοφροσύνη εὐστάθεια θαρραλεότης αὐτάρκεια.

プルタルコス「富への愛好について」523D（『モラリア7』4頁）

神・神々

「神」を意味するギリシア
語はテオスθεόςで、ラテン語はデウスdeusである。七賢人のキロンがアイソポス（イソップ）に、「ゼウスさまは何をなさるのか」と尋ねると、アイソポスは「高いものを低くして、低いものを高くされるのさ」と答えた。神は絶頂にある者に苦難を強い、不運に嘆く者を救うという意味（ディオゲネス・ラエルティオス『ギリシア哲学者列伝』I 69）。

何をなすにせよ、人が神に気づかれずに済むと思うのは誤りなのだ。

εἰ δὲ θεὸν ἀνήρ τις ἔλπεταί τι λαθέμεν ἔρδων, ἁμαρτάνει.

ピンダロス「オリュンピア祝勝歌集」I 63–64（『祝勝歌集／断片選』11頁）

われわれ人間には、神々が与えてくださらないような
善いものなど一つもないのだから。

οὐδὲν γὰρ ἡμῖν ἐστιν ἀγαθὸν ὅτι ἂν μὴ ἐκεῖνοι δῶσιν.

プラトン「エウテュプロン」15A（『エウテュプロン／ソクラテスの弁明／クリトン』50頁）

父なるゼウスよ、あなたほど禍々しい神は他におられない。ご自分が生まれさせておきながら、その人間たちを、不幸や惨めな苦しみに引き会わせて憐れとも思われない。

Ζεῦ πάτερ, οὔ τις σεῖο θεῶν ὀλοώτερος ἄλλος· οὐκ ἐλεαίρεις ἄνδρας, ἐπὴν δὴ γείνεαι αὐτός, μισγέμεναι κακότητι καὶ ἄλγεσι λευγαλέοισιν.

ホメロス『オデュッセイア』XX 201–203（596頁）

われわれの善き行ないすべての原因は神であると考えよう。だが悪しきことの原因はそれを選んだわれわれであって、神は責めを負わない。

καὶ πάντων, ὧν πράττομεν ἀγαθῶν, τὸν θεὸν αἴτιον ἡγώμεθα· τῶν δὲ κακῶν αἴτιοι ἡμεῖς ἐσμεν οἱ ἑλόμενοι, θεὸς δὲ ἀναίτιος.

ポルピュリオス「マルケラへの手紙」12
（『ピタゴラス伝／マルケラへの手紙／ガウロス宛書簡』64頁）
＊プラトン『国家』379C, 617Eにも同様の言葉がみられる。

犠牲の式をあげることが神を敬うことではないし、
捧げものの数が神を飾るのでもない。

οὔτε θυηπολίαι θεὸν τιμῶσιν οὔτε ἀναθημάτων πλῆθος κοσμοῦσι θεόν.

ポルピュリオス「マルケラへの手紙」19
(『ピタゴラス伝／マルケラへの手紙／ガウロス宛書簡』71頁)

天上の神々の力は計り知れず、限界をもたない。
神々が望んだことはなんであれ、すべて果たされてきた。

inmensa est finemque potentia caeli non habet, et quicquid superi voluere, peractum est

オウィディウス「変身物語」VIII 618-619(『変身物語1』388頁)

たしかに神というものは幸福な者をひとたび倒しにかかると、どこまでも追
いかけてくるもの。高く昇った者たちはそういう末路を辿る。

semel profecto premere felices deus cum coepit, urget. hos habent magna exitus.

セネカ「オエタ山上のヘルクレス」713-714(『悲劇集2』282頁)

何ものも必要としないというのは神のありようだが、なるべくわずかなもの
だけしか必要としないのはその神に最も近い状態であり、神聖なるものが
至高のものであるならば、神聖なるものに最も近いものこそ、至高のもの
に最も近いものであることになる。

(ἐγὼ δ᾽ ἐνομίζον) τὸ μὲν μηδενὸς δεῖσθαι θεῖον εἶναι, τὸ δ᾽ ὡς ἐλαχίστων ἐγγυτάτω
τοῦ θείου, καὶ τὸ μὲν θεῖον κράτιστον, τὸ δ᾽ ἐγγυτάτω τοῦ θείου ἐγγυτάτω τοῦ
κρατίστου.   クセノポン「ソクラテス言行録」I 6, 10(『ソクラテス言行録1』55頁)

神が人間という種族を創ろうと欲せられ、われわれの最初の者たちを生み出
された時、必要な物の不足から老年の最後を迎える前に死ぬことのないよう、
われわれを養育し［救済する］ものとして大地と海とを与えられたのです。神
によってかく生きるに値すると思われたわれわれなのですから、誰であれ人
を不法に殺すなら、それは神々に対して不敬を働くことであり、人間の定め
を破ることです。

Ὅ τε γὰρ θεὸς βουλόμενος ποιῆσαι τὸ ἀνθρώπινον φῦλον τοὺς πρῶτον
γενομένους ἔφυσεν ἡμῶν, τροφέας τε παρέδωκε τὴν γῆν καὶ τὴν θάλασσαν,
ἵνα μὴ σπάνει τῶν ἀναγκαίωνπροαποθνῄσκοιμεν τῆς γηραιοῦ τελευτῆς. Ὅστις

οὖν, τούτων ὑπὸ τοῦ θεοῦ ἀξιωθέντος τοῦ βίου ἡμῶν, ἀνόμως τινὰ ἀποκτείνει, ἀσεβεῖ μὲν περὶ τοὺς θεούς, συγχεῖ δὲ τὰ νόμιμα τῶν ἀνθρώπων.

アンティポン「第四番弁論」A2（アンティポン／アンドキデス『弁論集』60頁）

しかし、神はある──もしもそう言わねばならないとすれば──、そして神があるのはいかなる時においてでもなく、不動にして、時なく、変化なき永遠においてである。この永遠には、以前も以後も、未来も過去も、年長も年少もない。むしろ、それは「一」なるものとして、ただ一つの「いま」によって「いつまでも」を満たしていた。そしてこの意味においてあるものだけが真にあるのであり、「なった」ことも「あるだろう」こともなく、「始まった」ことも「止むであろう」こともない。したがって、このような意味でこれに崇敬の念を示して、われわれは「汝あり（エイ）」と、あるいはまた誓って、古の或る人たちのように、「汝は一なり（エイ・ヘン）」と挨拶を送る習慣をつけねばならないのだ。

Ἀλλ' ἔστιν ὁ θεός, 'εἰ' χρὴ φάναι, καὶ ἔστι κατ' οὐδένα χρόνον ἀλλὰ κατὰ τὸν αἰῶνα τὸν ἀκίνητον καὶ ἄχρονον καὶ ἀνέγκλιτον καὶ οὗ πρότερον οὐδέν ἐστιν οὐδ' ὕστερον οὐδὲ μέλλον οὐδὲ παρῳχημένον οὐδὲ πρεσβύτερον οὐδὲ νεώτερον· ἀλλ' εἷς ὢν ἑνὶ τῷ νῦν τὸ ἀεὶ πεπλήρωκε, καὶ μόνον ἐστὶ τὸ κατὰ τοῦτ' ὄντως ὄν, οὐ γεγονὸς οὐδ' ἐσόμενον οὐδ' ἀρξάμενον οὐδὲ παυσόμενον. οὕτως οὖν αὐτὸ δεῖ σεβομένους ἀσπάζεσθαι [καὶ] προσεθίζειν, 'εἰ', καὶ νὴ Δία, ὡς ἔνιοι τῶν παλαιῶν, 'εἰ ἕν'.　プルタルコス「デルポイのEについて」393A–B（『モラリア5』167頁）

私は犠を捧げた。私のことを少しも気にもかけていない神々に。

ἔθυον οὐ προσέχουσιν οὐδέν μοι θεοῖς.
プルタルコス「エピクロスに従っては、快く生きることは不可能であること」1102C（『モラリア14』57頁）
＊メナンドロスの言葉。

本当に神々とは我々人間を手玉のように玩ぶものです。

enim vero di nos quasi pilas homines habent.
プラウトゥス「捕虜」22（『ローマ喜劇集1』391頁）

娘よ、ゼウスに、ヘラのもとへ行くときと同じ姿であなたのもとへ来るようたのみなさい。そうすれば、神と床を共にするのがどんな快楽であるのかを知ることができるから。

Alumna, pete a Ioue ut sic ad te ueniat quemadmodum ad Iunonem, ut scias quae
uoluptas est cum deo concumbere.　　　　　ヒュギヌス『神話伝説集』167話（195頁）

でもアポロンが間違っているというなら、いったい誰が賢いというの。

ὅπου δ᾽ Ἀπόλλων σκαιὸς ἦι, τίνες σοφοί;

　　　　　　　　　　エウリピデス「エレクトラ」972（『悲劇全集2』365頁）

恐ろしいことをやろうとしているのだ。でも——それが神々の意にかなうの
なら、そうなるがよい。だがそうは言っても、これはぼくには辛い闘いだ。

καὶ δεινὰ δράσω γ᾽. εἰ θεοῖς δοκεῖ τάδε, ἔστω· πικρὸν δ᾽ οὐχ ἡδὺ τἀγώνισμά μοι.

　　　　　　　　　　エウリピデス「エレクトラ」986–987（『悲劇全集2』366頁）

ゼウスからすべてのことを知るのは、われら人間どもにはいまだかなわぬこ
と、まだまだ多くのことが秘められたままで、それらのうちからゼウスはそ
の気になれば、後々もわれらに示してくれよう。

πάντα γὰρ οὔπω ἐκ Διὸς ἄνθρωποι γινώσκομεν, ἀλλ᾽ ἔτι πολλὰ κέκρυπται,
τῶν αἴ κε θέλῃ καὶ ἐσαυτίκα δώσει Ζεύς.

　　アラトス「星辰譜」768–771（アラトス／ニカンドロス／オッピアノス『ギリシア教訓叙事詩集』66頁）

神々の碾き臼はゆっくり碾くが、その碾き方は細かい。

ὀψὲ θεῶν ἀλέουσι μύλοι, ἀλέουσι δὲ λεπτά.

　　　　　セクストス・エンペイリコス「学者たちへの論駁」I 287（『学者たちへの論駁1』143頁）
　　　　　＊プルタルコス「神罰が遅れて下されることについて」549D–E（『モラリア7』98頁）参照。

神々が存在するかしないかは定かではない。

τὸ δὲ ἀπορεῖν φάσκειν, εἴτε εἰσὶ θεοί, εἴτε οὐκ εἰσί.

　　　　　ピロストラトス「ソフィスト列伝」I 10（ピロストラトス／エウナピオス『哲学者・ソフィスト列伝』30頁）
　　　　　　　　　　　　　　　　　　　　　　　　　　＊ソフィストのプロタゴラスの言葉。

君の目が遠く何スタディオンでも見通す力を持っているのに、神の目は一時
に万物を見ることができないとか、君の魂がこの地のことでもエジプトやシ
ケリアのことでも配慮する力をもっているのに、神の思慮は同時に万物を気
づかうことができないなどと考えてはならない。

οἴεσθαι οὖν χρὴ ... καὶ μὴ τὸ σὸν μὲν ὄμμα δύνασθαι ἐπὶ πολλὰ στάδια ἐξικνεῖσθαι, τὸν δὲ τοῦ θεοῦ ὀφθαλμὸν ἀδύνατον εἶναι ἅμα πάντα ὁρᾶν, μηδὲ τὴν σὴν μὲν ψυχὴν καὶ περὶ τῶν ἐνθάδε καὶ περὶ τῶν ἐν Αἰγύπτῳ καὶ ἐν Σικελίᾳ δύνασθαι φροντίζειν, τὴν δὲ τοῦ θεοῦ φρόνησιν μὴ ἱκανὴν εἶναι ἅμα πάντων ἐπιμελεῖσθαι. クセノポン「ソクラテス言行録」I 4, 17(『ソクラテス言行録1』49頁)

ここにも神々が在すから。

εἶναι γὰρ καὶ ἐνταῦθα θεούς.

アリストテレス「動物部分論」645a21(『動物部分論／動物運動論／動物進行論』80頁)

＊獣や魚を調理した汚れた炊事場にある竃(かまど)(女神ヘスティアが在す)で哲学者ヘラク
レイトスが暖を取っていた時に訪ねてきた客が中へ入るのを躊躇したので、かけたとされる
言葉。天の清浄な星々に劣らない神的で驚くべき真実が地上の汚れた諸事物にも隠され
ているという意味で用いられている。

アポロンとアルテミス

アポロン　たしかに。しかし、われわれ［アポロンとアルテミス］は似ていて、同じことを常にしているのだ。つまり、二人とも弓を使うのだから。

ディオニュソス　弓までは同じだな、アポロンよ。しかし、ああいう点は違う、つまりアルテミスはスキュティアでよそ者を殺すが、お主は託宣をし、病んでいる者を癒している。

{A} Ναί· ἀλλ᾽ ἡμεῖς ὅμοιοί ἐσμεν καὶ ταὐτὰ ἐπιτηδεύομεν· τοξόται γὰρ ἄμφω.
{Δ} Μέχρι μὲν τόξου τὰ αὐτά, ὦ Ἄπολλον, ἐκεῖνα δὲ οὐχ ὅμοια, ὅτι ἡ μὲν Ἄρτεμις ξενοκτονεῖ ἐν Σκύθαις, σὺ δὲ μαντεύῃ καὶ ἰᾷ τοὺς κάμνοντας.

ルキアノス「神々の対話」3(『遊女たちの対話』48頁)

＊アポロンとアルテミスは、ゼウスとレトとの双生の子。スキュティアへの言及は、その地でアル
テミスへの人身御供の習慣があったことを指す。

環　境

すべての植物は、それに適した環境ではより見事に、より丈夫に育つ。実際、栽培される植物と同様、自生する植物にも、それぞれ［の生育］に適した環境がある。

ἅπαντα δ᾽ ἐν τοῖς οἰκείοις τόποις καλλίω γίνεται καὶ μᾶλλον εὐσθενεῖ· καὶ γὰρ τοῖς ἀγρίοις εἰσὶν ἑκάστοις οἰκεῖοι, καθάπερ τοῖς ἡμέροις.

テオプラストス「植物誌」IV 1, 1(『植物誌2』4頁)

＊同書III 3, 2(『植物誌1』280頁)にも同様の表現がある。植物には生育するのに適した土地(オ
イケイオス・トポス)がある、という生態学的な考察が度々繰り返される。アレクサンドロスの遠征
で広がったヘレニズム世界中から情報が集まった時代に、各地から流入した情報に接するこ
とができたテオプラストスは、植物が成育環境(トポス)に大きな影響を受けることに気づいた。

簡　潔

カエサルは、ポントスのパルナケスを疾風怒濤の攻撃により征服した後で、彼の友人たちに手紙を書いた、「わしは、来て、見て、勝った」と。

Φαρνάκην δὲ νικήσας τὸν Ποντικὸν ἐξ ἐφόδου πρὸς τοὺς φίλους ἔγραψεν ‘ἦλθον εἶδον ἐνίκησα.’　プルタルコス「ローマ人たちの名言集」206E（『モラリア3』162頁）

完　璧　な　形

さてわれわれはプラトンの説には一つの定められた出発点というものはないのだと主張する。というのはそれは完全無欠であり、円の完璧な形に譬えられるべきものであって、円に一つの定まった始点がないように、その説くところにもそういうものはないからである。

φαμὲν οὖν Πλάτωνος λόγου μὴ εἶναι μίαν καὶ ὡρισμένην ἀρχήν· ἐοικέναι γάρ αὐτὸν τέλειον ὄντα τελείῳ σχήματι κύκλου· ὥσπερ οὖν κύκλου μία καὶ ὡρισμένη οὐκ ἔστιν ἀρχή, οὕτως οὐδὲ τοῦ λόγου.
アルビノス「プラトン序説」4（『プラトン哲学入門』8頁）

記
憶

「記憶」を意味するギリシア語はムネーメーμνήμη、ラテン語はメモリアmemoriaである。「記念碑で浪費することなど無駄なことだ。わが人生がそれに値するなら、記憶に残ることだろう」というプリニウス（『書簡集』IX 19）の言葉がある。

記憶はすでに小さいころからあるばかりでなく、
その小さいころの記憶が最も強く残っているのです。

quae (memoria) non modo iam est in paruis, sed tum etiam tenacissima est.
クインティリアヌス「弁論家の教育」I 1, 19（『弁論家の教育1』18頁）

記憶力をとくに強め養うのは練習である。

ea (memoria) praecipue firmatur atque alitur exercitatione.
クインティリアヌス「弁論家の教育」I 1, 36（『弁論家の教育1』22頁）

ヒッピアスは、その記憶力は老年になってもなお盛んで、五〇人の名前を一度に聞いただけで、それらを聞いた順に暗唱することができるほどであった。

τὸ μὲν μνημονικὸν οὕτω τι καὶ γηράσκων ἔρρωτο, ὡς καὶ πεντήκοντα ὀνομάτων ἀκούσας ἅπαξ ἀπομνημονεύειν αὐτὰ καθ᾿ ἣν ἤκουσε τάξιν.

ピロストラトス『ソフィスト列伝』I 11（ピロストラトス／エウナピオス『哲学者・ソフィスト列伝』31頁）
＊ヒッピアスはエリス出身のソフィスト。

頭に入ってることも抜けてしまうんだよ、
頭に入れて覚えてることを思い出させようとする奴がいるとさ。

memorem immemorem facit qui monet quod memor méminit.

プラウトゥス『プセウドルス』940（『ローマ喜劇集4』100頁）

幾何学の美点とは？

多くの幾何学上の図形を画くのに必須な、中点を見いだすために、この二人とも道具を使った。曲線であれ直線の線分であれ、メソラボスというものを使って、その中点を得るという方法である。しかしプラトンはこれを遺憾とし、この二人に反対を唱えた。彼らは幾何学の美点をぶちこわし、非物質的で純粋に思惟にかかわるべきものを、感覚的な世界へと引き戻し、多くの卑しむべき肉体のはたらきを必要とする営みに委ねていると非難した。こうして、機械の使用は幾何学とは切り離されて別物扱いされ、長い間哲学者から軽蔑されて、軍事上の技術の一つとなっていた。

τὸ περὶ δύο μέσας ἀνὰ λόγον πρόβλημα καὶ στοιχεῖον ἐπὶ πολλὰ τῶν γραφομένων ἀναγκαῖον εἰς ὀργανικὰς ἐξῆγον ἀμφότεροι κατασκευάς. μεσογράφους τινὰς ἀπὸ καμπύλων γραμμάτων καὶ τμημάτων μεθαρμόζοντες· ἐπεὶ δὲ Πλάτων ἠγανάκτησε καὶ διετείνατο πρὸς αὐτούς, ὡς ἀπολλύντας καὶ διαφθείροντας τὸ γεωμετρίας ἀγαθόν, ἀπὸ τῶν ἀσωμάτων καὶ νοητῶν ἀποδιδρασκούσης ἐπὶ τὰ αἰσθητά, καὶ προσχρωμένης αὖθις αὖ σώμασι πολλῆς καὶ φορτικῆς βαναυσουργίας δεομένοις, οὕτω διεκρίθη γεωμετρίας ἐκπεσοῦσα μηχανική, καὶ περιορωμένη πολὺν χρόνον ὑπὸ φιλοσοφίας, μία τῶν στρατιωτίδων τεχνῶν ἐγεγόνει.

プルタルコス『マルケルス』14, 11（『英雄伝2』414-415頁）
＊二人とは当時有名な数学者エウドクソスとアルキュタス、メソラボスは幾何学で考案された道具。プラトンは幾何学を非物質的なものを思考するための手段と考えたので、このような道具を使うことを非としたのである。

聴 く

われわれの見るところでは、大部分の人たちがそれ [講義を聴くこと] について誤ったやり方をしていて、彼らは聴くことに慣れる前に話す練習をはじめている。彼らは言論に学びと練習があると考えるが、聴くことはどんなやり方をしても利益があると考えている。

ἐπεὶ καὶ τούτῳ (τὸ ἀκούειν) κακῶς τοὺς πλείστους χρωμένους ὁρῶμεν, οἳ λέγειν ἀσκοῦσι πρὶν ἀκούειν ἐθισθῆναι· καὶ λόγων μὲν οἴονται μάθησιν εἶναι καὶ μελέτην, ἀκροάσει δὲ καὶ τοὺς ὁπωσοῦν χρωμένους ὠφελεῖσθαι.

プルタルコス「講義を聴くことについて」38E(『モラリア1』138頁)

技術

「技術」を意味するギリシア語はテクネー τέχνη、ラテン語はアルス ars という。医師のヒポクラテスに「人生は短く、技術は長い」(『箴言』I 1)という名言がある。この技術はもちろん医術の意味。古代でも人口に膾炙した言葉で、哲学者セネカも言及している(『人生の短さについて』1)。

自然を模倣することこそ技術の最大の成果である。

τὸ μιμήσασθαι τὴν φύσιν αὐτῆς μέγιστον ἔργον ἦν.

ディオニュシオス「イサイオス論」XVI 1(ディオニュシオス／デメトリオス『修辞学論集』132頁)

「勇敢」を欠いては、
いかなる「技術」でも危険に対しては無力なものとなる。

ἄνευ δὲ εὐψυχίας οὐδεμία τέχνη πρὸς τοὺς κινδύνους ἰσχύει.

トゥキュディデス「歴史」II 87, 4(『歴史1』234頁)

実際、技術によっては伝えることのできないものがあります。……機会を利用し、当面の事柄とあわせて熟慮しなければならないのです。

Quaedam uero tradi arte non possunt. ... Occasionibus utendum et cum re praesenti deliberandum est.　クインティリアヌス「弁論家の教育」IX 4, 117(『弁論家の教育4』168頁)

以上を文芸にもあてはめて言うとすれば、自然が幸運の位置を占め、技術は思慮深さの位置を占めるでしょう。しかし最も重要なのは、文芸において自然〔才能〕だけに基づいているものもあるという、まさにそのこと自体を、ほかならぬ技術によって学びとらねばならないということです。

τοῦτ᾽ ἂν καὶ ἐπὶ τῶν λόγων εἴποιμεν, ὡς ἡ μὲν φύσις τὴν τῆς εὐτυχίας τάξιν ἐπέχει, ἡ τέχνη δὲ τὴν τῆς εὐβουλίας. τὸ δὲ κυριώτατον, ὅτι καὶ αὐτὸ τὸ εἶναί τινα τῶν ἐν λόγοις ἐπὶ μόνῃ τῇ φύσει οὐκ ἄλλοθεν ἡμᾶς ἢ παρὰ τῆς τέχνης ἐκμαθεῖν δεῖ.

ロンギノス「崇高について」II 3（ロンギノス／ディオニュシオス『古代文芸論集』10頁）

COLUMN　機械技術の功罪

　機械のことをギリシア語ではメーカネー（mēchanē）という。つまり、マシーン（machine）である。さまざまな機械の発明というとアルキメデスが有名だが、彼はこの種の発明を軽視していたようで、むしろ「円柱とそれに内接する球の体積比、表面積比はともに 3 対 2 である」（『球と円柱について』）といった発見を重要視したらしい。生前に自分の墓の上に球に接する円筒を立てて、そこに数比を刻んでくれと頼んだと言われている。それは別として、一般にギリシアの数学者は機械の発明を自分たちの仕事にとって副次的なものとみていたようである。哲学者のプラトンも数学研究を重視していたが、機械を用いることをあまりよく思っていなかった。彼の学校には、エウドクソスやアルキュタスという数学者がいて、当時難問であった惑星の不規則運動を目に見える機械的な模型を活用して解こうとしたのだが、プラトンはいかにもイデア論の哲学者らしく、このような感覚的なものに頼る方法をよしとしなかった。

　しかし、天文学の発達にはこうした機械が欠かせないことは、後の歴史が証明している。プラトンの弟子の一人であったアリストテレスもこの難問に挑戦したようで、H. ジャクスン（1839–1921）という学者が、アリストテレスの教室にあったものを調べている。それによると、リュケイオンにあった彼の学校には、木製のソファー（klīnē）、三脚のテーブル（tripous）、銅像（andrias）、黒板ならぬ白板（leukōma）のほか、銅製の天球儀（chalkē sphaira）があったという。アリストテレスがこの天球儀を眺めながら出した答えは、いわゆる不動の動者（Unmoved mover）を惑星の数だけ並べるというもので、数学者たちが出した答えに比べると、はるかに珍妙なものであった。

奇　数

神は奇数を喜ぶ。

numero deus impare gaudet. 　　　　ウェルギリウス「牧歌」VIII 75（『牧歌／農耕詩』59頁）
　　＊シェイクスピアの『ウィンザーの陽気な女房たち』第5幕1, 2にも「奇数には幸運がある」とい
　　　う台詞がみられる。

偽　誓

偽誓をよしとするというのならば、
諸君が戦う相手は人間ではなく怒れる神々だ。

sin periurio gaudeant, dis magis iratis quam hostibus gesturos bellum.
　　　　　　　　　　　　　　リウィウス『ローマ建国以来の歴史2』III 2, 5（6頁）

奇　跡

「お願いです、私の妻は」――さすがに「象牙の乙女」とは言えず――「象牙
の乙女に似た娘にしてください」とピュグマリオーンは言った。

'sit coniunx, opto,' non ausus 'eburna uirgo' Dicere, Pygmalion 'similis mea' dixit
'eburnae.' 　　　　　　　　オウィディウス「変身物語」X 275（『変身物語2』73頁）
　　＊女嫌いのピュグマリオーンは、自分が作った象牙の乙女に恋心を抱く。祭礼のおりに、ウェ
　　　ヌス女神に祈ったところ、女神はその願いを聞き届け、彫像に命をあたえた。

希望　「希望」はギリシア語ではエルピ
スἐλπίς、ラテン語ではスペース
spesという。ヘシオドスの「仕事と日」94–95（『全作品』
163–164頁）に最初の女性パンドラが甕を空けると世
の中に悪が広がっていくが、希望だけが残される、と
いう話がある。この希望が善いものか悪いものかに
ついては、古来より議論がある。

最も共通したものは何か――希望。なぜなら、ほかには何ももって
いないものにも、希望は備わっているからである。

Τί κοινότατον; ἐλπίς· καὶ γὰρ οἷς ἄλλο μηδέν, αὕτη πάρεστι.

プルタルコス「七賢人の饗宴」153D（『モラリア2』219頁）
＊タレスの言葉。

幸福への希望が人の心に宿ると、
うめきに満ちた禍いの影も薄くなるものだからだ。

ἐλπωρὴ γὰρ ὅτ᾽ ἐς φρένας ἀνδρὸς ἵκηται ἀμφ᾽ ἀγαθοῦ, στονόεσσαν ἀμαλδύνει
κακότητα.　　クイントス・スミュルナイオス『ホメロス後日譚』I 72–73（9頁）

人間は人生の大部分を希望の中に過ごしますが、神々を冒瀆し神々について
の定めに違反する者は、人間にとって最大の善である、その希望さえ自分か
ら奪うことになるのです。

Ἔστι μὲν γὰρ τὰ πλείω τοῖς ἀνθρώποις τοῦ βίου ἐν ταῖς ἐλπίσιν· ἀσεβῶν δὲ
καὶ παραβαίνων τὰ εἰς τοὺς θεοὺς καὶ αὐτῆς ἂν τῆς ἐλπίδος, ὅπερ μέγιστόν
ἐστι τοῖς ἀνθρώποις ἀγαθόν, αὐτὸς αὑτὸν ἀποστεροίη.

アンティポン「第六番弁論」5（アンティポン／アンドキデス『弁論集』128頁）

希望とは危機の中の慰めである。

Ἐλπὶς δὲ κινδύνῳ παραμύθιον οὖσα ...

トゥキュディデス「歴史」V 103, 1（『歴史2』80頁）

元気を出さなきゃ、……あしたになれば良くなるさ。
生きてる者に希望がある、死んでる者は希望がない。

θαρσεῖν χρή. ... τάχ᾽ αὔριον ἔσσετ᾽ ἄμεινον. ἐλπίδες ἐν ζωοῖσιν, ἀνέλπιστοι δὲ
θανόντες.　　テオクリトス「エイデュリア」IV 41–42（『牧歌』40頁）
＊牛飼いコリュドンが友人のバットスを励ます言葉。

希望というものは当てになりませぬぞ。あれは人の気を異常に昂らせて、多
くの国々をたがいに角突き合わせるもの。戦争が国民投票にかけられると
しましょう。そのとき誰も自分の死を計算に入れたりはしません。そんな凶
運は他人さまが引き当てるものと思っています。

ἐλπὶς γάρ ἐστ᾽ ἄπιστον, ἣ πολλὰς πόλεις　συνῆψ᾽ ἄγουσα θυμὸν εἰς
ὑπερβολάς. ὅταν γὰρ ἔλθηι πόλεμος ἐς ψῆφον λεώ, οὐδεὶς ἔθ᾽ αὑτοῦ θάνατον
ἐκλογίζεται, τὸ δυστυχὲς δὲ τοῦτ᾽ ἐς ἄλλον ἐκτρέπει.

エウリピデス「嘆願する女たち」479–483（『悲劇全集2』226頁）

すべて物事にはたがいに反する二面がある。つねに希望を信じる者は優れた
る仁。みだりに迷うて動けぬのは劣等な輩の印だ。

ἐξίσταται γὰρ πάντ' ἀπ' ἀλλήλων δίχα. οὗτος δ' ἀνὴρ ἄριστος ὅστις ἐλπίσιν
πέποιθεν αἰεί· τὸ δ' ἀπορεῖν ἀνδρὸς κακοῦ.

エウリピデス「ヘラクレス」104–106（『悲劇全集3』12–13頁）

だって、人間には誰にでもある希望というものが、いまのわたくしにはもう
残されてはいないのですもの。この先幸せになれようなどと自分を欺くこと
も、できません。そう思えるだけでも幸せでしょうに。

ἐμοὶ γὰρ οὐδ' ὃ πᾶσι λείπεται βροτοῖς ξύνεστιν ἐλπίς, οὐδὲ κλέπτομαι
φρένας πράξειν τι κεδνόν· ἡδὺ δ' ἐστὶ καὶ δοκεῖν.

エウリピデス「トロイアの女たち」681–683（『悲劇全集3』158頁）

まさに今、禍を逃れる道がすぐ足もとに開かれている。

νῦν γὰρ δὴ παρὰ ποσσὶν ἐπήβολός ἐστ' ἀλεωρή

アポロニオス・ロディオス『アルゴナウティカ』I 694（46頁）

何一つ望みがないときの恐怖ほど惨めなものはない。

miserrimum est timere, cum speres nihil.

セネカ「トロイアの女たち」425（『悲劇集1』129頁）

ギリシア語ではパイデイアー
παιδεία、ラテン語ではエードゥ
カーティオー educatioという。
「教育の根は苦いが、果実は
甘い」（ディオゲネス・ラエルティオス
『ギリシア哲学者列伝』V 18）はアリス
トテレスのものとされる言葉。 →学び

[両親は] 子どもたちの土台を作る。

fundamentum supstruont liberorum.

プラウトゥス「幽霊屋敷」121（『ローマ喜劇集3』248頁）

学ばなければ自然的素質は盲目であり、自然的素質に不足すれば学びは欠け
たものになり、そのいずれもがないなら訓練は徒労に帰する。

ἡ μὲν γὰρ φύσις ἄνευ μαθήσεως τυφλόν, ἡ δὲ μάθησις δίχα φύσεως ἐλλιπές, ἡ
δ᾽ ἄσκησις χωρὶς ἀμφοῖν ἀτελές.

プルタルコス「子供の教育について」2B（『モラリア1』6頁）

ですから、われわれが教育している当の若者は
できるかぎり真実をまねすることに専念しなければならないのです。

Igitur et ille quem instituimus adulescens quam maxime potest componat se ad
imitationem ueritatis.　クインティリアヌス「弁論家の教育」V 12, 22（『弁論家の教育2』299頁）

子供たちのうちにはきわめて多くのことへの希望が輝いています。その希望
が年齢とともに消え去るとすれば、明らかに素質ではなく教育上の配慮が欠
けていたのです。

in pueris elucet spes plurimorum: quae cum emoritur aetate, manifestum est non
naturam defecisse sed curam.

クインティリアヌス「弁論家の教育」I 1, 2（『弁論家の教育1』13–14頁）

まだ子供の間に立派なわざを教えねばならぬ。

χρὴ παῖδ᾽ ἔτ᾽ ἐόντα　καλὰ διδάσκειν ἔργα.

プルタルコス「子供の教育について」3F（『モラリア1』11頁）
＊詩人ポキュリデスの言葉。

さしたることのない技能でも熟達した教え手がいなければまともな者にはなれ
ないというのに、国家の先頭に立つという、すべての仕事のうちでも最大のも
のが、ひとりでに人の身に備わるなどと思うのは、もの知らずというものだ。

εὔηθες ἔφη εἶναι τὸ οἴεσθαι τὰς μὲν ὀλίγου ἀξίας τέχνας μὴ γίγνεσθαι
σπουδαίους ἄνευ διδασκάλων ἱκανῶν, τὸ δὲ προεστάναι πόλεως, πάντων
ἔργων μέγιστον ὄν, ἀπὸ ταὐτομάτου παραγίγνεσθαι τοῖς ἀνθρώποις.

クセノポン「ソクラテス言行録」IV 2, 2（『ソクラテス言行録1』205頁）

ある人が、少年たちは何を学ばねばならないのかと尋ねたとき、
アゲシラオスは「彼らが成人したときに使用する能力だ」と言った。

Ἐπιζητοῦντος δέ τινος τίνα δεῖ μανθάνειν τοὺς παῖδας, ʻταῦτʼ εἶπεν ʻοἷς καὶ ἄνδρες γενόμενοι χρήσονται.'

プルタルコス「スパルタ人たちの名言集」213C（『モラリア3』192頁）

ともかく最悪なのが、今では礼節と呼ばれている、どんなものでも互いにほめあうことです。これは見苦しく、芝居がかっており、厳格たるべき学校教育とは無縁なものであり、これ以上に勉強を阻害するものはないのです。

Illa uero uitiosissima, quae iam humanitas uocatur, inuicem qualiacumque laudandi cum est indecora et theatralis et seuere institutis scholis aliena, tum studiorum perniciosissima hostis.

クインティリアヌス「弁論家の教育」II 2, 10（『弁論家の教育1』141–142頁）

さしあたって私が若者に要求したいのは次の二点です。広く出回っている簡単な技法書のうちの短いものを一冊習得したからといって、十分な教育を受けたつもりにならないこと、次に、専門家の決定に従っていれば安全だなどと考えないことです。

interim nolo se iuuenes satis instructos si quem ex iis qui breues plerumque circumferuntur artis libellum ediderint et uelut decretis technicorum tutos putent.

クインティリアヌス「弁論家の教育」II 13, 15（『弁論家の教育1』187–188頁）

狂気

ギリシア語ではマニアーμανία、ラテン語ではインサーニアinsaniaと書く。怒りが度を過ぎると狂気へと変じる、と言われる。哲学者エピクロスの言葉とされるが、出典はセネカにある（『倫理書簡集』XVIII 14）。

実際はわれわれにとっての善のうちで最大のものどもは狂気を通じて生じるのだからである。狂気と言ってもそれは神が与えたものとしての狂気であるけれども。

νῦν δὲ τὰ μέγιστα τῶν ἀγαθῶν ἡμῖν γίγνεται διὰ μανίας, θείᾳ μέντοι δόσει διδομένης.　プラトン『パイドロス』244A（48頁）

ムーサたちの狂気を持たずに詩作の諸々のとびらに来たる者は誰であれ、小手先の技術を使ってひとかどの詩人となれるだろうと信じているわけだが、彼

自身は成功しない［秘儀を受けない］者となり、また、正気の者の詩作は狂気
に取り憑かれた者の詩作に圧倒されて見る影もなくみすぼらしく映るのだ。

ὃς δ' ἂν ἄνευ μανίας Μουσῶν ἐπὶ ποιητικὰς θύρας ἀφίκηται, πεισθεὶς ὡς ἄρα
ἐκ τέχνης ἱκανὸς ποιητὴς ἐσόμενος, ἀτελὴς αὐτός τε καὶ ἡ ποίησις ὑπὸ τῆς τῶν
μαινομένων ἡ τοῦ σωφρονοῦντος ἠφανίσθη.　　　プラトン『パイドロス』245A（50頁）

さあ、やって来るだろう。憎むべき「犯罪」と、家族の血をなめる残忍な「非
道」、そして「迷妄」と、いつもおのが身に刃を向ける「狂気」とが。──こ
れだ、まさにこの「狂気」こそ、わたしの恨みが召使として使うべきもの。

veniet invisum Scelus suumque lambens sanguinem Impietas ferox Errorque et in se
semper armatus Furor – hoc hoc ministro noster utatur dolor.
　　　　　　　　　　　セネカ「狂えるヘルクレス」96–99（『悲劇集1』11–12頁）

強者と弱者

ライオンも時には小鳥の餌となり、鉄は錆に食い尽くされる。危険に遭わな
いほど強いものは何一つない──たとえ弱者による危険でもだ。

Leo quoque aliquando minimarum avium pabulum fuit, et ferrum robigo consumit.
Nihil tam firmum est, cui periculum non sit etiam ab invalido.
　　　　　　クルティウス・ルフス『アレクサンドロス大王伝』VII 8, 15（200頁）

凶兆

この鳥は忌み嫌われている。悲劇の到来を告げるからだ。
ものぐさなフクロウ、それは人間にとって凶兆だ。

foedaque fit volucris, venturi nuntia luctus, ignavus bubo, dirum mortalibus omen.
　　　　　　　オウィディウス「変身物語」V 549–550（『変身物語1』237頁）

協働

われわれは、両足や両手や［上下の］目ぶたや上下の歯の列のように、
協働のために生まれた。

γεγόναμεν γὰρ πρὸς συνεργίαν ὡς πόδες, ὡς χεῖρες, ὡς βλέφαρα, ὡς οἱ
στοῖχοι τῶν ἄνω καὶ τῶν κάτω ὀδόντων.　マルクス・アウレリウス『自省録』II 1（22頁）

恐怖

「恐怖」のギリシア語はポボスφόβος、ラテン語はティモル timorである。「恐怖におののく人間にはなにもかもが音をたてる」（ソポクレス「断片」）という面白い言葉もある。

恐れを身近にもつ人の恐れはそれだけ軽いのがつね。

Levius solet timere, qui propius timet.

セネカ「トロイアの女たち」515（『悲劇集1』136頁）

戦いへの恐怖こそは、戦いよりも悪しきものだ。

Peior est bello timor ipse belli.

セネカ「テュエステス」572（『悲劇集2』195頁）

遭難した者は、静かな海でも恐れるもの。

Tranquillas etiam naufragus horret aquas.

オウィディウス「黒海からの手紙」II 7, 8（『悲しみの歌／黒海からの手紙』322頁）

なぜに哀れにもひとびとはかくも狼狽するのか、力もないのに狂乱して荒ぶる独裁者どもに──なにかを望んでもならない恐れてもならない、されば自制できぬ者の怒りを無いものにできる。

Quid tantum miseri saeuos tyrannos mirantur sine uiribus furentes? nec speres aliquid nec extimescas: exarmaueris impotentis iram;

ボエティウス『哲学のなぐさめ』I 歌4, 11–14（24頁）

暴動も戦争もなく政情は平穏だったが、何時になっても恐怖と危険を免れることはまかりならぬと言うのか、とてつもない疫病が発生した。

et ab seditione et a bello quietis rebus, ne quando a metu ac periculis uacarent, pestilentia ingens orta.

リウィウス『ローマ建国以来の歴史3』VII 1, 7（99頁）

専制権力を殺戮に走らせる最大の原因は怯えであり、
逆に自信は慈しみと優しさと信頼を生み出す。

ἡ γὰρ δειλία φονικώτατόν ἐστιν ἐν ταῖς τυραννίσιν, ἵλεων δὲ καὶ πρᾶον καὶ ἀνύποπτον ἡ θαρραλεότης. プルタルコス「アルタクセルクセス」25, 4（『英雄伝6』505頁）

相互間の対等の恐怖のみが、同盟関係のための信頼の根拠である。

τὸ δὲ ἀντίπαλον δέος μόνον πιστὸν ἐς ξυμμαχίαν.

トゥキュディデス「歴史」III 11, 2（『歴史1』262頁）

強　要

いつでも強要のほうが親の情よりも力を揮うものだ。

Necessitas plus posse quam pietas solet.

セネカ「トロイアの女たち」581（『悲劇集1』141頁）
＊拷問（強要）によって、ヘクトルの妻アンドロマカに息子の居場所をはかせようと、ギリシア軍のウリクセスが言い放った言葉。

議　論

つまり、議論の全体はちょうど動物のように何かそれ自身の身体を持って構成されなければならない、ということさ。頭がなくてもいけないし、足がなくてもいけない。まん中も端もなくてもいけない。そしてそれぞれの部分と全体にとってふさわしいことがかかれなければならないのだ。

δεῖν πάντα λόγον ὥσπερ ζῷον συνεστάναι σῶμά τι ἔχοντα αὐτὸν αὑτοῦ, ὥστε μήτε ἀκέφαλον εἶναι μήτε ἄπουν, ἀλλὰ μέσα τε ἔχειν καὶ ἄκρα, πρέποντα ἀλλήλοις καὶ τῷ ὅλῳ γεγραμμένα.　プラトン『パイドロス』264C（95–96頁）

禁　断　の　恋

兄からは妹と呼ばれるより、ビュブリスと呼んでもらいたいと思う。

Byblida iam mauult, quam se uocet ille sororem.

オウィディウス「変身物語」IX 467（『変身物語2』33頁）
＊兄妹の関係ながら、ビュブリスは兄カウノスを愛した。

臭　い　も　の

「臭いものに蓋」というのは、人間なればこその知恵の一つです。
人間、生きていくのに完璧を求めすぎてはなりません。

ἐν σοφοῖσι γὰρ τόδ᾽ ἐστὶ θνητῶν, λανθάνειν τὰ μὴ καλά. οὐδ᾽ ἐκπονεῖν τοι χρὴ βίον λίαν βροτούς·　エウリピデス「ヒッポリュトス」465–467（『悲劇全集1』319頁）

愚 者

憎むべき、邪悪で愚かな者は人前では好意的なことを言ってへつらうが、心の中では別の考えをめぐらせ相手のいないところではこっそり非難する。

ἐπεὶ στυγερὸς καὶ ἀτάσθαλος ἠδ' ἀεσίφρων ὃς φίλα μὲν σαίνησιν ἐνωπαδόν, ἄλλα δὲ θυμῷ πορφύρῃ καὶ κρύβδα τὸν οὐ παρεόντα χαλέπτῃ.

クイントス・スミュルナイオス『ホメロス後日譚』II 83–85（64頁）

愚 痴

あなたのお世話をしてこれでもう五年目よ。羊でもそれだけのあいだ学校へ通ったら、もう字をちゃんと覚えるぐらいにはなれたでしょう。

nam equidem te iam sector quintum hunc annum, quom interea, credo, ovis si in ludum iret, potuisset iam fieri ut probe litteras sciret.

プラウトゥス「ペルシア人」172–173（『ローマ喜劇集3』374頁）
＊物覚えの悪い女に対して言われた小言。

苦 し み

人は後になれば、苦しみをも楽しみとするものだ、
さんざん苦労して放浪を重ねた者はな。

μετὰ γάρ τε καὶ ἄλγεσι τέρπεται ἀνήρ, ὅς τις δὴ μάλα πολλὰ πάθῃ καὶ πόλλ' ἐπαληθῇ.
ホメロス『オデュッセイア』XV 400–401（449頁）

自然本性において悪いものなどなく、むしろ苦痛のすべては
「空しい思いなし」によって作り出されているからである。

ὧν δ' ἡ φύσις οὐδὲν ἔχει κακὸν ἀλλ' ὅλον καὶ πᾶν τὸ λυποῦν ἐκ κενῆς δόξης ἀναπέπλασται.
プルタルコス「追放について」600D（『モラリア7』286頁）

経 験

およそあらゆることにおいて、規則は経験には及ばない。

in omnibus fere minus ualent praecepta quam experimenta.
クインティリアヌス「弁論家の教育」II 5, 15（『弁論家の教育1』163頁）

敬虔

「敬虔な」の意味のギリシア語はホシオス ὅσιος、ラテン語ではピウス pius という。前6世紀喜劇詩人エピカルモスには「死すべき者にとって、この世を旅する最上の路銀は敬虔なる生である」（「ギリシア未刊行資料」）という言葉がある。

神々は最も敬虔深い人たちから
敬われることによってこそ最も悦ぶものだ。

ἀλλ᾽ ἐνόμιζε τοὺς θεοὺς ταῖς παρὰ τῶν εὐσεβεστάτων τιμαῖς μάλιστα χαίρειν.

クセノポン「ソクラテス言行録」I 3, 2（『ソクラテス言行録1』37頁）

いったい、敬虔なものは敬虔なものであるから神々に愛されるのか、
それとも神々に愛されるから敬虔なものであるのか。

ἆρα τὸ ὅσιον ὅτι ὅσιόν ἐστιν φιλεῖται ὑπὸ τῶν θεῶν, ἢ ὅτι φιλεῖται ὅσιόν ἐστιν;

プラトン「エウテュプロン」10A（『エウテュプロン／ソクラテスの弁明／クリトン』31–32頁）
＊「エウテュプロンのディレンマ」と呼ばれる道徳と宗教をめぐる問題（「道徳的に善いものは、道徳的に善いものであるから神に命じられるのか、それとも神に命じられるから道徳的に善いものであるのか」という問題）の古典的典拠となる言葉。

敬虔については、ニコマコスに教えてもらうのではなくて、
父祖伝来の慣習を遵守すべきである。

περὶ εὐσεβείας οὐ παρὰ Νικομάχου <χρὴ> μανθάνειν, ἀλλ᾽ ἐκ τῶν γεγενημένων σκοπεῖν.

リュシアス「ニコマコス弾劾」30, 18（『弁論集』394頁）

殺人についてもほかのことについても、敬神とは、そして不敬神とは、どのようなものであると君は主張するのか。いや、いかなる行為の内にあっても敬虔そのものはそれ自身と同じではないだろうか、そして不敬神もまた、一方でいかなる敬虔とも反対でありながら、他方でそれ自身はそれ自身と同じ性質のものであって、不敬虔であろうとするいかなるものも、その不敬虔さという点では何か単一の相［イデア］をもっているのではないだろうか。

ποῖόν τι τὸ εὐσεβὲς φῂς εἶναι καὶ τὸ ἀσεβὲς καὶ περὶ φόνου καὶ περὶ τῶν ἄλλων; ἢ οὐ ταὐτόν ἐστιν ἐν πάσῃ πράξει τὸ ὅσιον αὐτὸ αὑτῷ, καὶ τὸ ἀνόσιον αὖ τοῦ μὲν ὁσίου παντὸς ἐναντίον, αὐτὸ δὲ αὑτῷ ὅμοιον καὶ ἔχον μίαν τινὰ ἰδέαν κατὰ τὴν ἀνοσιότητα πᾶν ὅτιπερ ἂν μέλλῃ ἀνόσιον εἶναι;

プラトン「エウテュプロン」5C–D（『エウテュプロン／ソクラテスの弁明／クリトン』16頁）

こうしてすべての人々の心が敬虔の念で満たされると、法律や罰則に対する
恐怖にかわって、真理と誓約が市民を支配した。

ea pietate omnium pectora imbuerat, ut fides ac ius iurandum pro legum ac poenarum
metu ciuitatem regerent.　　　　　　　　リウィウス『ローマ建国以来の歴史1』I 21, 1（52頁）

芸 術

彫像製作家たるものは、
魂の活動をも形姿として似せて表さなければならない。

δεῖ ἄρα ... τὸν ἀνδριαντοποιὸν τὰ τῆς ψυχῆς ἔργα τῷ εἴδει προσεικάζειν.
　　　　　クセノポン「ソクラテス言行録」III 10, 8（『ソクラテス言行録1』179頁）

それ［崇高なものへと通じている別の道］は昔の偉大な散文作家や詩人たちを
模倣し、彼らと競い合うことです。……まるで聖なる噴出口からのように 古（いにしえ）
の人々の偉大な才能から流出するものが、彼らと競い合う者の魂の中へと入
りこむので、あまりひらめきにとんでいない者でも、それから息吹を受ける
と他者の偉大さをともにして霊感に満たされるのです。

ἡ τῶν ἔμπροσθεν μεγάλων συγγραφέων καὶ ποιητῶν μίμησίς τε καὶ ζήλωσις.
ἀπὸ τῆς τῶν ἀρχαίων μεγαλοφυΐας εἰς τὰς τῶν ζηλούντων ἐκείνους ψυχὰς ὡς
ἀπὸ ἱερῶν στομίων ἀπόρροιαί τινες φέρονται, ὑφ᾽ ὧν ἐπιπνεόμενοι καὶ οἱ μὴ
λίαν φοιβαστικοὶ τῷ ἑτέρων συνενθουσιῶσι μεγέθει.

　　ロンギノス「崇高について」XIII 2（ロンギノス／ディオニュシオス『古代文芸論集』42頁）

いまや私は作品を仕上げた。それはユッピテルの怒りも、火も、剣も、
積年の浸食も滅ぼしえないだろう。

Iamque opus exegi, quod nec Iouis ira nec ignisNec poterit ferrum nec edax
abolere uetustas.　　　　　　オウィディウス「変身物語」XV 871-872（『変身物語2』361頁）

COLUMN　　　　　　　　　　ヤ ギ の 歌 と バ ロ ス の 歌

　悲劇は古代ギリシア語では「トラゴーディアー」という。酒神ディオニュソスの象徴で
ある「ヤギ（トラゴス）」と「歌（オーデー）」をひとつにしたもので、文字通りには「ヤギの歌」
である。アリストテレスの説明では、ディオニュソスに捧げる讃歌（酒神讃歌 ディテュラン
ボス）のコロス（合唱隊）とその音頭取りのやり取りから対話が生まれたという。一方、喜

劇のほうは「コーモーディアー」という。「祭礼行列（コーモス）」と「歌（オーデー）」とをひとつにしたものなので、「祭礼行列の歌」の意味になるが、この行列は「男根（パロス）」の張りぼてを先頭に、豊饒を祝いながらお祭り騒ぎをしたもので、陽気で卑猥な冗談をかわしながら、「男根崇拝歌（パリカ）」が歌われ、そこから劇が生まれたとされている。これもアリストテレスの説明による。コメディーの語源はこの「コーモスの歌（コーモーディアー）」である。一方、喜劇はまたトリュゴーディアとも呼ばれた。アテナイオスはブドウの収穫（トリュゲー）時に酔って歌ったのが起源だというが、古註はむしろブドウを濾したときの澱（トリュクス）に由来するとしている。

劇 場

競技は神々の名誉のために捧げられるのであり、劇場は労働からの息抜きとして有用なのです。かりに劇場がなければ、群衆は醜く厄介な騒ぎを起こすものであり、劇場をいわばそういった祭事のための神殿のようなものと呼ぶとすれば、さらにまた宗教という面もあります。

in ludis honor deorum, in theatro non inutilis laborum remissio, deformis et incommoda turbae, si id non sit, conflictatio, et nihilo minus eadem illa religio, cum theatrum ueluti quoddam illius sacri templum uocabimus.

クインティリアヌス「弁論家の教育」III 8, 29（『弁論家の教育2』92頁）

気 高 さ

気高さは徳の証である。

est enim honor uirtutis testimonium.

カルキディウス『プラトン「ティマイオス」註解』166（210頁）

結婚

結婚はギリシア語ではガモス γάμος、ラテン語ではヌープティアエ nuptiae という。プラトンは「子どもを産み育てながら、あたかも松明のように、命を次から次へ伝えてゆく」（『法律』VI 776B）と言って、婚礼にさいしての相手の選び方、結婚資金、婚約、結婚式と披露宴、さらには新婚生活のアドバイス等、事細かに指示をしている。一方で、「結婚などしなければ、人生を苦しまずに送れる」（メナンドロス『一行格言集（モノスティカ）』）という言葉もある。　→家族

時を違えず妻を家に迎え入れるがよい。三〇歳にさほど足らぬでもなく、余り越えすぎてもいない、それが結婚の適期だ。女は成熟して四年経ち、五年目に嫁ぐべし。まめまめしい作法を教えこめるよう、生娘を娶れ。

Ὡραῖος δὲ γυναῖκα τεὸν ποτὶ οἶκον ἄγεσθαι, μήτε τριηκόντων ἐτέων μάλα πόλλ᾽ ἀπολείπων μήτ᾽ ἐπιθεὶς μάλα πολλά· γάμος δέ τοι ὥριος οὗτος· ἡ δὲ γυνὴ τέτορ᾽ ἡβώοι, πέμπτῳ δὲ γαμοῖτο. παρθενικὴν δὲ γαμεῖν, ὥς κ᾽ ἤθεα κεδνὰ διδάξῃς.
ヘシオドス「仕事と日」695-699(『全作品』200頁)

これだから私は、結婚もしなければ子も作らんのです。
あなたほどの方が打ちのめされてしまうんですからな。

ταῦτά τοι ... ἐμὲ γάμου καὶ παιδοποιίας ἀφίστησιν, ἃ καὶ σὲ κατερείπει τὸν ἐρρωμενέστατον.
プルタルコス「ソロン」6, 6(『英雄伝1』236頁)
*結婚を勧める立法家ソロンに、哲学者タレスは人を使ってソロンの息子が死んだという嘘の話をさせる。狼狽するソロンに対してタレスが言った言葉。

おまえはこのわたしと夫婦となり、わたしの子供を生みながら夫婦仲が悪くなったからといって、子供たちを殺したのだ。ギリシアの女には、そんな大それたことをやるような者は、これまで一人としていなかった。そのギリシア女を差し置いてまでわたしはすすんでおまえと一緒になったのだ。だがこれは、わたしには憎しみと破滅の結婚だった。

παρ᾽ ἀνδρὶ τῶιδε καὶ τεκοῦσά μοι τέκνα, εὐνῆς ἕκατι καὶ λέχους σφ᾽ ἀπώλεσας. οὐκ ἔστιν ἥτις τοῦτ᾽ ἂν Ἑλληνὶς γυνὴ ἔτλη ποθ᾽, ὧν γε πρόσθεν ἠξίουν ἐγὼ γῆμαι σέ, κῆδος ἐχθρὸν ὀλέθριόν τ᾽ ἐμοί.
エウリピデス「メデイア」1337-1341(『悲劇全集1』196頁)
*メデイアの夫イアソンの言葉。

そもそも所帯を構えるとは、子をなし、息子をプラートリアーとデーモスの構成員に加え、娘を自分の娘として男に嫁がせることです。

τὸ γὰρ συνοικεῖν τοῦτ᾽ ἔστιν, ὃς ἂν παιδοποιῆται καὶ εἰσάγῃ εἴς τε τοὺς φράτερας καὶ δημότας τοὺς υἱεῖς, καὶ τὰς θυγατέρας ἐκδιδῷ ὡς αὑτοῦ οὔσας τοῖς ἀνδράσιν.
デモステネス「ネアイラ弾劾」122(『弁論集7』73頁)
*プラートリアーは「兄弟団」、行政単位の一つ。デーモスは都市国家の下位区分としての区にあたる。

……アリステイデスの孫娘のミュルトは、賢者ソクラテスと結婚した、と言っている。ソクラテスには別に妻があったが、ミュルトが夫に先立たれて、貧しくて日々の必需品にも不自由していたのを迎え入れたのだという。

... Μυρτὼ θυγατριδῆν Ἀριστείδου Σωκράτει τῷ σοφῷ συνοικῆσαι, γυναῖκα μὲν ἑτέραν ἔχοντι, ταύτῃ δ' ἀναλαβόντι, χηρεύουσαν διὰ πενίαν καὶ τῶν ἀναγκαίων ἐνδεομένην.　　プルタルコス「アリステイデス」27, 3(『英雄伝3』50頁)

　＊ソクラテスの妻はクサンティッペが有名だが、もう一人妻がいたという伝承。先妻・後妻説、重婚説などいろいろある。

決　断

カエサルは、ポンペイウスを攻撃するためにガラティア州からルビコン川を渡ったが、そのときすべての兵士に言った、「賽は投げられるべし」と。

Καὶ διέβη τὸν Ῥουβίκωνα ποταμὸν ἐκ τῆς Γαλατικῆς ἐπαρχίας ἐπὶ Πομπήιον εἰπών πᾶσι 'ἀνερρίφθω κύβος.'
　　　　　　　プルタルコス「ローマ人たちの名言集」206C(『モラリア3』160頁)

避けられぬ途だ、なぜにためらう？

τί δῆτα μέλλεθ' ἅπερ ἀναγκαίως ἔχει;
　　　　　　エウリピデス「バッコス教の信女たち」1351(『悲劇全集4』489頁)

権　威

力を持たぬ権威はきわめてもろい。

parum tutam maiestatem sine uiribus esse.
　　　　　　リウィウス『ローマ建国以来の歴史1』II 55, 9(235頁)

恐怖と戦慄に取りつかれた大衆は権威では御しがたい。

nec enim poterat pauida et consternata multitudo regi imperio.
　　　　　　リウィウス『ローマ建国以来の歴史2』III 15, 7(35頁)

健　康

[ある人が]食事がうとましいと言うと「アクウメノスが」とソクラテスは言った、「それによく効く薬を教えてくれるよ」。「どんな薬ですか」と訊ねると、

「食事をやめることだ」とソクラテスは言った、「やめれば、より快適に、より安上がりに、より健康にすごせるだろう」。

Ἄλλου δὲ λέγοντος ὅτι ἀηδῶς ἐσθίοι, Ἀκουμενός, ἔφη, τούτου φάρμακον ἀγαθὸν διδάσκει. ἐρομένου δέ, Ποῖον; Παύσασθαι ἐσθίοντα, ἔφη· καὶ ἥδιόν τε καὶ εὐτελέστερον καὶ ὑγιεινότερον διάξειν παυσάμενον.

クセノポン「ソクラテス言行録」III 13, 2（『ソクラテス言行録1』192頁）

健康が一番だ

古代ギリシアの宴会で歌われたものに「健康が一番」で始まる歌がある。「健康が一番で、二番が器量よし、三番目は富（ἄριστον μὲν ὑγιαίνειν, δεύτερον δὲ κάλλος, τρίτον δὲ πλοῦτος）」というのが、プラトンの『法律』（II 661A）に出てくる。この宴会の歌はスコリオンというが、もとは「曲がった」の意味で、宴会で歌を歌った人がミルテの枝を次の人に手渡すのだが、隣の人にでなく真向かいの人に渡し、その人がまた向かいの隣の人に渡すというふうに、「ジグザグに」進むからとか（プラトン古註）、下手な者は飛ばして順不同で歌うから（アテナイオス）などといった説明がある。ストバイオスによると、「死すべき人間には、健康が一番に善くって、二番は器量よしに生まれ、三番は正直に稼いだ金、四番目は仲間と青春を楽しむことだ」というのが正式のものらしい。作者はエピカルモスともシモニデスとも言われるが、これも定かではない。いずれにせよ、「健全なる精神は健全なる身体に宿る」と言われるように、これはローマの詩人ユウェナリスの「健全な身体に健全な精神が宿ることを願うべし」に由来するようだが、体が資本で、健康でなきゃ始まらないというわけだ。

現 在

いまあるものを楽しみ、また他方で改善を求めること。

στέργε μὲν τὰ παρόντα, ζήτει δὲ τὰ βελτίω.

イソクラテス「デモニコスに与う」29（『弁論集1』12頁）

人間というのはみな話すときも行動するときも、現在あるものに調子を合わせ、そのために自己を偽るのが常であるから、したがって［現在だけを見ていると］各人の本来の性情は見えにくくなり、真実が闇の中に隠れてしまうこともまれではない。

πρὸς μὲν γὰρ τὸ παρὸν ἀεί πως ἁρμοζόμενοι καὶ συνυποκρινόμενοι τοιαῦτα καὶ λέγουσι καὶ πράττουσι πάντες ὥστε δυσθεώρητον εἶναι τὴν ἑκάστου προαίρεσιν καὶ λίαν ἐν πολλοῖς ἐπισκοτεῖσθαι τὴν ἀλήθειαν.

ポリュビオス「歴史」III 31, 7（『歴史1』280頁）

現　実

それにもかかわらず、ギリシア人たちはこれらの事実を目の当たりにしながらも、じっと耐え忍んでいるのだ。それはちょうど、激しい降雹を眺めているのに似ていて、各人はそれぞれ、自分のところへは降ってこないようにと祈るだけで、誰もそれを防ぎ止めようとはしないのと同じである。

ἀλλ’ ὅμως ταῦθ’ ὁρῶντες οἱ Ἕλληνες ἀνέχονται, καὶ τὸν αὐτὸν τρόπον ὥσπερ τὴν χάλαζαν ἔμοιγε δοκοῦσιν θεωρεῖν, εὐχόμενοι μὴ καθ’ ἑαυτοὺς ἕκαστοι γενέσθαι, κωλύειν δ’ οὐδεὶς ἐπιχειρῶν.

デモステネス「ピリッポス弾劾（第3演説）」33（『弁論集1』238頁）

賢者

「賢い」という意味の形容詞は、ギリシア語ではソポスσοφός、ラテン語ではサピエーンスsapiensという。「賢者は現状に可能なかぎりうまく対処するのでなければならない」（クラティノス、『スーダ』A 778）という言葉があるように、英語のwiseと同じく豊かな経験値を含意している。

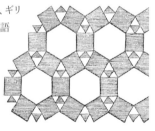

賢い人の心にはつねに協調性があるものだから。

ἀνδράσι γὰρ πινυτοῖσι πέλει νόος ἤπιος αἰεί.

クイントス・スミュルナイオス『ホメロス後日譚』IV 379（176頁）

賢い人の心は苦難にあっても勇敢に耐え
苦しみの中でも打ちひしがれることはないのだった。

ἀνδρὸς γὰρ πινυτοῖο περὶ φρεσὶ τλήμεναι ἄλγος θαρσαλέως καὶ μή τι κατηφιόωντ’ ἀκάχησθαι.　クイントス・スミュルナイオス『ホメロス後日譚』III 8–9（103頁）

現　代

これに続く五番目の人々の間に、私はもはやおるべきでなかった。その前に
死ぬか、後から生まれるべきだった。何しろ今は鉄の種族の世なのだから。

μηκέτ᾽ ἔπειτ᾽ ὤφελλον ἐγὼ πέμπτοισι μετεῖναι ἀνδράσιν, ἀλλ᾽ ἢ πρόσθε θανεῖν
ἢ ἔπειτα γενέσθαι. νῦν γὰρ δὴ γένος ἐστὶ σιδήρεον.

ヘシオドス「仕事と日」174-176（『全作品』168頁）

　＊ヘシオドスの「五時代説話」から。金・銀・青銅・英雄の時代に続いて、現代は鉄の時代で、
　最も辛い時期にあたる。

権　力

いかなる種類の権力であれ、任期が終わりに近づけば、
衰えていくのはやむを得ない。

uis potestatis omnis aliquanto posteriore anni parte languidior ferme esset.

リウィウス『ローマ建国以来の歴史2』III 65, 8（135頁）

絶対的な力にひたすら譲歩することによって得られる平穏は、
無為と無気力の所産であり、真の意味で和合とは呼べない。

τὴν γὰρ ἀνθυπείκουσαν τῷ ἀνελέγκτῳ χάριν, ἀργὴν καὶ ἀναγώνιστον οὖσαν,
οὐκ ὀρθῶς ὁμόνοιαν λέγεσθαι.　　プルタルコス「アゲシラオス」5, 5（『英雄伝4』365頁）

アルゴス人が領土問題で論陣を構え、自分たちの方がスパルタ人より正義に
のっとったことを言ったつもりになっていると、リュサンドロスは剣を示し
て、「これを使いこなす者こそ、領土の境界についても最もよく論ずるのだ」
と言った。

Ἀργείοις μὲν γὰρ ἀμφιλογουμένοις περὶ γῆς ὅρων καὶ δικαιότερα τῶν
Λακεδαιμονίων οἰομένοις λέγειν δείξας τὴν μάχαιραν, "Ὁ ταύτης," ἔφη,
"κρατῶν βέλτιστα περὶ γῆς ὅρων διαλέγεται."

プルタルコス「リュサンドロス」22, 1（『英雄伝3』346頁）

命令権はすべからくそれに従う者たちの合意の中に力の所在がある。

cuius (=imperii) uis omnis in consensu oboedientium esset.

リウィウス『ローマ建国以来の歴史1』II 59, 4（241頁）

これまで良しとして来たし、これからもあらまほしき人の世のあり方は、家うちでも国内でもとにかく権力が正義を越えぬことだ。

ταύταν ἤινεσα ταύταν καὶ †φέρομαι† βιοτάν, μηδὲν δίκας ἔξω κράτος ἐν θαλάμοις καὶ πόλει δύνασθαι.　エウリピデス「アンドロマケ」785–787（『悲劇全集2』61頁）

いったい権力があると思いますか、身辺を護衛で囲むひとを、自分が怖がらせているひとたち以上にそのひとたちを恐れているひとを、権力があると見られるべく、仕える者らの手のなかに置かれているひとを。

... potentem censes qui satellite latus ambit, qui quos terret ipse plus metuit, qui ut potens esse uedeatur, in seruientium manu situm est?

ボエティウス『哲学のなぐさめ』III 散5, 8（126頁）

恋

恋とは、善きものが永遠に自分のものになることを求めている。

ὁ ἔρως τοῦ τὸ ἀγαθὸν αὑτῷ εἶναι ἀεί.　プラトン「饗宴」206A（『饗宴／パイドン』106頁）

焦れる者は、一日でも老いてしまう。

οἱ δὲ ποθεῦντες ἐν ἤματι γηράσκουσιν.　テオクリトス「エイデュリア」XII 2（『牧歌』99頁）

恋の神は蜜もにがりもお手のもの。

Amor et melle et felle est fecundissimus.

プラウトゥス「小箱の話」69（『ローマ喜劇集2』112頁）

「きっと」なんていう言い方はよして。
恋する者にとっては、「絶対」じゃなくちゃだめ。

spissum istuc amanti est uerbum 'ueniet,' nisi uenit.

プラウトゥス「小箱の話」75（『ローマ喜劇集2』112頁）

恋する男たちは女の服なんかより、服の中身のほうに恋している。

non uestem amatores amant mulieri, sed uestis fartim.

プラウトゥス「幽霊屋敷」169（『ローマ喜劇集3』252頁）

その子はたしかに恋しているのだが、何に恋しているのか分からない。そして、自分が何を経験しているのか分からず言うこともできず、人から眼の病気をありがたくも頂戴したときのように、そのわけ［感染源］を言うことができない。ちょうど鏡の中に自分を見るように、恋する人の中に映った自分自身を見ていることに気がつかないのだ。そして恋する人がそばにいると、その人と同じように苦しみから解放され、離れると、また同じように求め、また求められる。その子の持つものは、恋の像、恋反射なのだ。

ἐρᾷ μὲν οὖν, ὅτου δὲ ἀπορεῖ· καὶ οὔθ' ὅτι πέπονθεν οἶδεν οὐδ' ἔχει φράσαι, ἀλλ' οἷον ἀπ' ἄλλου ὀφθαλμίας ἀπολελαυκὼς πρόφασιν εἰπεῖν οὐκ ἔχει, ὥσπερ δὲ ἐν κατόπτρῳ ἐν τῷ ἐρῶντι ἑαυτὸν ὁρῶν λέληθεν. καὶ ὅταν μὲν ἐκεῖνος παρῇ, λήγει κατὰ ταὐτὰ ἐκείνῳ τῆς ὀδύνης, ὅταν δὲ ἀπῇ, κατὰ ταὐτὰ αὖ ποθεῖ καὶ ποθεῖται, εἴδωλον ἔρωτος ἀντέρωτα ἔχων.

プラトン『パイドロス』255D（70-71頁）

どんなことでもあんたの望みがあたしの望みよ。

omnia quae tu vis, ea cupio.　　　プラウトゥス「ペルシア人」766（『ローマ喜劇集3』442頁）

押し隠していると、押し隠しただけ恋の火は熱くなります。

quoque magis tegitur, tectus magis aestuat ignis.
オウィディウス「変身物語」IV 64（『変身物語1』158頁）

というのもエロースは他人の助けを借りない即興のソフィストで、あらゆる場所を自らの秘儀の場にします。性愛［アプロディテ］は素朴な方が念入りに準備するよりいっそう愉しいのです。悦びが自然に生じますからね。

αὐτουργὸς γὰρ ὁ Ἔρως καὶ αὐτοσχέδιος σοφιστὴς καὶ πάντα τόπον αὐτῷ τιθέμενος μυστήριον. τὸ δ' ἀπερίεργον εἰς Ἀφροδίτην ἥδιον μᾶλλον τοῦ πολυπράγμονος· αὐτοφυῆ γὰρ ἔχει τὴν ἡδονήν.

アキレウス・タティオス『レウキッペとクレイトポン』V 27, 4（144頁）

われを忘れ、目を打つ美しい姿に心を奪われ、空中にいるのに、翼を振るのをあやうく忘れそうになった。

et stupet et visae correptus imagine formae paene suas quatere est oblitus in aere pennas.
オウィディウス「変身物語」IV 676-677（『変身物語1』194頁）

さあ、姫さま、間違った考えはおやめなさいませ。人の身を超えようとなさってはいけません。だって神さま方に勝とうなんて、人の身にあるまじき考えにほかなりませんもの。思いきってこの恋に心をお決めなさいませ。神さまがそう望んでいらっしゃるのです。

ἀλλ᾽, ὦ φίλη παῖ, λῆγε μὲν κακῶν φρενῶν, λῆξον δ᾽ ὑβρίζουσ᾽, οὐ γὰρ ἄλλο πλὴν ὕβρις τάδ᾽ ἐστί, κρείσσω δαιμόνων εἶναι θέλειν, τόλμα δ᾽ ἐρῶσα· θεὸς ἐβουλήθη τάδε.　　　エウリピデス「ヒッポリュトス」473–476(『悲劇全集1』320頁)

なかでもアイソンの子は神々しく、美しさと優雅さで際立っていた。少女[メディア]は艶やかなヴェールをずらして斜めの向きからその姿に眼を注ぎ見つめていたが、その胸は苦悩でくすぶり、心はあたかも夢のように這い出して、去りゆく人の後を追おうと羽ばたいた。

θεσπέσιον δ᾽ ἐν πᾶσι μετέπρεπεν Αἴσονος υἱὸς κάλλεϊ καὶ χαρίτεσσιν· ἐπ᾽ αὐτῷ δ᾽ ὄμματα κούρη λοξὰ παρὰ λιπαρὴν σχομένη θηεῖτο καλύπτρην, κῆρ ἀχεῖ σμύχουσα, νόος δέ οἱ ἠύτ᾽ ὄνειρος ἑρπύζων πεπότητο μετ᾽ ἴχνια νισσομένοιο.　　　アポロニオス・ロディオス『アルゴナウティカ』III 443–447(193頁)

行こうとするたび、恥じらいが内から引き留め、恥じらいに摑まる彼女を、大胆な憧れが励ますのだ。三度試みたが、三度とも行けなかった。四度めにまた駆け戻ると、少女は寝所(うつぶ)に俯せに倒れ込んだ。

ἤτοι ὅτ᾽ ἰθύσειεν, ἔρυκέ μιν ἔνδοθεν αἰδώς· αἰδοῖ δ᾽ ἐργομένην θρασὺς ἵμερος ὀτρύνεσκεν. τρὶς μὲν ἐπειρήθη, τρὶς δ᾽ ἔσχετο· τέτρατον αὖτις λέκτροισιν πρηνὴς ἐνικάππεσεν εἰλιχθεῖσα.　　　アポロニオス・ロディオス『アルゴナウティカ』III 652–655(205頁)

見張りの居ないのを幸いに甘い果実を。

γλυκεῖ ὀπώρα φύλακος ἐκλελοιπότος.　　　プルタルコス「エロス談義」752A(『モラリア9』17頁)
＊失われた悲劇からの引用。

うちの息子はたしかに衆にすぐれた美貌の持主でした。だが、あの子を見たそなたの心がキュプリスとなってしまったのです。女神アプロディテは人間にとってあらゆる愚行の代名詞。

ἣν οὑμὸς υἱὸς κάλλος ἐκπρεπέστατος, ὁ σὸς δ᾽ ἰδών νιν νοῦς ἐποιήθη Κύπρις· τὰ μῶρα γὰρ πάντ᾽ ἐστὶν Ἀφροδίτη βροτοῖς.
エウリピデス「トロイアの女たち」987–989(『悲劇全集3』180頁)

魚でも多くの種類のものが恋神の力を知っているのは、恐るべきこの神が、海底や深海に棲む生物をも見下げたり軽蔑したりしていないからである。

ἔρωτος δὲ ἰσχὺν καὶ ἰχθύων γένη πολλὰ ἔγνω, τοῦ τοσούτου θεοῦ μηδὲ τοὺς ἐν τῷ βυθῷ καὶ κάτω τῆς θαλάσσης ὑπεριδόντος καὶ ἀτιμάσαντος.

アイリアノス「動物奇譚集」I 11（『動物奇譚集1』15頁）

諸君が恋する術を学んだこの私から、癒される方も学ぶがよい。
この同じ手が諸君に傷も救いももたらすだろう。

Discite sanari, per quem didicistis amare: Una manus vobis vulnus opemque feret.

オウィディウス「恋の病の治療」43–44（『恋の技術／恋の病の治療／女の化粧法』154頁）

正しい恋慕者は、恥ずべきことを行うことも
よしとすることもありえない。

δίκαιος ἐραστὴς οὔτ᾽ ἂν ποιήσειεν οὐδὲν αἰσχρὸν οὔτ᾽ ἀξιώσειεν.

デモステネス「恋について」1（『弁論集7』108頁）

本当に恋してる者というのは絶えず貢ぎ続けるんでなけりゃならん。いつまでだって貢ぐんだ。それが尽きたときが恋もやめるときなんだ。

Non est usu quisquam amator nisi qui perpetuat data; det, det usque: quando nil sit, simul amare desinat.

プラウトゥス「プセウドルス」306–307（『ローマ喜劇集4』37頁）

恋する人の財布は、その口を葱の葉で締められている。

πράσου φύλλῳ τὸ τῶν ἐρώντων δέδεται βαλλάντιον.

プルタルコス「食卓歓談集」622D（『モラリア8』38頁）
＊財布の口が緩むということ。

おまえは色恋の過ちが男にはなく、女は生まれつきそうだというつもりか。だが、キュプリスの神に心揺すぶられて若やげば、若い男だって女以上に身持ちが悪くなるということを、わしは知っておるぞ。男であるということだけで大目に見られているのだ。

ἀλλ᾽ ὡς τὸ σῶφρον ἀνδράσιν μὲν οὐκ ἔνι, γυναιξὶ δ᾽ ἐμπέφυκεν; οἶδ᾽ ἐγὼ νέους οὐδὲν γυναικῶν ὄντας ἀσφαλεστέρους, ὅταν ταράξῃ Κύπρις ἡβῶσαν φρένα·τὸ δ᾽ ἄρσεν αὐτοὺς ὠφελεῖ προσκείμενον.

エウリピデス「ヒッポリュトス」966–970（『悲劇全集1』355頁）

手だけでなく目も自分から浮かれ出ないようにしなければね。

oὐ μόνον δεῖ τὰς χεῖρας ἔχειν παρ᾽ αὑτῷ, ἀλλὰ καὶ τοὺς ὀφθαλμούς.

プルタルコス「十大弁論家伝」839A（『モラリア10』47頁）
＊美少年を目にしてうっとりしている悲劇作家ソポクレスに対してイソクラテスが言った言葉。

恋 の 技 術

友情という名に包み隠して愛を入り込ませるのだ。

Intret amicitiae nomine tectus amor.

オウィディウス「恋の技術」I 720（『恋の技術／恋の病の治療／女の化粧法』49頁）

恋 の 苦 し み

金もないのに女に惚れて、はじめて恋の道に分け入った者の
苦しみはヘルクレスの苦行以上だ。

qui amans egens ingressus est princeps in Amoris vias, superavit aerumnis suis
aerumnas Herculi. プラウトゥス「ペルシア人」1-2（『ローマ喜劇集3』357頁）

死ぬ以外に終わりも安らぎも見出せない恋。

nec modus et requies, nisi mors, repetitur amoris.

オウィディウス「変身物語」X 377（『変身物語2』79頁）

無慈悲な神がイアソンを、つらい苦しみとなるよう与えたのだ。さあ行け、賢
いおまえではあるけれど、それでも嘆きに満ちた苦痛を担って進むがよい。

δῶκε δ᾽ ἀνιηρόν τοι Ἰήσονα πῆμα γενέσθαι δαίμων ἀλγινόεις. ἀλλ᾽ ἔρχεο,
τέτλαθι δ᾽ ἔμπης, καὶ πινυτή περ ἐοῦσα, πολύστονον ἄλγος ἀείρειν.

アポロニオス・ロディオス『アルゴナウティカ』IV 63-65（256頁）

残酷なエロス、人間の大いなる苦悩、大いなる嫌悪よ、じつにあなたによっ
て、呪わしい争いと嘆きと悲しみ、さらには他にも数限りない苦難が掻き立
てられる。

σχέτλι᾽ Ἔρως, μέγα πῆμα, μέγα στύγος ἀνθρώποισιν, ἐκ σέθεν οὐλόμεναί τ᾽
ἔριδες στοναχαί τε γόοι τε, ἄγλεά τ᾽ ἄλλ᾽ ἐπὶ τοῖσιν ἀπείρονα τετρήχασιν.

アポロニオス・ロディオス『アルゴナウティカ』IV 445-447（279頁）

いっせいに魂と身体が、聴覚と舌が、視覚と顔色が、すべてがまるで他人の
ものとなって失われたかのように、彼女［サッポー］は追い求めています。ま
た彼女は矛盾するがままに、冷えると同時に熱くなり、狂うと同時に正気で
あり、そのため彼女には、何か一つの激情ではなく、激情が集結して現れて
います。すべてこのような激情は恋する者に生じますが、……きわ立ったも
のをとらえ一つに総合したことで、［サッポーの］卓越性が達成されたのです。

ὑπὸ τὸ αὐτὸ τὴν ψυχὴν τὸ σῶμα, τὰς ἀκοὰς τὴν γλῶσσαν, τὰς ὄψεις τὴν χρόαν,
πάνθ᾽ ὡς ἀλλότρια διοιχόμενα ἐπιζητεῖ, καὶ καθ᾽ ὑπεναντιώσεις ἅμα ψύχεται
καίεται, ἀλογιστεῖ φρονεῖ ἵνα μὴ ἕν τι περὶ αὐτὴν πάθος φαίνηται, παθῶν
δὲ σύνοδος. πάντα μὲν τοιαῦτα γίνεται περὶ τοὺς ἐρῶντας, ἡ λῆψις …… τῶν
ἄκρων καὶ ἡ εἰς ταὐτὸ συναίρεσις ἀπειργάσατο τὴν ἐξοχήν.

ロンギノス「崇高について」X 3（ロンギノス／ディオニュシオス『古代文芸論集』35頁）

恋する人は苦しむもの。でも、恋をしないようではつまらない。
そんな人は生きてて何になるのかしら？

Miser est qui amat.— Certo is quidem nihilist, qui nil amat: quid ei homini opus vita
est?　　　　　　　　　　　　　　　プラウトゥス「ペルシア人」179–180（『ローマ喜劇集3』375頁）

［メディアに矢を放つと］エロスは天井高い広間から踵を返し、甲高く笑って
駆け出した。娘の心の奥深くから、矢は炎のように燃えあがった。彼女はア
イソンの子に正面から、潤んだ眼差しをしきりに投げかけ、賢明な判断は苦
しみに悶える胸から飛び去ってゆき、他のことは何も思い浮かばずに、心は
甘美な苦悩で溢れていった。

αὐτὸς δ᾽ ὑψορόφοιο παλιμπετὲς ἐκ μεγάροιο καγχαλόων ἤιξε· βέλος δ᾽
ἐνεδαίετο κούρῃ νέρθεν ὑπὸ κραδίῃ φλογὶ εἴκελον. ἀντία δ᾽ αἰεὶ βάλλεν ἐπ᾽
Αἰσονίδην ἀμαρύγματα, καί οἱ ἄηντο στηθέων ἐκ πυκιναὶ καμάτῳ φρένες·
οὐδέ τιν᾽ ἄλλην μνῆστιν ἔχεν, γλυκερῇ δὲ κατείβετο θυμὸν ἀνίῃ.

アポロニオス・ロディオス『アルゴナウティカ』III 285–290（184頁）

愛しい思いがわたくしの身を撃ったとき、何とかこれに耐える途はないもの
か、捜してみました。そこでまず最初にしたことは、この病を黙って隠すこ
とでした。舌には信用が置けませんもの。舌は他人の考えをあれこれあげつ
らうことができますが、そうすることで自らも数限りない禍を背負うことに
もなるのです。次には操を正しくして心の迷いを打ち消し、立派に耐え忍ば

うとしてみました。そして三番目に、いろいろやってみてもキュプリスさま
にはとうてい勝つことができませんので、死ぬしかないと思ったのです。

ἐπεί μ᾽ ἔρως ἔτρωσεν, ἐσκόπουν ὅπως κάλλιστ᾽ ἐνέγκαιμ᾽ αὐτόν. ἠρξάμην μὲν
οὖν ἐκ τοῦδε, σιγᾶν τήνδε καὶ κρύπτειν νόσον·γλώσσηι γὰρ οὐδὲν πιστόν, ἣ
θυραῖα μὲν φρονήματ᾽ ἀνδρῶν νουθετεῖν ἐπίσταται, αὐτὴ δ᾽ ὑφ᾽ αὑτῆς πλεῖστα
κέκτηται κακά. τὸ δεύτερον δὲ τὴν ἄνοιαν εὖ φέρειν τῶι σωφρονεῖν νικῶσα
προυνοησάμην. τρίτον δ᾽, ἐπειδὴ τοισίδ᾽ οὐκ ἐξήνυτον Κύπριν κρατῆσαι,
κατθανεῖν ἔδοξέ μοι.　　エウリピデス「ヒッポリュトス」392–401（『悲劇全集1』314–315頁）

幸 運

幸運というものは、秤を傾ける大きな重りであり、いやむしろ、
人間に関することでは、何にもまして幸運こそがすべてなのだから。

μεγάλη γὰρ ῥοπή, μᾶλλον δὲ τὸ ὅλον ἡ τύχη παρὰ πάντ᾽ ἐστὶ τὰ τῶν ἀνθρώπων
πράγματα.　　デモステネス「オリュントス情勢（第2演説）」22（『弁論集1』34頁）

でも、なにか、どうやってか、どういうぐあいか、どこからか、だれからか、
僕にも君にも運が回ってくるかもしれないっていう、なにがしかの希望があ
るさ。

uerum aliquid aliqua aliquo modo alicunde ab aliqui aliqua tibi spes est fore mecum
fortunam.　　プラウトゥス「エピディクス」331–332（『ローマ喜劇集2』291頁）

大事なことはチャンスが来たとき眼を開けてることだ。

virtus, ubi occasio admonet, dispicere.
　　プラウトゥス「ペルシア人」268（『ローマ喜劇集3』387頁）

皆さん、私はこう最初に言った人は正しかったと思うのです、「人は皆幸運も
不運も経験するよう生まれついている、もちろん、最大の不運は過つことだ、
そして最大の幸運者は過つことの最も少ない者、最大の賢者は心改めるに早
き者だ」。そして、この言葉はある者には当てはまり、ある者には当てはまら
ないとされる類のものではなく、過ちを犯すことも不運に出会うことも全て
の人間に共通に生ずることなのです。

Ἐμοὶ δέ, ὦ ἄνδρες, [καὶ] τῷ πρώτῳ τοῦτο εἰπόντι ὀρθῶς δοκεῖ εἰρῆσθαι, ὅτι
πάντες ἄνθρωποι γίγνονται ἐπὶ τῷ εὖ καὶ κακῶς πράττειν, μεγάλη δὲ δήπου

καὶ τὸ ἐξαμαρτεῖν δυσπραξία ἐστί, καί εἰσιν εὐτυχέστατοι μὲν οἱ ἐλάχιστα ἐξαμαρτάνοντες, σωφρονέστατοι δὲ οἳ ἂν τάχιστα μεταγιγνώσκωσι. Καὶ ταῦτα οὐ διακέκριται τοῖς μὲν γίγνεσθαι τοῖς δὲ μή, ἀλλ᾽ἔστιν ἐν τῷ κοινῷ πᾶσιν ἀνθρώποις καὶ ἐξαμαρτεῖν τι καὶ κακῶς κέχρυται τοῖς μὲν γίγνεσθαι τοῖς δὲ μή, ἀλλ᾽ἔστιν ἐν τῷ κοινῷ πᾶσιν ἀνθρώποις καὶ ἐξαμαρτεῖν τι καὶ κακῶς πρᾶξαι.

アンドキデス「第二番弁論」5-6(アンティポン／アンドキデス『弁論集』296頁)

好　機

事態がもたらす好機は、
われわれの鈍(のろ)さや言い訳を待ってはくれないのである。

οἱ δὲ τῶν πραγμάτων οὐ μένουσι καιροὶ τὴν ἡμετέραν βραδυτῆτα καὶ εἰρωνείαν.　　　デモステネス「ピリッポス弾劾(第1演説)」37(『弁論集1』82頁)

愛すべき時、結婚すべき時、やめるべきだった時。

ὥρη ἐρᾶν, ὥρη δὲ γαμεῖν, ὥρη δὲ πεπαῦσθαι.
アテナイオス「食卓の賢人たち」XIII 601c(『食卓の賢人たち5』142頁)
＊物事にはすべて好機があるという意味。

勝利の好機を見逃さない指揮官は、敗北の好機も見逃さないものだ。

τοῦ γὰρ αὐτοῦ νομιστέον ἡγεμόνος εἶναι τὸ δύνασθαι βλέπειν τόν τε τοῦ νικᾶν, ὁμοίως δὲ καὶ τὸν τοῦ λείπεσθαι καιρόν.
ポリュビオス「歴史」I 62, 6(『歴史1』93頁)

高　潔

高潔な人にとっては、邪まな方法を用いて不正を打ち破るよりも、
むしろ敗北するほうが望ましい。

bono vinci satius est quam malo more iniuriam vincere.
サルスティウス「ユグルタ戦記」42(『カティリナ戦記／ユグルタ戦記』138頁)

幸福

「幸福」を意味するギリシア語は形容詞がエウ
ダイモーンεὐδαίμων、名詞がエウダイモニアー
εὐδαιμονίαで、ラテン語では形容詞がベアートゥスbeatus、名詞が
ベアーティトゥードーbeatitudoというが、別の語でもしばしば表記される。

すべての人間は幸せであることを望んでいる。

πάντες ἄνθρωποι βουλόμεθα εὖ πράττειν.

プラトン｜エウテュデモス｜278E（『エウテュデモス／クレイトポン』27頁）

われわれが幸福になるのはさまざまな事物を用いること、
しかも正しく用いることによる。

τοιοῦτοι [εὐδαίμονες] γιγνόμενοι ἐκ τοῦ χρῆσθαί τε τοῖς πράγμασιν καὶ ὀρθῶς
χρῆσθαι.　　　　プラトン｜エウテュデモス｜282A（『エウテュデモス／クレイトポン』38頁）

拷問にかけられたり、大きな不運に見舞われたりしている人であっても、そ
の人が善き人であるなら、その人は幸福である、などと主張するような人たち
は、その主張が本気であるにせよそうでないにせよ、たわごとを言っている。

οἱ δὲ τὸν τροχιζόμενον καὶ τὸν δυστυχίαις μεγάλαις περιπίπτοντα εὐδαίμονα
φάσκοντες εἶναι, ἐὰν ᾖ ἀγαθός, ἢ ἑκόντες ἢ ἄκοντες οὐδὲν λέγουσιν.

アリストテレス『ニコマコス倫理学』1153b（345–346頁）

一羽のつばめが春の到来を告げるのでもなければ、一日で春になるのでもな
い。同じようにして、一日や短い時間で、人は至福にも幸福にもなりはしな
いのである。

μία γὰρ χελιδὼν ἔαρ οὐ ποιεῖ, οὐδὲ μία ἡμέρα· οὕτω δὲ οὐδὲ μακάριον καὶ
εὐδαίμονα μία ἡμέρα οὐδ᾽ ὀλίγος χρόνος.

アリストテレス『ニコマコス倫理学』1098a（30頁）

幸福な人とは、無動揺の生き方をする人である。

Εὐδαίμων μὲν οὖν ἐστιν ὁ ἀταράχως διεξάγων.

セクストス・エンペイリコス｜学者たちへの論駁｜XI 141（『学者たちへの論駁3』347頁）

健やかな心をお持ちなら、
よき人生を送るのに十分なものをお持ちなのですよ。

pol si est animus aequos tibi, sat habes qui bene uitam colas.

プラウトゥス｜黄金の壺｜187（『ローマ喜劇集1』199頁）

哲学者のアリストンは、必要で役に立つものに不自由しない人よりは、余計なものをもっている人の方が幸福だと見なされるのは、不思議だと言ったという。

ὃ δὴ καὶ μάλιστά φασι τὸν φιλόσοφον Ἀρίστωνα θαυμάζειν, ὅτι τοὺς τὰ περιττὰ κεκτημένους μᾶλλον ἡγοῦνται μακαρίους ἢ τοὺς τῶν ἀναγκαίων καὶ χρησίμων εὐποροῦντας.　　　プルタルコス「マルクス・カトー」18, 4（『英雄伝3』82頁）
*アリストンはストア派の哲学者。

オリュンポスなるゼウスはご自身で善き人にも悪しき人にも、一人一人に好きなように仕合わせを割り振りなさいます。あなたにもそうなさったのでしょうが、でも耐えなければなりません。

Ζεὺς δ᾽ αὐτὸς νέμει ὄλβον Ὀλύμπιος ἀνθρώποισιν,ἐσθλοῖς ἠδὲ κακοῖσιν, ὅπως ἐθέλησιν, ἑκάστῳ· καί που σοὶ τά γ᾽ ἔδωκε· σὲ δὲ χρὴ τετλάμεν ἔμπης.
ホメロス『オデュッセイア』VI 188-190（174頁）

人間にとっていちばんいいのは、健康なこと。二番目は、美男に生まれること、三番目は、不正に曇らぬ富を蓄えること、そして四番目は、友人とともに若さを楽しむこと。

ὑγιαίνειν μὲν ἄριστον ἀνδρὶ θνητῷ, δεύτερον δὲ καλὸν φυὰν γενέσθαι, τὸ τρίτον δὲ πλουτεῖν ἀδόλως, καὶ τὸ τέταρτον ἡβᾶν μετὰ τῶν φίλων.
アテナイオス「食卓の賢人たち」XV 694c（『食卓の賢人たち5』422頁）
*宴席での歌の一部。

わたしは大きな財産をもち、金持ちだと万人から呼ばれるが、
しかし、誰からも幸せな人とは呼ばれない。

ἔχω δὲ πολλὴν οὐσίαν καὶ πλούσιος καλοῦμ᾽ ὑπὸ πάντων, μακάριος δ᾽ ὑπ᾽ οὐδενός.　　　プルタルコス「どのようにして若者は詩を学ぶべきか」25A（『モラリア1』87頁）
*メナンドロスの言葉。

生まれる時や嫁取りの時に、クロノスの御子が仕合わせを紡いで下さる人の胤（たね）は、容易に見分けがつくものだ。

ῥεῖα δ᾽ ἀρίγνωτος γόνος ἀνέρος, ᾧ τε Κρονίων ὄλβον ἐπικλώσῃ γαμέοντί τε γεινομένῳ τε.　　　ホメロス『オデュッセイア』IV 207-208（95頁）
*クロノスの御子とはゼウスのこと。神によって幸福を約束されている人もいるの意。

順境にあって最高のしあわせを享受していると思っている人でも、
夕方までそれが持続するかどうかわからない。

ἢν γὰρ ὁ βέλτιστα πράττειν νομίζων καὶ ἀρίστην ἔχειν οἰόμενος οὐκ οἶδεν εἰ
μενεῖ τοιαύτη μέχρι τῆς ἑσπέρας.　デモステネス「冠について」252 (『弁論集2』140頁)
　　　　　　　*ソポクレス『オイディプス王』1528行などギリシア悲劇に頻出する考え方。

クロイソス　おいおい、わたしはどうなのだ、そなたにはこのわたしが幸せ
　そうに見えないかね。
ソロン　クロイソスよ、人生の終わりに達しないうちはまだ何とも言えませ
　ん。と申しますのは死こそそれを見分ける明確な試金石であり、最後まで
　幸せに生きたか否かを決めるものなのですから。

ΚΡΟΙΣΟΣ Ἐγὼ δέ, ὦ κάθαρμα, οὔ σοι δοκῶ εὐδαίμων εἶναι; ΣΟΛΩΝ Οὐδέπω
οἶδα, ὦ Κροῖσε, ἢν μὴ πρὸς τὸ τέλος ἀφίκῃ τοῦ βίου· ὁ γὰρ θάνατος ἀκριβὴς
ἔλεγχος τῶν τοιούτων καὶ τὸ ἄχρι πρὸς τὸ τέρμα εὐδαιμόνως διαβιῶναι.
　　　　　　　　　　　　　　　ルキアノス「カロン」10 (『食客』15頁)

人の身にはそれぞれ数多くの禍があります。そしてそのかたちは千差万別。人
の生涯で幸せといえるものは、一つあるかどうかもわかりません。

πολλαί γε πολλοῖς εἰσι συμφοραὶ βροτῶν, μορφαὶ δὲ διαφέρουσιν· ἕνα δ᾽ ἂν
εὐτυχῆ μόλις ποτ᾽ ἐξεύροι τις ἀνθρώπων βίον.
　　　　　　　　　　　　エウリピデス「イオン」381–383 (『悲劇全集3』348頁)

告　発

よくあることだが、被告の名が著名だったために査問に活気があったのは、そ
れが新鮮なあいだだけだった。その後は［告発の対象が］小者に向かい始め、
ついには陰謀と党派によって、押しつぶされてしまった。そもそも査問が設
置されたのは、これらを阻止するためだったのだが。

nec diutius, ut fit, quam dum recens erat quaestio per clara nomina reorum uiguit:
inde labi coepit ad uiliora capita, donec coitionibus factionibusque aduersus quas
comparata erat oppressa est.　リウィウス『ローマ建国以来の歴史4』IX 26, 22 (100頁)

ギリシアの「国家」とは都市国家のポリス
πόλιςのことであるが、ローマではレース・プ
ーブリカres publicaという。文字通りには
「公のもの」のことであり、共和国republic
の意味になる。

国家

人こそが国家であり、
人のいない城壁や船は国家ではない。

ἄνδρες γὰρ πόλις, καὶ οὐ τείχη οὐδὲ νῆες ἀνδρῶν κεναί.

トゥキュディデス「歴史」VII 77, 7（『歴史2』305頁）

（参考）

他のある者がスパルタに城壁がない理由を聞きたがったとき、アゲシラオスは
武装した市民たちを指して言った、「この者たちがスパルタの城壁なのだ」と。

Ἄλλου δ’ ἐπιζητοῦντος διὰ τί ἀτείχιστος ἡ Σπάρτη, ἐπιδείξας τοὺς πολίτας
ἐξωπλισμένους ‘ταῦτ’ ἐστιν’ εἶπε ‘τὰ Λακεδαιμονίων τείχη.’

プルタルコス「スパルタ人たちの名言集」210E（『モラリア3』181頁）

国家は多くの人間から成り立つばかりでなく、
また種類が異なる人間から成り立つ。

οὐ μόνον δ’ ἐκ πλειόνων ἀνθρώπων ἐστὶν ἡ πόλις, ἀλλὰ καὶ ἐξ εἴδει διαφερόντων.

アリストテレス『政治学』1261a22–24（50頁）

異国の者にも国の者にも、真直ぐな裁きを与えて、正しい道を踏み外さない
者たちは、その国が栄え、人民も花咲き賑わう。

οἳ δὲ δίκας ξείνοισι καὶ ἐνδήμοισι διδοῦσιν ἰθείας καὶ μή τι παρεκβαίνουσι
δικαίου, τοῖσι τέθηλε πόλις, λαοὶ δ’ ἀνθεῦσιν ἐν αὐτῇ.

ヘシオドス「仕事と日」225–227（『全作品』171頁）

成功にせよ失敗にせよ、あらゆる出来事の最大の原因は、
実は国家のしくみなのである。

μεγίστην δ’ αἰτίαν ἡγητέον ἐν ἅπαντι πράγματι καὶ πρὸς ἐπιτυχίαν καὶ
τοὐναντίον τὴν τῆς πολιτείας σύστασιν·

ポリュビオス「歴史」VI 2, 9（『歴史2』285–286頁）

アントニヌスとしての私にとっては、国家と祖国はローマであり、
人間としての私にとっては、それは宇宙である。

Πόλις καὶ πατρὶς ὡς μὲν Ἀντωνίνῳ μοι ἡ Ῥώμη, ὡς δὲ ἀνθρώπῳ ὁ κόσμος.

マルクス・アウレリウス『自省録』VI 44（123頁）
＊最初の「私にとって」とは「ローマ皇帝としての」という意味。

真の意味で国家と呼ばれ、たんに名目的な国家にとどまらないものは、徳に
ついて配慮するべきことは明らかである。なぜなら、もしそうでなければ、国
家共同体はそれ自体がたんなる軍事同盟の組織……になり、法はたんなる約
束事、ソフィストのリュコプロンが語ったように「双方に対して正しさの権
利を保証する者」にすぎなくなる。

φανερὸν ὅτι δεῖ περὶ ἀρετῆς ἐπιμελὲς εἶναι τῇ γ᾽ ὡς ἀληθῶς ὀνομαζομένῃ
πόλει, μὴ λόγου χάριν. γίγνεται γὰρ ἡ κοινωνία συμμαχία …, καὶ ὁ νόμος
συνθήκη καί, καθάπερ ἔφη Λυκόφρων ὁ σοφιστής, ἐγγυητὴς ἀλλήλοις τῶν
δικαίων, ἀλλ᾽ οὐχ οἷος ποιεῖν ἀγαθοὺς καὶ δικαίους τοὺς πολίτας.

アリストテレス『政治学』III 1280b6–12（139頁）

最初はささやかな始まりにすぎなかった国家が、
いまでは自らの重みに耐えかねるほど大きくなってしまっている。

(res) quae ab exiguis profecta initiis eo creuerit ut iam magnitudine laboret sua.

リウィウス『ローマ建国以来の歴史1』序言4（4頁）

協調により小さなものも大きくなるが、
不和のゆえに最大のものでも崩れ去る。

concordia parvae res crescunt, discordia maxumae dilabuntur.

サルスティウス「ユグルタ戦記」10（『カティリナ戦記／ユグルタ戦記』96頁）

私が国家の富と考えているものは、
共に戦ってくれる同盟諸国と信頼や好意である。

πόλεως γὰρ ἔγωγε πλοῦτον ἡγοῦμαι συμμάχους, πίστιν, εὔνοιαν.

デモステネス「ピリッポス弾劾（第4演説）」69（『弁論集1』288頁）

この国はまるで大きくて素性のいい馬のようなものなのですが、その大きさのためにやや鈍くて、ある種の蛇によって目覚めさせられる必要があるのです。

ὥσπερ ἵππῳ μεγάλῳ μὲν καὶ γενναίῳ, ὑπὸ μεγέθους δὲ νωθεστέρῳ καὶ δεομένῳ ἐγείρεσθαι ὑπὸ μύωπός τινος.

プラトン「ソクラテスの弁明」30E(『エウテュプロン／ソクラテスの弁明／クリトン』100–101頁)

国 家 の 指 導 者

賢明な統治を行なおうとする者は、現在を見るだけでなく、
むしろそれにも増して将来に目を向けなければならない。

ὐδέποτε δεῖ πρὸς τὸ παρὸν μόνον, ἔτι δὲ μᾶλλον πρὸς τὸ μέλλον ἀποβλέπειν ἀεὶ τοὺς ὀρθῶς βουλευομένους.　　ポリュビオス「歴史」I 72, 7(『歴史1』107頁)

国家にかかわる事件がどのように、なぜ、どこから生まれてきたかを解明する能力のない国家指導者など、何の益するところがあろう。

Τί δ᾽ ἀνδρὸς πραγματικοῦ μὴ δυναμένου συλλογίζεσθαι πῶς καὶ διὰ τί καὶ πόθεν ἕκαστα τῶν πραγμάτων τὰς ἀφορμὰς εἴληφεν;

ポリュビオス「歴史」III 7, 5(『歴史1』247–248頁)

[国のことを手がけるにあたって] 正しいやり方とは、まず最初に若者たちができるだけすぐれた善い人間になるよう気づかうことだ。

ὀρθῶς γάρ ἐστι τῶν νέων πρῶτον ἐπιμεληθῆναι ὅπως ἔσονται ὅτι ἄριστοι.

プラトン「エウテュプロン」2D(『エウテュプロン／ソクラテスの弁明／クリトン』7–8頁)

岩山に居を構え、断崖に囲まれるのは盗賊のすること。だが王にとっては、民からの信頼と敬慕、それにまさる堅固な砦はありません。

λῃσταὶ γὰρ ἐμφύονται πέτραις καὶ κρημνῶν περιέχονται, βασιλεῖ δὲ πίστεως καὶ χάριτος ἰσχυρότερον οὐδὲν οὐδ᾽ ὀχυρώτερον.

プルタルコス「アラトス」50, 8(『英雄伝6』460頁)

事 の 進 展

物事は冷静に正しく舵取りをしていけばふつうきちんと進むものだ。

si quam rem accures sobrie aut frugaliter, solet illa recte sub manus succedere.

プラウトゥス「ペルシア人」449–450(『ローマ喜劇集3』406頁)

言葉

「言葉」を表すギリシア語はロゴスλόγος、ラテン語ではウェルブムverbum（複数形がウェルバverba）である。ホメロスにはἔπεα πτερόεντα（エペア・プテロエンタ）という表現がよく出てくる。「翼のある言葉」の意味だが、いったん放たれるとどこへでも飛んでいくということで、噂も含意しているのであろう。ジョージ・エリオットには、「わが言葉は翼をもつが、思うようには飛んでいかぬ」という言葉がある。

言葉を正しく使わないというのは、それ自体として誤りであるだけでなく、魂にある種の災いを植えつけるものなのだ。

τὸ μὴ καλῶς λέγειν οὐ μόνον εἰς αὐτὸ τοῦτο πλημμελές, ἀλλὰ καὶ κακόν τι ἐμποιεῖ ταῖς ψυχαῖς.
プラトン「パイドン」115E（『饗宴／パイドン』337頁）

舌の矢である言葉は、ほかの舌の矢で癒されますから。

λόγος γὰρ γλώσσης βέλος ἄλλης γλώσσης βέλει θεραπεύεται.
アキレウス・タティオス『レウキッペとクレイトポン』II 29, 4（54頁）

ドリス人は、ドリス語で話してもいいはずでしょ。

Δωρίσδειν δ᾽ ἔξεστι, δοκῶ, τοῖς Δωριέεσσι.
テオクリトス「エイデュリア」XV 93（『牧歌』124頁）
＊シュラクサイ方言（ドリス語）が耳障りだと抗議する男に言った言葉。

一般に、言葉は蜜蝋のようなものであり、
蜜蝋からある人は犬を、ある人は牡牛を、ある人は馬を形づくる。

Καθόλου δὲ ὥσπερ τὸν αὐτὸν κηρὸν ὁ μέν τις κύνα ἔπλασεν, ὁ δὲ βοῦν, ὁ δὲ ἵππον.
デメトリオス「文体論」296（ディオニュシオス／デメトリオス『修辞学論集』503–504頁）

用語のことでとやかく争ってはならない。

μὴ ὀνόματι διαφέρεσθαι.
プラトン「エウテュデモス」285A（『エウテュデモス／クレイトポン』47頁）

疲れた人々は弁論家やピエリアの女神たちに愛される詩人の話には耳を傾けたがらない。人は簡潔な言葉を求めるものだからな。

λαοῖσι κεκμηκόσιν οὔτ᾽ ἀγορητὴς ἀνδάνει οὔτ᾽ ἄρ᾽ ἀοιδὸς ὃν ἀθάνατοι φιλέουσι Πιερίδες· παύρων δ᾽ ἐπέων ἔρος ἀνθρώποισι.
クイントス・スミュルナイオス『ホメロス後日譚』VI 74–76 (239頁)

自然は、思考が措辞にではなく、
措辞が思考に従うことを要求するものです。

βούλεται δὲ ἡ φύσις τοῖς νοήμασιν ἕπεσθαι τὴν λέξιν, οὐ τῇ λέξει τὰ νοήματα.
ディオニュシオス「イソクラテス論」12, 4 (ディオニュシオス／デメトリオス『修辞学論集』87頁)

武勲を賞賛する言葉が勇士の栄誉と記憶を不滅のものになしうる。

ὁ τῶν καλῶν ἔργων ἔπαινος ἀθανάτους τὰς τιμὰς καὶ τὰς μνήμας δύναται ποιεῖν τοῖς ἀγαθοῖς.
ディオニュシオス「デモステネス論」25, 3 (ディオニュシオス／デメトリオス『修辞学論集』198頁)

あなたの申されたことは痛くも痒くもありませんな。あなたは声だけで、ただ写っている影のようなもの。何もできない、ただ言葉だけの存在なのですから。

τοὺς σοὺς δὲ μύθους ῥᾳδίως ἐγὼ φέρω· σκιὰ γὰρ ἀντίστοιχος ὡς φωνὴν ἔχεις, ἀδύνατος οὐδὲν ἄλλο πλὴν λέγειν μόνον.
エウリピデス「アンドロマケ」744–746 (『悲劇全集2』58頁)

深淵かつおそろしい議論が、名称［言葉］の本性についての議論がここに立ち現れてくる。すなわち、名称［言葉］は——アリストテレスが考えたように——人為的なものなのか、それとも——ストア派の人々がそうみなしたように——自然本性的なものなのか、という議論である。というのも、最初の音声は、その音声がそれの名称とされる事物に類似していたのであり、……

ἐμπίπτει εἰς τὸ προκείμενον λόγος βαθὺς καὶ ἀπόρρητος, ὁ περὶ φύσεως ὀνομάτων, πότερον, ὡς οἴεται Ἀριστοτέλης, θέσει ἐστὶ τὰ ὀνόματα ἢ, ὡς νομίζουσιν οἱ ἀπὸ τῆς Στοᾶς, φύσει, μιμουμένων τῶν πρώτων φωνῶν τὰ πράγματα …
クリュシッポス「初期ストア派断片集」II 146 (『初期ストア派断片集2』152頁)

　＊言語における「音声と意味との相即関係」の問題は、それがプラトン『クラテュロス』においても現れていることからも分かるように古代の言語論においてしきりに論じられ、ストアの人々は両者の相即関係を——擬音語・擬声語を手がかりとして——認めた。

優れた行為には優れた言葉が伴い、悪行にはいびつな言葉が伴うもの。

ἀλλ᾽ εἴτε χρήστ᾽ ἔδρασε χρήστ᾽ ἔδει λέγειν, εἴτ᾽ αὖ πονηρὰ τοὺς λόγους εἶναι σαθρούς.
エウリピデス「ヘカベ」1189–1190（『悲劇全集2』182頁）

武勇がなかなか遂げえぬことでも、言葉はしばしば相応（ふさわ）しい仕方で宥めて、容易に為し遂げてしまうもの。

πολλάκι τοι ῥέα μῦθος, ὅ κεν μόλις ἐξανύσειεν ἠνορέη, τόδ᾽ ἔρεξε κατὰ χρέος, ἥ περ ἐῴκει πρηΰνας.
アポロニオス・ロディオス『アルゴナウティカ』III 188–190（178頁）

[アントニウスは] 戯れの会話のときに率直な物言いをしてくる者が、真面目な会話のときに阿諛追従に励んでいるのだとは思いもよらず、そんな人物の褒め言葉にやすやすと絡め取られてしまった。

τοὺς γὰρ ἐν τῷ παίζειν παρρησιαζομένους οὐκ ἂν οἰηθεὶς σπουδάζοντας κολακεύειν αὐτόν, ἡλίσκετο ῥαδίως ὑπὸ τῶν ἐπαίνων.
プルタルコス「アントニウス」24, 12（『英雄伝6』123頁）

どんな大事業でもそれに努力すると言葉で言うだけなら、いたって簡単なことだが、実際になにかりっぱなことを成し遂げるとなると、容易なことではない。

τὸ μὲν τῷ λόγῳ τῶν μεγίστων ἔργων ἀντιποιήσασθαι τελείως ἐστὶ ῥᾴδιον, τὸ δὲ τοῖς πράγμασιν ἐφικέσθαι τινὸς τῶν καλῶν οὐκ εὐμαρές.
ポリュビオス「歴史」V 33, 6（『歴史2』176頁）

子供

「子供」はギリシア語ではパイス παῖς、ラテン語ではプエル puer という。「子供」を扱った名言名句の数は多い。悲劇作家ソポクレスには「人間年をとるともう一度子供になる」（断片487）という言葉がある。これを受けてのことかわからないが、哲人のプラトンは「どうやら『再び子供にかえる』のは老人だけじゃなく、酔っ払いもそうらしい」（『法律』I 646A）と言っている。

生まれた子どもが生みの親を自分のものと感じるよりも、生んだ親の方が生まれた子どもをいっそう自分のものと感じるものである。

μᾶλλον συνωκείωται τὸ ἀφ᾽ οὗ τῷ γεννηθέντι ἢ τὸ γενόμενον τῷ ποιήσαντι.

アリストテレス『ニコマコス倫理学』1161b（389–390頁）

もう少しいておくれ――見えなくなってしまった。行ってしまった。空の高みへあの子が行く。わたしの見間違いなのか、それとも息子をこの眼で見たような気がしただけなのか。悲しみに曇るわたしの魂には信じられないことだ。

Mane parumper—cessit ex oculis, abit, in astra fertur. fallor an uultus putat uidisse natum? misera mens incredula est.

セネカ「オエタ山上のヘルクレス」1977–1979（『悲劇集2』378頁）

こ と わ ざ

一般に受け入れられている諺もまた、作者が不明であるというまさにそのことによって、いわばすべての人々のものとなります。

Ea quoque quae uulgo recepta sunt hoc ipso, quod incertum auctorem habent, uelut omnium fiunt.

クインティリアヌス「弁論家の教育」V 11, 41（『弁論家の教育2』292頁）

朝から始めた仕事は一日中うまく行く。

mane quod tu occeperis negotium agere, id totum procedit diem.

プラウトゥス「ペルシア人」114–115（『ローマ喜劇集3』368頁）

エジプト王のタコスは、彼を援助すべく到着したスパルタ王アゲシラオス（彼は背が低かった）にむかってつまらん冗談を言ったために、ただの市民にされてしまった。アゲシラオスの援助を拒否したからだ。その冗談というのはこうだ、「山が産気づいてうなったので、ゼウスがこはいかにと恐れたが、山は鼠を産みよった」。これを聞いたアゲシラオスは怒って言った、「いつか余は、ライオンになっておめにかかろう」。

ὅπου δέ, σὺ ζήτει. καὶ Ταχὼς δ᾽ ὁ Αἰγυπτίων βασιλεὺς Ἀγησίλαον σκώψας τὸν Λακεδαιμονίων βασιλέα, ὅτ᾽ ἦλθεν αὐτῷ συμμαχήσων, (ἦν γὰρ βραχὺς τὸ σῶμα) ἰδιώτης ἐγένετο, ἀποστάντος ἐκείνου τῆς συμμαχίας. τὸ δὲ σκῶμμα τοῦτ᾽ ἦν· ὤδινεν ὄρος, Ζεὺς δ᾽ ἐφοβεῖτο, τὸ δ᾽ ἔτεκεν μῦν. ὅπερ ἀκούσας ὁ Ἀγησίλαος καὶ ὀργισθεὶς ἔφη ʻφανήσομαί σοί ποτε καὶ λέων.ʼ

アテナイオス「食卓の賢人たち」XIV 616d（『食卓の賢人たち5』187–188頁）
＊大山は泰山とも記され、泰山は中国の名山であるから中国起源のようにみえるが、もともと
はヨーロッパの諺である。

個 別 の 状 況

個別的な事柄というのは、どのような技術、どのような一般的教訓の守備範囲
にも入ってこないのであって、ちょうど医術や航海術の場合のように、行為
する人たち自身がそのつど個別の状況に適したことを考えなくてはならない。

[τὰ καθ᾽ ἕκαστα] οὔτε γὰρ ὑπὸ τέχνην οὔθ᾽ ὑπὸ παραγγελίαν οὐδεμίαν πίπτει, δεῖ
δ᾽ αὐτοὺς ἀεὶ τοὺς πράττοντας τὰ πρὸς τὸν καιρὸν σκοπεῖν, ὥσπερ καὶ ἐπὶ τῆς
ἰατρικῆς ἔχει καὶ τῆς κυβερνητικῆς.　　アリストテレス『ニコマコス倫理学』1104a（60頁）

［ サ 行 ］

最 善 の 言 説

人間にゆるされる言説のうち、最善にして最も論破しがたい言説をとらえて、
それに身をゆだね、ちょうど筏に乗って大海を渡るように、危険をおかして
人生を渡りきらねばならないのです。

τὸν γοῦν βέλτιστον τῶν ἀνθρωπίνων λόγων λαβόντα καὶ δυσεξελεγκτότατον,
ἐπὶ τούτου ὀχούμενον ὥσπερ ἐπὶ σχεδίας κινδυνεύοντα διαπλεῦσαι τὸν βίον.
　　　　　　　　　　　　　　　プラトン「パイドン」85C（『饗宴／パイドン』248頁）

策

二人なら策がはずれることは決してない。

numquam desunt consulta duobus.
　　　　　　シーリウス・イタリクス「ポエニー戦争の歌」XV 351（『ポエニー戦争の歌2』306頁）

うまく運ばないと、策も策でなくなるからな。

nam doli non doli sunt, ni<si> astu colas.
　　　　　　　　　　　　　プラウトゥス「捕虜」222（『ローマ喜劇集1』407頁）

酒 「酒」はギリシア語ではオイノス οἶνος、ラテン語ではウィーヌム vinumと言うが、もちろん葡萄酒の意味。喜劇作家のアリストパネスは酒を「アプロディテの乳」（下記）と言ったらしい。詩人テオグニスには「大酒をすれば、毒。さりながら、賢く飲めば毒ならず、百薬の長」（下記）という、酒好きには都合のよい言葉がある。

愛する少年よ、酒は真実と言う。

‘Οἶνος, ὦ φίλε παῖ,’ λέγεται, ‘καὶ ἀλάθεα’·

テオクリトス「エイデュリア」XXIX 1（『牧歌』230頁）
＊「酒中に真あり」と同じ。

ほろ酔いには寛ぎがあり、酩酊には愚かな行動がつきまとう。

οἰνώσεως μὲν ἄνεσιν μέθης δὲ φλυαρίαν. Plutarchus, De garrulitate, 503f.

プルタルコス「お喋りについて」503F（『モラリア6』241頁）

よく覚えている者といっしょに飲むのは嫌だ。

μισέω μνάμονα συμπόταν.　　　プルタルコス「食卓歓談集」612C（『モラリア8』4頁）

身体といっしょに精神を刺激する葡萄酒。

θερμαντικὸς ... τῆς ψυχῆς μετὰ τοῦ σώματος ὁ οἶνος.

プルタルコス「食卓歓談集」715E（『モラリア8』354頁）
＊プラトンの言葉。

ディオニュソスは人間に、こんな喜ばしくも厄介な物を与えた。浴びるほど飲んだ者には、酒は乱心を招き、手も足も、舌も心までも、目に見えぬ鎖で縛りつけ、力ない眠りがとりつく。

οἷα Διώνυσος δῶκ' ἀνδράσι χάρμα καὶ ἄχθος. ὅστις ἄδην πίνη, οἶνος δέ οἱ ἔπλετο μάργος, σὺν δὲ πόδας χεῖράς τε δέει γλῶσσάν τε νόον τε δεσμοῖς ἀφράστοισι, φιλεῖ δέ ἑ μαλθακὸς ὕπνος.　　　ヘシオドス「名婦列伝」断片179（『全作品』375頁）

メネシテオスいわく、神々は人間に示したもうた、酒は正しく用うれば最大の善となり、ふしだらに飲めばその反対になる。……

ὁ Μνησίθεος δ' ἔφη τὸν οἶνον τοὺς θεοὺς θνητοῖς καταδεῖξαι τοῖς μὲν ὀρθῶς χρωμένοις ἀγαθὸν μέγιστον, τοῖς δ' ἀτάκτως τοὔμπαλιν, ...

アテナイオス「食卓の賢人たち」II 36a(『食卓の賢人たち1』129頁)

輝く酒は、神様が人間にくださった最高の贈り物。歌という歌、舞いという舞い、そして世のあらゆる恋が、酒と相和する。ほどほどに飲めば胸のうちより、あらゆる憂いは露と消える。ただ忘れるな。度を越せば、なおいっそうの憂いが残る。

οἶνος θνητοῖσι θεῶν πάρα δῶρον ἄριστον, ἀγλαός· ᾧ πᾶσαι μὲν ἐφαρμόζουσιν ἀοιδαί, πάντες δ' ὀρχησμοί, πᾶσαι δ' ἐραταὶ φιλότητες. πάσας δ' ἐκ κραδίας ἀνίας ἀνδρῶν ἀλαπάζει πινόμενος κατὰ μέτρον· ὑπὲρ μέτρον δὲ χερείων.

アテナイオス「食卓の賢人たち」II 37a–b(『食卓の賢人たち1』135–136頁)

歴史家のピロコロスが、酒飲みは自分の正体を明かすばかりでなく、何でもあけすけにしゃべるので、誰彼の区別なく、他人の秘密まで露見させてしまう、と言っている。それゆえ「酒と真実」(アルカイオス)とか「酒は人の心を表わす」(テオグニス)とかいう諺ができた……。

Φιλόχορος δέ φησιν ὅτι οἱ πίνοντες οὐ μόνον ἑαυτοὺς ἐμφανίζουσιν οἵτινές εἰσιν, ἀλλὰ καὶ τῶν ἄλλων ἕκαστον ἀνακαλύπτουσι παρρησίαν ἄγοντες. ὅθεν 'οἶνος καὶ ἀλήθεια' λέγεται καὶ 'ἀνδρὸς δ' οἶνος ἔδειξε νόον'...

アテナイオス「食卓の賢人たち」II 37e(『食卓の賢人たち1』137頁)

ケオス島の哲学者アリストンは正しいことを言っている。最もよい酒とは、甘さと香りのある酒で、だからリュディアのオリュンポス山の周辺の人々が、葡萄酒と蜂蜜の巣と香りの高い花を等量に混ぜて、彼らが「ネクタル」と呼ぶ酒を調製している、というのだ。

καλῶς οὖν Ἀρίστων ὁ Κεῖός φησιν ἥδιστον ποτὸν εἶναι τὸν ἅμα μὲν γλυκύτητος, ἅμα δ' εὐωδίας κοινωνοῦντα. διὸ καὶ τὸ καλούμενον νέκταρ κατασκευάζειν τινὰς περὶ τὸν Λυδίας Ὄλυμπον οἶνον καὶ κηρία συγκιρνάντας εἰς ταὐτὰ καὶ τὰ τῶν ἀνθῶν εὐώδεα.

アテナイオス「食卓の賢人たち」II 38f(『食卓の賢人たち1』140–141頁)

酒、すなわちアプロディテの乳こそ旨けれ。

ἡδύς γε πίνειν οἶνος Ἀφροδίτης γάλα.
アテナイオス「食卓の賢人たち」X 444d（『食卓の賢人たち4』100頁）

酒は嫌がる老人をまで、踊らせる。

οἶνος ἄνωγε γέροντα καὶ οὐκ ἐθέλοντα χορεύειν.
アテナイオス「食卓の賢人たち」X 428a（『食卓の賢人たち4』55頁）

酒を飲んで嬉しくならん奴はまっとうじゃない。飲むとまずこいつがおっ立
ってくる。それから乳房（おっぱい）をもみもみ、そして準備完了となった草の原を手で
撫でなで。ついには踊りが出て禍は忘却の彼方となるな。

ὡς ὅς γε πίνων μὴ γέγηθε μαίνεται· ἵν᾽ ἔστι τουτί τ᾽ ὀρθὸν ἐξανιστάναι μαστοῦ
τε δραγμὸς καὶ †παρεσκευασμένου† ψαῦσαι χεροῖν λειμῶνος ὀρχηστύς θ᾽ ἅμα
κακῶν τε λῆστις.
エウリピデス「キュクロプス」168–172（『悲劇全集5』214頁）

一旦飲むとなったら酒と心中すべきですぞ。

συνεκθανεῖν δὲ σπῶντα χρὴ τῶι πώματι.
エウリピデス「キュクロプス」571（『悲劇全集5』242頁）

酒盛りすればどうしても鉄拳と罵り合いになる。

πυγμὰς ὁ κῶμος λοίδορόν τ᾽ ἔριν φιλεῖ.
エウリピデス「キュクロプス」534（『悲劇全集5』239頁）

酒は恐ろしいもの、打ち勝つには骨が折れます。

δεινὸς γὰρ οἶνος καὶ παλαίεσθαι βαρύς.
エウリピデス「キュクロプス」678（『悲劇全集5』250頁）

酒は人の心を昂らせるもの、たちまちに城市（まち）の胸壁を毀（こぼ）ち、誰もが独裁君主
になった気分。屋敷は黄金と象牙に光り輝き穀物運搬船はきらめく海を越え
てエジプトから大量の富を運んでくる。酒呑みの描く夢がこれ。

ἀνδράσι δ᾽ ὑψο|τάτω πέμπει| μερίμν|ας· αὐτίκ|α| μὲν π|ολίων κράδ|εμνα

|λύει, πᾶσ|ι δ' ἀνθρώποις μοναρ|χήσ|ειν δοκεῖ·χρυ|σ|ῷ |δ' ἐλέφαντί τε μαρμ|
αίρ|ουσιν οἶκοι, πυροφ|όροι δὲ κατ' αἰγλάεντ|α πό|ντον νᾶες ἄγο|υσιν ἀπ'
Αἰγύπτου μέγιστον πλοῦτον· ὡς |πίνοντος ὁρμαίνει κέαρ.

バッキュリデス断片20B（アルクマン他『ギリシア合唱抒情詩集』455–456頁）

大酒をすれば、毒。さりながら、賢く飲めば毒ならず、百薬の長。

οἶνος πινόμενος πουλὺς κακόν· ἢν δέ τις αὐτὸν πίνῃ ἐπισταμένως, οὐ κακὸν
ἀλλ' ἀγαθόν.　　　　　　テオグニス509–510（テオグニス他『エレゲイア詩集』169頁）

今は、ワインを飲んで楽しみましょう、愉快にしゃべりながら。
後のことは、神々にお任せして。

νῦν μὲν πίνοντες τερπώμεθα, καλὰ λέγοντες· ἄσσα δ' ἔπειτ' ἔσται, ταῦτα
θεοῖσι μέλει.　　　　　テオグニス1047–1048（テオグニス他『エレゲイア詩集』226頁）

鳥が翼によって飛翔するのと同様に、
人間はワインの力で精神を羽ばたかせる。

ἀνθρώπους δὲ οἶνος ἐπαίρει τε καὶ ἀνακουφίζει γνώμην οὐδέν τι ἧσσον ἢ
ὄρνιθας πτερά.　　　　パウサニアス「ギリシア案内記」III 19, 6（『ギリシア案内記2』84頁）

アテナイ人諸君、私とデモステネスが見解を異にするのは不思議ではありま
せん。彼は水を、私はワインを飲むのですから。

οὐδὲν ... θαυμαστόν, ὦ ἄνδρες Ἀθηναῖοι, μὴ ταῦτ' ἐμοὶ καὶ Δημοσθένει δοκεῖν·
οὗτος μὲν γὰρ ὕδωρ, ἐγὼ δ' οἶνον πίνω.

デモステネス「使節職務不履行について」46（『弁論集2』200頁）

裁き・裁判

［法にもとづく］裁きは国家共同体の秩序である。

δίκη πολιτικῆς κοινωνίας τάξις ἐστίν.　　アリストテレス『政治学』1253a38（11頁）

私の告発はここで止めよう。
諸君は聴いた、見た、苦しんだ、手中にしている、裁きを下せ。

Παύσομαι κατηγορῶν. ἀκηκόατε, ἑοράκατε, πεπόνθατε, ἔχετε· δικάζετε.

リュシアス「『三十人』のメンバーであったエラトステネス告発」12, 100（『弁論集』178頁）

ゆえに、私はあなたたちみなさんにお願いします、裁判員の方たちよ、そしておすがりいたします。私を援け、用意周到に嘘の証言をした者たちを罰してくださるように。それはあなたたち自身のためであり、私のためであるとともに、公正さと法のためなのでもあります。

Δέομαι οὖν ὑμῶν ἁπάντων, ὦ ἄνδρες δικασταί, καὶ ἱκετεύω βοηθῆσαι μὲν ἐμοί, τιμωρήσασθαι δὲ τοὺς ἑτοίμως οὕτως τὰ ψευδῆ μαρτυροῦντας, ὑπέρ τε ὑμῶν αὐτῶν καὶ ἐμοῦ καὶ τοῦ δικαίου καὶ τῶν νόμων.

デモステネス「ステパノス弾劾（第2演説）」28（『弁論集6』204頁）

性急に裁判所に駆け込まないことこそ、常識ある、
いたずらに事を荒立てない市民らしいやりかただ。

μετρίου καὶ ἀπράγμονος εἶναι πολίτου μὴ εὐθὺς ἐπὶ κεφαλὴν εἰς τὸ δικαστήριον βαδίζειν.　デモステネス「パイニッポスへの抗弁」12（『弁論集6』32頁）

結審に再審無し。

actum ne agas.　　　　　　　　テレンティウス「ポルミオ」419（『ローマ喜劇集5』401頁）

算 術 問 題

デモカレスは生涯の四分の一を少年として過ごし、五分の一を青年として、三分の一を成年男子として生きた。白髪の老年がやってくると、十三年間を老いの閾の上で過ごした。［デモカレスは何歳まで生きたか？］

Παντός, ὅσου βεβίωκε, χρόνου παῖς μὲν τὸ τέταρτον Δημοχάρης βεβίωκε, νεηνίσκος δὲ τὸ πέμπτον, τὸ τρίτον εἰς ἄνδρας· πολιὸν δ᾽ ὅτ᾽ ἀφίκετο γῆρας, ἔζησεν λοιπὰ τρισκαίδεκα γήραος οὐδῷ.

「ギリシア詞華集」XIV 127（『ギリシア詞華集4』265）
　＊答えは「60歳」。分数式で15/60 ＋ 12/60 ＋ 20/60 ＝ 47/60となり、少年時代15年、青年時代12年、成年時代20年となる。

死

「死」はギリシア語ではタナトス θάνατος、ラテン語ではモルス mors という。ローマ帝政期の詩人ペルシウスに「死を忘れることなく生きよ。時は逃げ去る」(『諷刺詩集』Ⅴ 153)という言葉があるが、死は哲人、文人たちがしばしば取り上げたテーマであった。

もっとも神々といえども、いかに寵愛する者であれ、平等に訪れる死は防いでやれない。無慈悲な死の、禍々しい運命が捕らえた時にはな。

ἀλλ' ἤτοι θάνατον μὲν ὁμοίϊον οὐδὲ θεοί περ καὶ φίλῳ ἀνδρὶ δύνανται ἀλαλκέμεν, ὁππότε κεν δή μοῖρ' ὀλοὴ καθέλῃσι τανηλεγέος θανάτοιο.

ホメロス『オデュッセイア』Ⅲ 236–238(68頁)

嘆かれもせぬ死を死にとうない。
友人たちに悲しみや嘆きを、与えたいものよ。

μηδέ μοι ἄκλαυστος θάνατος μόλοι, ἀλλὰ φίλοισι ποιήσαιμι θανὼν ἄλγεα καὶ στοναχάς.

プルタルコス「ソロンとププリコラの比較」1, 5(『英雄伝1』314頁)
＊ソロンの言葉。

死が重くのしかかるのだ、誰もが知っている人なのに、
己自身を知らぬままに死する者には。

illi mors grauis incubat qui, notus nimis omnibus, ignotus moritur sibi.

セネカ「テュエステス」401–403(『悲劇集2』184頁)
＊デカルトが座右の銘にしていたことで知られる。

死ねばこうなるのが人間の定法(じょうほう)なのだ。ひとたび命が白い骨を離れると、もはや腱も肉や骨を繋ぎ止めず、燃え盛る火の強い力がそれらを無にして、魂は夢の如く飛び立ち、ふわふわ飛び交うだけなのだ。

ἀλλ' αὕτη δίκη ἐστὶ βροτῶν, ὅτε τίς κε θάνῃσιν· οὐ γὰρ ἔτι σάρκάς τε καὶ ὀστέα ἶνες ἔχουσιν, ἀλλὰ τὰ μέν τε πυρὸς κρατερὸν μένος αἰθομένοιο δαμνᾷ, ἐπεί κε πρῶτα λίπῃ λεύκ' ὀστέα θυμός, ψυχὴ δ' ἠΰτ' ὄνειρος ἀποπταμένη πεπότηται.

ホメロス『オデュッセイア』ⅩⅠ 218–222(317頁)

死ぬことに決めた人をいくら止めても無駄なこと。

frustra tenetur ille qui statuit mori.

セネカ「オエタ山上のヘルクレス」922（『悲劇集2』298頁）

死ぬ日がいつか来るのと同じくらい確かなことだ。

non moriri certius.

プラウトゥス「捕虜」732（『ローマ喜劇集1』455頁）

死んでしまえば死は恐れるべき災いではない。

post mortem in morte nihil est quod metuam mali.

プラウトゥス「捕虜」741（『ローマ喜劇集1』456頁）

死はときには罰となるが、しばしば恵みともなる。

interim poena est mori, sed saepe donum;

セネカ「オエタ山上のヘルクレス」930–931（『悲劇集2』299頁）

死後には何も存在しない。死すらも無。
疾走してゆく走路の最終関門なのだ。

post mortem nihil est ipsaque mors nihil, uelocis spatii meta nouissima;

セネカ「トロイアの女たち」397–398（『悲劇集1』127頁）

死よ、おまえは仕合せな人のあとを追い、
不仕合せな人から逃げて行くのですね。

felices sequeris, mors, miseros fugis.

セネカ「オエタ山上のヘルクレス」122（『悲劇集2』239頁）

栄えあるオデュッセウスよ、死をつくろうのは止めてくれ。玉の緒の絶えた
死者ども全てに君臨するより、むしろ地上にあって、割当地を持たず生活の
資も乏しい男の許で、日傭取（ひようとり）として生きたいくらいだ。

μὴ δή μοι θάνατόν γε παραύδα, φαίδιμ' Ὀδυσσεῦ. βουλοίμην κ' ἐπάρουρος
ἐὼν θητευέμεν ἄλλῳ, ἀνδρὶ πάρ' ἀκλήρῳ, ᾧ μὴ βίοτος πολὺς εἴη, ἢ πᾶσιν
νεκύεσσι καταφθιμένοισιν ἀνάσσειν.　　ホメロス『オデュッセイア』XI 488–491（333頁）

人は静寂のうちに死を迎えねばならない。

ἐν εὐφημίᾳ χρὴ τελευτᾶν.

プラトン「パイドン」117E「死を迎える」(『饗宴／パイドン』342頁)
＊「静寂のうちに」の含意は「嘆きの言葉を慎んで」「敬虔に」ということである。

死は誕生のごときもので、自然の神秘である。

Ὁ θάνατος τοιοῦτον, οἶον γένεσις, φύσεως μυστήριον.

マルクス・アウレリウス『自省録』IV 5 (56頁)

でも今や君は魂と体の二重に死んでしまった。

νῦν δὲ τέθνηκας θάνατον διπλοῦν, ψυχῆς καὶ σώματος.

アキレウス・タティオス『レウキッペとクレイトポン』VII 5, 3 (170頁)

しかしもういいでしょう、立ち去るべき時刻ですからね。私はこれから死ぬ
ために、あなたがたはこれから生きるために。われわれの行く手に待ってい
るものは、どちらがより善いものなのか、だれにもわからないのです、神で
なければ。

ἀλλὰ γὰρ ἤδη ὥρα ἀπιέναι, ἐμοὶ μὲν ἀποθανουμένῳ, ὑμῖν δὲ βιωσομένοις·
ὁπότεροι δὲ ἡμῶν ἔρχονται ἐπὶ ἄμεινον πρᾶγμα, ἄδηλον παντὶ πλὴν ἢ τῷ θεῷ.
プラトン「ソクラテスの弁明」42A(『エウテュプロン／ソクラテスの弁明／クリトン』136頁)

クリトン、こんな年になって、もう死ななければならないからといって、嘆
いたりするのは調子はずれだろう。

γὰρ ἄν, ὦ Κρίτων, πλημμελὲς εἴη ἀγανακτεῖν τηλικοῦτον ὄντα εἰ δεῖ ἤδη
τελευτᾶν.　　プラトン「クリトン」43B(『エウテュプロン／ソクラテスの弁明／クリトン』140頁)

死んだ者たちを嘆くのはもうやめなさい。人間は誰しもこの神の手による票
決を避けることはできません。死は必然なのです。

παῦσαι δὲ λύπης τῶν τεθνηκότων ὕπερ· πᾶσιν γὰρ ἀνθρώποισιν ἤδε πρὸς
θεῶν ψῆφος κέκρανται κατθανεῖν τ᾽ ὀφείλεται.

エウリピデス「アンドロマケ」1270–1272(『悲劇全集2』93頁)

恐ろしいのは死ではなく、辱めを受けた死こそが恐れるべきものです。

Οὐ γὰρ ὁ θάνατος δεινόν, ἀλλ' ἡ περὶ τὴν τελευτὴν ὕβρις φοβερά.

アイスキネス「使節職務不履行について」181（『弁論集』198頁）

わしは魂が知性のない肉体から離れるとその魂は知性のないものになる、とは信じない。そうでなく、精神は分離され、純粋で汚れのないものになった時に、もっとも知性的になるのは当然である、と信じてきた。

οὐδέ γε ὅπως ἄφρων ἔσται ἡ ψυχή, ἐπειδὰν τοῦ ἄφρονος σώματος δίχα γένηται, οὐδὲ τοῦτο πέπεισμαι· ἀλλ' ὅταν ἄκρατος καὶ καθαρὸς ὁ νοῦς ἐκκριθῇ, τότε καὶ φρονιμώτατον αὐτὸν εἰκὸς εἶναι.

クセノポン『キュロスの教育』VIII 7, 20（399頁）

すべての人の魂が離脱し始めると言われている部分から、わしの魂も去っていくように思われる。だから、……わしの顔をまだ生きているうちに見たいと思う者がいるなら、近寄るがよい。しかし、……わしが顔を覆えば、もう誰も、いやお前たち自身さえわしの身体を見ないようにしてくれ。

ἀλλὰ γὰρ ἤδη ἐκλείπειν μοι φαίνεται ἡ ψυχὴ ὅθενπερ, ὡς ἔοικε, πᾶσιν ἄρχεται ἀπολείπουσα. εἴ τις οὖν ὑμῶν βούλεται ὄμμα τοὐμὸν ζῶντος ἔτι προσιδεῖν ἐθέλει, προσίτω· ὅταν δ' ἐγὼ ἐγκαλύψωμαι, αἰτοῦμαι ὑμᾶς, ὦ παῖδες, μηδεὶς ἔτ' ἀνθρώπων τοὐμὸν σῶμα ἰδέτω, μηδ' αὐτοὶ ὑμεῖς.

クセノポン『キュロスの教育』VIII 7, 26（401頁）

異国（とつくに）の人よ、スパルタの郷人（さとびと）に伝えてよ、
われら言われしままに掟を守り、ここに眠ると。

Ὦ ξεῖν', ἀγγέλλειν Λακεδαιμονίοις ὅτι τῇδε κείμεθα, τοῖς κείνων ῥήμασι πειθόμενοι.　シモニデス碑銘詩（エピグラム）22（アルクマン他『ギリシア合唱叙情詩集』265頁）

なんとなればすべての過ちは、
何人にとっても死を以て終わりとなるからです。

πᾶσι γὰρ πάντων τῶν ἁμαρτημάτων ὅρος ἐστὶ τελευτή.

デモステネス「第三書簡」14（『弁論集7』245頁）

呪わしい命を断ち切り、我ここに眠る。
名を問うなかれ。汝ら禍なる者どもに禍なる死のあらんことを。

ἐνθάδ᾽ ἀπορρήξας ψυχὴν βαρυδαίμονα κεῖμαι. τοὔνομα δ᾽ οὐ πεύσεσθε, κακοὶ
δὲ κακῶς ἀπόλοισθε.　　　プルタルコス「アントニウス」70, 7(『英雄伝6』194頁)

誰でも亡き人をこそ讃えるのが普通である。

τὸν γὰρ οὐκ ὄντα ἅπας εἴωθεν ἐπαινεῖν.

トゥキュディデス「歴史」II 45, 1(『歴史1』190頁)

*ペリクレスの言葉。

死者に恨みはなく、あわれみに値するものであり
命を失ったからにはもはや敵ではないからである。

οὐ γὰρ ἐπὶ φθιμένοισι πέλει κότος, ἀλλ᾽ ἐλεεινοὶ δήιοι οὐκέτ᾽ ἐόντες, ἐπὴν ἀπὸ
θυμὸς ὄληται.　　　クイントス・スミュルナイオス『ホメロス後日譚』I 809–810(54頁)

徳のために死んだ人は、でも、滅んだのではないのです。

qui per virtutem periit, at non interit.　　プラウトゥス「捕虜」690(『ローマ喜劇集1』452頁)

死人は咬みつかない。

νεκρὸς οὐ δάκνει.　　　プルタルコス「ポンペイウス」77, 7(『英雄伝4』560頁)

詩

至福なる勇士の一族よ、どうかご慈悲を。この歌が歳経るごとに人々のうち
でますます愛され、歌い継がれてゆくように。あなた方の舐めた苦難の栄え
ある終わりに今や私はたどり着くのだ。

ἵλατ᾽ ἀριστήων μακάρων γένος· αἵδε δ᾽ ἀοιδαὶ εἰς ἔτος ἐξ ἔτεος γλυκερώτεραι
εἶεν ἀείδειν ἀνθρώποις. ἤδη γὰρ ἐπὶ κλυτὰ πείραθ᾽ ἱκάνω ὑμετέρων καμάτων.

アポロニオス・ロディオス『アルゴナウティカ』IV 1773–1776(357頁)

シモニデスは絵を沈黙する詩、詩を物言う絵だと申しております。

ὁ Σιμωνίδης τὴν μὲν ζωγραφίαν ποίησιν σιωπῶσαν προσαγορεύει, τὴν δὲ
ποίησιν ζωγραφίαν λαλοῦσαν.

プルタルコス「アテナイ人の名声について」346F(『モラリア4』353頁)

視 覚

目における視覚は魂における理性である。

ὡς ὄψις ἐν ὀφθαλμῷ, νοῦς ἐν ψυχῇ.　　　　アリストテレス『トピカ』108a11（47頁）

*アリストテレスは『ニコマコス倫理学』1096b29でも同じことを言っている。

思考の視力が鋭くものごとを見始めるのは、
肉眼の視力がその盛りを過ぎようとする頃なのだ。

ἤ τοι τῆς διανοίας ὄψις ἄρχεται ὀξὺ βλέπειν ὅταν ἡ τῶν ὀμμάτων τῆς ἀκμῆς
λήγειν ἐπιχειρῇ.　　　　　　　　プラトン「饗宴」219A（『饗宴／パイドン』140頁）

事 業

大事業をなすには、万人の気に入るのはむずかしい。

ἔργμασι ... ἐν μεγάλοις πᾶσιν ἀδεῖν χαλεπόν.
　　　　　　　　　　　　　　　プルタルコス「ソロン」25, 6（『英雄伝1』267頁）

自己・自分

私はしばしば不思議に思ったのだが、どうして各人は、一方で自分自身を他
のだれよりも多く愛していながら、他方で自分についての判断を、他人の判
断よりも軽視するのであろうか。

Πολλάκις ἐθαύμασα πῶς ἑαυτὸν μὲν ἕκαστος μᾶλλον πάντων φιλεῖ, τὴν δὲ
ἑαυτοῦ περὶ αὑτοῦ ὑπόληψιν ἐν ἐλάττονι λόγῳ τίθεται ἢ τὴν τῶν ἄλλων.
　　　　　　　　　　　　　　マルクス・アウレリウス『自省録』XII 4（266頁）

彼［ソクラテス］は、自己を知らざることや、知らないことを知っているか
に思いなしたり思い込んだりすることはきわめて狂気に近いと考えていた。

τὸ δὲ ἀγνοεῖν ἑαυτὸν καὶ ἃ μὴ οἶδε δοξάζειν τε καὶ οἴεσθαι γιγνώσκειν
ἐγγυτάτω μανίας ἐλογίζετο εἶναι.
　　　　　　クセノポン「ソクラテス言行録」III 9, 6（『ソクラテス言行録1』172頁）

自分自身に配慮し、それよりも先に、
自分自身に付属するいかなるものにも配慮すべきではないのだ。

μὴ πρότερον μήτε τῶν ἑαυτοῦ μηδενὸς ἐπιμελεῖσθαι πρὶν ἑαυτοῦ ἐπιμεληθείη.
プラトン「ソクラテスの弁明」36C(『エウテュプロン／ソクラテスの弁明／クリトン』119頁)

デルポイの碑文にある、自分自身を知るということがぼくはまだできない。そ
れをまだ知らないのに自分とはかかわりのない余所事を探求するというのは、
ぼくにはほんとうに笑うべきことに思える。だから、そういうことは放って
おいて、そして、そういったことについては慣習として認められていること
を信じることにして、そのうえで、さっき言ったことだけど、そういうこと
じゃなくてぼくは自分自身を探求しているのだよ。その自分自身が、テュポ
ンよりも捻れてからまった、もっと猛り狂う獣なのか、それとも、もっと穏
やかでもっと単純な生物で、何か神秘的なもの、ふくれ上がっていないもの
を本性上分け持っているのかなね。

οὐ δύναμαί πω κατὰ τὸ Δελφικὸν γράμμα γνῶναι ἐμαυτόν· γελοῖον δή μοι
φαίνεται τοῦτο ἔτι ἀγνοοῦντα τὰ ἀλλότρια σκοπεῖν. ὅθεν δὴ χαίρειν ἐάσας
ταῦτα, πειθόμενος δὲ τῷ νομιζομένῳ περὶ αὐτῶν, ὃ νυνδὴ ἔλεγον, σκοπῶ οὐ
ταῦτα ἀλλ' ἐμαυτόν, εἴτε τι θηρίον ὂν τυγχάνω Τυφῶνος πολυπλοκώτερον καὶ
μᾶλλον ἐπιτεθυμμένον, εἴτε ἡμερώτερόν τε καὶ ἁπλούστερον ζῷον, θείας τινὸς
μένον, εἴτε ἡμερώτερόν τε καὶ ἁπλούστερον ζῷον, θείας τινὸς καὶ ἀτύφου
μοίρας φύσει μετέχον.
プラトン『パイドロス』229E(12, 14頁)

君たちは、君たち自身に配慮してくれればいいのだ。

ὑμῶν αὐτῶν ἐπιμελούμενοι ὑμεῖς.　プラトン「パイドン」115B(『饗宴／パイドン』335頁)

君の内を掘れ。内にこそ善の泉が、それもつねにほとばしり出ることのでき
る泉があるのだ。君がつねに掘るならばだが。

Ἔνδον σκάπτε, ἔνδον ἡ πηγὴ τοῦ ἀγαθοῦ καὶ ἀεὶ ἀναβλύειν δυναμένη, ἐὰν ἀεὶ
σκάπτῃς.
マルクス・アウレリウス『自省録』VII 59(153頁)
＊「君の内を掘れ」とは自己琢磨の意味。

仕　事

戯れは時として真面目な仕事からの休息になる。

Ἀνάπαυλα … τῆς σπουδῆς γίγνεται ἐνίοτε ἡ παιδιά.
プラトン『ピレボス』30E(60頁)

まことに始めは全体の半ばなり。

ἀρχὴ δέ τοι ἥμισυ παντός.　　イアンブリコス『ピタゴラス的生き方』XXIX 162（178頁）
＊プラトン（『法律』753E）やアリストテレス（『政治学』1303b29）が引用している人口に膾炙した諺。

持 参 金

この持参金さえあったらたとえ乞食と結婚したって大丈夫だ。

cum hac dote poteris vel mendico nubere.
　　　　　　　　　　　　　　　プラウトゥス「ペルシア人」396（『ローマ喜劇集3』401頁）

詩 人

詩人は多くの偽りを歌う。

πολλὰ ψεύδονται ἀοιδοί.
　　　　　　　プルタルコス「どのようにして若者は詩を学ぶべきか」16A（『モラリア1』51頁）

詩人なんていうのはくだらない。何ひとつ新しいことを言うでなく、どれも
これも同じことを上から読んだり下から読んだりしてるだけ。

οἱ μὲν ποιηταὶ (φησὶ) λῆρός εἰσιν· οὐδὲ ἓν καινὸν γὰρ εὑρίσκουσιν, ἀλλὰ
μεταφέρει ἕκαστος αὐτῶν ταῦτ᾽ ἄνω τε καὶ κάτω.
　　　　　　　　　　　アテナイオス「食卓の賢人たち」VI 225c（『食卓の賢人たち2』300頁）
　　　　　　　　　　　　　　　　　　　　　　＊続いて、魚屋が対比される。

詩人の言葉をわれわれが子供のときに暗記するのは、大人になってからそれ
を生かせるようにという、その目的のためである。

διὰ τοῦτο γὰρ οἶμαι ἡμᾶς παῖδας ὄντας τὰς τῶν ποιητῶν γνώμας ἐκμανθάνειν,
ἵν᾽ ἄνδρες ὄντες αὐταῖς χρώμεθα.　　アイスキネス「クテシポン弾劾」135（『弁論集』276頁）

サッポー

この奥津城がとどむるものは、サッポーが骨と黙する名のみ。
されどかの詩人の知に満てる言の葉は永遠に死することなし。

Ὀστέα μὲν καὶ κωφὸν ἔχει τάφος οὔνομα Σαπφοῦς· αἱ δὲ σοφαὶ κείνης ῥήσιες
ἀθάνατοι.　　　　　　　ピニュトス「ギリシア詞華集」VII 16（『ギリシア詞華集2』19頁）

ホメロス

ホメロスの叙事詩は、
人間にとってあらゆる事柄に関する有益な知識を与えてくれる。

τὰ Ὁμήρου μὲν οὖν ὠφέλιμα ἐγένετο ἐς ἄπαντα ἀνθρώποις.

パウサニアス「ギリシア案内記」IV 28, 8（『ギリシア案内記2』208頁）

ホメロス以前にホメロスが模倣した詩人はおらず、
ホメロス以後に彼を模倣できたような詩人も見いだせない。

neque ante illum, quem ipse imitaretur, neque post illum, qui eum imitari posset,
inuentus est.　　　　　ウェレイユス・パテルクルス『ローマ世界の歴史』I 5, 1（10頁）

自 制 心

自制心のない人間は最も無知な動物とどこが違うのかね。つまり、最もすぐ
れたものごとを考究せず、あらゆる手立てを尽くして最も快いものごとを行
なおうとする者が、最も愚かな家畜とどこが違うのかね。

Τί γὰρ διαφέρει ... ἄνθρωπος ἀκρατὴς θηρίου τοῦ ἀμαθεστά του; ὅστις γὰρ
τὰ μὲν κράτιστα μὴ σκοπεῖ, τὰ ἥδιστα δ᾽ ἐκ παντὸς τρόπου ζητεῖ ποιεῖν, τί ἂν
διαφέροι τῶν ἀφρονεστάτων βοσκημάτων;

クセノポン「ソクラテス言行録」IV 3, 11（『ソクラテス言行録1』251頁）

自然

「自然」はギリシア語ではピュシスφύσις、ラテン語ではナートゥーラnaturaという。必ずしも山川草木のことではなく、本性の意味にもなった。「技術は自然と張り合う」（アプレイユス『変身物語（黄金のロバ）』II 4, 22）が、一方で、「すべての技術は自然の模倣である」（セネカ『倫理書簡集』65, 3）とも言われる。

自然は余計なことも無駄なこともしない。

οὔτε περίεργον οὐδὲν οὔτε μάτην ἡ φύσις ποιεῖ.

アリストテレス「動物部分論」695b19（『動物部分論・動物運動論・動物進行論』355頁）

自然は何ごとも技巧的に、公正に行なう。

ἡ φύσις ἅπαντα τεχνικῶς καὶ δικαίως πράττει.

ガレノス『自然の機能について』I 12（35頁）

黄薊（きあざみ）の花咲き、喧（かまびす）しい蝉が木に止まり、羽根の下から鋭い歌声を休みなく降らせる、疲労困憊の夏、この時、山羊は最も肥え、酒は一番うまく、女は最も淫らに、男は最も精力が衰える。

ἦμος δὲ σκόλυμός τ᾽ ἀνθεῖ καὶ ἠχέτα τέττιξ δενδρέῳ ἐφεζόμενος λιγυρὴν
καταχεύει᾽ ἀοιδὴν πυκνὸν ὑπὸ πτερύγων, θέρεος καματώδεος ὥρῃ, τῆμος
πιόταταί τ᾽ αἶγες, καὶ οἶνος ἄριστος, μαχλόταται δὲ γυναῖκες, ἀφαυρότατοι δέ
τοι ἄνδρες εἰσίν.
ヘシオドス「仕事と日」582–587（『全作品』193頁）

（美しい自然）春、水ぬるむころに花々が開き、夏が森に木の葉を呼び戻し、秋も過ぎゆくころ木の実は落ち、冬がふたたび森の木の葉を落とす。

vere dum flores uenient tepenti et comam siluis reuocabit aestas pomaque autumno
fugiente cedent et comam siluis hiemes recident.
セネカ「オエタ山上のヘルクレス」1576–1579（『悲劇集2』347–348頁）

自然そのものは、偉大なものがすみやかに作り出されることを望みませんでしたし、およそ最も美しく作られたものの前には困難を置いたからです。

Nihil enim rerum ipsa natura uoluit magnum effici cito, praeposuitque pulcherrimo
cuique operi difficultatem.
クインティリアヌス「弁論家の教育」X 3, 4（『弁論家の教育4』238頁）

自然はわれわれ人間を、卑しくなく低劣でもない動物だと判定したのであって、まるで何か巨大な祭典へと導くかのように、この世界へ全宇宙の中へと導きいれ、自然界の競技における一種の見物人、また何よりも名誉を愛する競技者となるよう、直ちにわれわれの魂に、ありとあらゆる偉大なもの、われわれよりもいっそう神的なものへの抑えがたい愛を植えつけた。

ἡ φύσις οὐ ταπεινὸν ἡμᾶς ζῷον οὐδ᾽ ἀγεννὲς ἔκρινε τὸν ἄνθρωπον, ἀλλ᾽ ὡς εἰς
μεγάλην τινὰ πανήγυριν εἰς τὸν βίον καὶ εἰς τὸν σύμπαντα κόσμον ἐπάγουσα,
θεατάς τινας τῶν ἄθλων αὐτῆς ἐσομένους καὶ φιλοτιμοτάτους ἀγωνιστάς,
εὐθὺς ἄμαχον ἔρωτα ἐνέφυσεν ἡμῶν ταῖς ψυχαῖς παντὸς ἀεὶ τοῦ μεγάλου καὶ
ὡς πρὸς ἡμᾶς δαιμονιωτέρου.
ロンギノス「崇高について」XXXV 2（ロンギノス／ディオニュシオス『古代文芸論集』88頁）

実際、すでに述べられたものよりも何かよいものが見つかりうることにいつも絶望する必要はなく、自然は雄弁を、一つの物事については一度しかよく述べることができないほど、貧弱でみすぼらしいものに仕立てたのでもありません。

Nam neque semper est desperandum aliquid illis quae dicta sunt melius posse reperiri, neque adeo ieiunam ac pauperem natura eloquentiam fecit ut una de re bene dici nisi semel non possit.　クインティリアヌス「弁論家の教育」X 5, 5（『弁論家の教育4』250–251頁）

自 然 と 技 術

技術の産物よりも自然本性の産物のほうが、
目的と善美がいっそう多いのだ。

Μᾶλλον δ᾽ ἐστὶ τὸ οὗ ἕνεκα καὶ τὸ καλὸν ἐν τοῖς τῆς φύσεως ἔργοις ἢ ἐν τοῖς τῆς τέχνης.
　アリストテレス「動物部分論」639b20–22（『動物部分論・動物運動論・動物進行論』26頁）

それゆえ感覚にゆだねるべきです。何が力強いか、何が厳粛であるか、何が心地よいか、感覚は十分に分かるでしょう。たしかに技術によるよりも自然本性に導かれたほうがうまく行なうでしょうが、自然本性そのものに技術が内在することになるでしょう。

ad sensus igitur referenda sunt. Qui satis quid satis forte, quid seuerum, quid iucundum sit, intellegent; facient quidem natura duce melius quam arte, sed naturae ipsi ars inerit.　クインティリアヌス「弁論家の教育」IX 4, 120（『弁論家の教育4』168–169頁）

機織りと糸紡ぎを発明したのは女神エルガネ（アテナ）だと人々は言うが、蜘蛛を巧みな織姫に仕込んだのは自然である。

ὑφαντικὴν καὶ ταλασίαν τὴν θεὸν τὴν Ἐργάνην ἐπινοῆσαί φασιν ἄνθρωποι· τὴν δὲ ἀράχνην ἡ φύσις σοφὴν ἐς ἱστουργίαν ἐδημιούργησε.
　アイリアノス「動物奇譚集」I 20（『動物奇譚集1』23頁）

質 実 剛 健

吾々は質素とともに美を愛する。そして智を愛するけれども、柔弱にはならない。富は自慢のためよりも、むしろ行動のための機会として利用する。貧

困を認めることは恥ではないが、むしろ努力して脱却しないことこそ恥辱なのである。

φιλοκαλοῦμέν τε γὰρ μετ᾽ εὐτελείας καὶ φιλοσοφοῦμεν ἄνευ μαλακίας· πλούτῳ τε ἔργου μᾶλλον καιρῷ ἢ λόγου κόμπῳ χρώμεθα, καὶ τὸ πένεσθαι οὐχ ὁμολογεῖν τινὶ αἰσχρόν, ἀλλὰ μὴ διαφεύγειν ἔργῳ αἴσχιον.

トゥキュディデス「歴史」II 40, 1(『歴史1』183頁)
*ペリクレスの言葉。

ローマ人はおおむねこれを歓迎し、若者たちがギリシア風な教養にあずかり、驚嘆すべき人々と席を同じうするのを快く眺めていた。しかしカトーははじめから、弁論熱が町に流入してくるのを嫌っていた。そして、若者たちがその方面に名誉心を転じて、実践や戦いによる名声よりも、演説によって名声を得ようとするようになりはせぬかと恐れた。

ταῦτα τοῖς μὲν ἄλλοις ἤρεσκε Ῥωμαίοις γινόμενα, καὶ τὰ μειράκια παιδείας Ἑλληνικῆς μεταλαμβάνοντα καὶ συνόντα θαυμαζομένοις ἀνδράσιν ἡδέως ἑώρων· ὁ δὲ Κάτων ἐξ ἀρχῆς τε τοῦ ζήλου τῶν λόγων παρρέοντος εἰς τὴν πόλιν ἤχθετο, φοβούμενος μὴ τὸ φιλότιμον ἐνταῦθα τρέψαντες οἱ νέοι τὴν ἐπὶ τῷ λέγειν δόξαν ἀγαπήσωσι μᾶλλον τῆς ἀπὸ τῶν ἔργων καὶ τῶν στρατειῶν.

プルタルコス「マルクス・カトー」22, 4-5(『英雄伝3』89頁)
*ギリシアからカルネアデスなど哲学者の一行がローマを訪れたとき、哲学のブームが起きたが、カトーはこれを好ましく思わなかった。

嫉妬・妬み

富貴を求めて励む隣人には隣人が悋気する理屈で、これは人類にとって善き争いだ。大工は大工に、焼物師は焼物師に焼き餅を焼き、歌人は歌人を、乞食は乞食を小突き回す。

ζηλοῖ δέ τε γείτονα γείτων εἰς ἄφενος σπεύδοντ᾽· ἀγαθὴ δ᾽ Ἔρις ἥδε βροτοῖσιν. καὶ κεραμεὺς κεραμεῖ κοτέει καὶ τέκτονι τέκτων, καὶ πτωχὸς πτωχῷ φθονέει καὶ ἀοιδὸς ἀοιδῷ.　ヘシオドス「仕事と日」23-26(『全作品』159頁)

世にはこのような鬱魂にとりつかれた者がいて、実在の怪しい人物が誉められるのは喜んで聴くが、同時代の功労者を賞賛する声には耳を塞ぐ。

Οὕτω γὰρ τινες δυσκόλως πεφύκασιν, ὥσθ᾽ ἥδιον ἂν εὐλογουμένων ἀκούοιεν οὓς οὐκ ἴσασιν εἰ γεγόνασιν, ἢ τούτων ὑφ᾽ ὧν εὖ πεπονθότες αὐτοὶ τυγχάνουσιν.　イソクラテス「エウアゴラス」6(『弁論集2』5頁)

誰に対する妬みであっても、妬みが正当に生じるということはない。(なぜなら、幸運であるという点で誰ひとりとして不正を犯していないのに、にもかかわらず幸運であるという理由で妬まれるからである)。他方、わたしたちが「憎むに値する」と言うように、多くの人は正当に憎まれている。

Ἔτι τοίνυν τὸ μὲν φθονεῖν πρὸς οὐδένα γίνεται δικαίως (οὐδεὶς γὰρ ἀδικεῖ τῷ εὐτυχεῖν, ἐπὶ τούτῳ δὲ φθονοῦνται)· μισοῦνται δὲ πολλοὶ δικαίως, [ὡς] οὓς ἀξιομισήτους καλοῦμεν.　プルタルコス「妬みと憎しみについて」537C–D(『モラリア7』54頁)

[マルクス・リウィウスが] ファビウスが名誉に輝くのをいまいましく思い、嫉妬と対抗意識に駆られて、元老院で一同に向かって、タレントゥムを奪回できたのは、ファビウスではなく、それがしのおかげだと言った。すると、ファビウス、「そのとおりだ。そなたが町を投げ出さなかったら、それがしが取り返すことはできなかったろうゆえな」。

τοῦτον ἡνία Φάβιος τιμώμενος, καί ποτε πρὸς τὴν σύγκλητον ὑπὸ φθόνου καὶ φιλοτιμίας ἐξενεχθεὶς εἶπεν, ὡς οὐ Φάβιος, ἀλλ᾽ αὐτὸς αἴτιος γένοιτο τοῦ τὴν Ταραντίνων πόλιν ἁλῶναι. γελάσας οὖν ὁ Φάβιος· "ἀληθῆ λέγεις" εἶπεν· "εἰ μὴ γὰρ σὺ τὴν πόλιν ἀπέβαλες, οὐκ ἂν ἐγὼ παρέλαβον."

プルタルコス「ファビウス・マクシムス」23, 4(『英雄伝2』100頁)

現存する人々の名前は挙げないでおきます。いずれ彼らを称賛する時代がやってくるでしょう。彼らのすぐれた点は後世まで生きつづけるのに対して、彼らへの妬みが長くつづくことはないでしょうから。

parco nominibus uiuentium; ueniet eorum laudi suum tempus: ad posteros enim uirtus durabit, non peruenit inuidia.

クインティリアヌス「弁論家の教育」III 1, 21(『弁論家の教育2』12, 14頁)

失　敗

人間には自分を向上させるための方法が二つあって、ひとつは自分自身の失敗から学ぶ方法、もうひとつは他人の失敗から学ぶ方法である。

δυεῖν γὰρ ὄντων τρόπων πᾶσιν ἀνθρώποις τῆς ἐπὶ τὸ βέλτιον μεταθέσεως, τοῦ τε διὰ τῶν ἰδίων συμπτωμάτων καὶ τοῦ διὰ τῶν ἀλλοτρίων ...

ポリュビオス「歴史」I 35, 7(『歴史1』55頁)

質 問

どこへ連れて行かれようと、
質問する者は質問される者について行かざるをえないからね。

ἀνάγκη γὰρ τὸν ἐρωτῶντα τῷ ἐρωτωμένῳ ἀκολουθεῖν ὅπη ἂν ἐκεῖνος ὑπάγῃ.

プラトン「エウテュプロン」14C(『エウテュプロン／ソクラテスの弁明／クリトン』47–48頁)

支 配

ローマの支配がここまで拡大してきたのは、
資質に恵まれた指導者が出自を理由に排除されなかったからである。

ergo dum nullum fastiditur genus in quo eniteret uirtus creuit imperium Romanum.

リウィウス『ローマ建国以来の歴史2』IV 3, 13(160頁)

優れた支配者になろうとする者は、まず支配される必要がある。

τὸν ... μέλλοντα καλῶς ἄρχειν ἀρχθῆναί ... δεῖν πρῶτον.

アリストテレス『政治学』VII 1333a2(384頁)

最悪の支配者は、自分自身を支配することができない支配者である。

Κάκιστον δ᾽ ἔλεγεν ἄρχοντα εἶναι τὸν ἄρχειν ἑαυτοῦ μὴ δυνάμενον.

プルタルコス「ローマ人たちの名言集」198E(『モラリア3』128頁)

人の心から敬意が消え失せ、最も高いものと最も低いものをごた混ぜにする
となれば、暴力を退けるための暴力が必要となる。

ubi vero reverentia excessit animis et summa imis confundi videmus, vi opus est, ut
vim repellamus. クルティウス・ルフス『アレクサンドロス大王伝』VIII 8, 8(343頁)

征服した相手を友人だなどと思わぬよう注意するがいい。主人と奴隷のあい
だに友情は存在しない。平時においても戦時の掟が保たれるのだ。

Quos viceris, amicos tibi esse cave credas: inter dominum et servum nulla amicitia
est; etiam in pace belli tamen iura servantur.

クルティウス・ルフス『アレクサンドロス大王伝』VII 8, 28(292頁)

「こんなことは思いもよらなかった」とか「この結果をだれが予想できただろう」とか口にするのは、私に言わせれば、指揮官としての無能と暗愚の証左以外のなにものでもない。

τὸ μὲν γὰρ λέγειν ὡς ‘οὐκ ἂν ᾠόμην’ ‘τίς γὰρ ἂν ἤλπισε τοῦτο γενέσθαι’; μέγιστον εἶναί μοι δοκεῖ σημεῖον ἀπειρίας στρατηγικῆς καὶ βραδυτῆτος.

ポリュビオス「歴史」X 32, 12(『歴史3』123頁)

自 慢 話

ヘルクラヌスよ、他人に自分のことをひとかどの人物であるかのように、また有能であるかのように語るのは不愉快なことであると、言葉では分かっている。ところが現実の行ないとなると、多くの人はこの不快なことから逃れきれず、そのように非難している人でさえそうなのだ。

Τὸ περὶ ἑαυτοῦ λέγειν ὥς τι ὄντος ἢ δυναμένου πρὸς ἑτέρους, ὦ Ἥρκλανε, λόγῳ μὲν ἐπαχθὲς ἀποφαίνουσι πάντες καὶ ἀνελεύθερον, ἔργῳ δ᾽ οὐ πολλοὶ τὴν ἀηδίαν αὐτοῦ διαπεφεύγασιν οὐδὲ τῶν ψεγόντων.

プルタルコス「妬まれずに自分をほめることについて」539A–B(『モラリア7』62頁)

人間共通の性を免れえぬことですが、悪口や中傷は誰でも喜んで聞きたがるのに、自画自賛する者は嫌われるということです。

ἕτερον δ᾽, ὃ φύσει πᾶσιν ἀνθρώποις ὑπάρχει, τῶν μὲν λοιδοριῶν καὶ τῶν κατηγοριῶν ἀκούειν ἡδέως, τοῖς ἐπαινοῦσι δ᾽ αὐτοὺς ἄχθεσθαι.

デモステネス「冠について」3(『弁論集2』6頁)

市 民

市民には三種類ある。金持ち階級は役立たず、そしてたえずいま以上のものを欲しがる。持たざる者たち、生活に事欠く者たちは危険な連中で、とにかく嫉妬心の権化、持てる者たちを悪意の籠った棘でちくりとやる。質の悪い指導者の口車に乗せられてのことだ。国を救うのは三つあるその中間層だ。国家の定める秩序をきちんと守る。

τρεῖς γὰρ πολιτῶν μερίδες· οἱ μὲν ὄλβιοι ἀνωφελεῖς τε πλειόνων τ᾽ ἐρῶσ᾽ ἀεί· οἱ δ᾽ οὐκ ἔχοντες καὶ σπανίζοντες βίου δεινοί, νέμοντες τῶι φθόνωι πλέον μέρος, ἐς τοὺς <τ᾽> ἔχοντας κέντρ᾽ ἀφιᾶσιν κακά, γλώσσαις πονηρῶν προστατῶν φηλούμενοι· τριῶν δὲ μοιρῶν ἥ 'ν μέσωι σώιζει πόλεις, κόσμον φυλάσσουσ᾽ ὅντιν᾽ ἂν τάξηι πόλις.

エウリピデス「嘆願する女たち」238–245(『悲劇全集2』210頁)

自由

「自由」はギリシア語ではエレウテリアーἐλευθερία、ラテン語ではリーベルタースlibertasという。ソポクレスの失われた悲劇の言葉に「体は奴隷でも心は自由だ」(「断片」940)があるが、ギリシア人もローマ人も不羈を重んじた。

私は丸腰で、一人で、女だけど、自由という唯一の武器を持っています。自由は打撃でも叩き潰されないし、刀でも切り裂けず、火でも焼かれません。これを私は決して手放しません。焼き尽くそうとしても、それほど熱い火を見つけられないでしょう。

ἐγὼ δὲ καὶ γυμνὴ καὶ μόνη καὶ γυνή, καὶ ἓν ὅπλον ἔχω τὴν ἐλευθερίαν, ἣ μήτε πληγαῖς κατακόπτεται μήτε σιδήρῳ κατατέμνεται μήτε πυρὶ κατακαίεται. οὐκ ἀφήσω ποτὲ ταύτην ἐγώ. κἂν καταφλέγῃς, οὐχ οὕτως θερμὸν εὑρήσεις τὸ πῦρ.

アキレウス・タティオス『レウキッペとクレイトポン』VI 22, 4(164頁)

自由とは次のことに尽きる。すなわち「誰か国家のために有益な考えを皆の前で述べようと思う者はいるか」、これだ。述べようと思う者は脚光を浴びるし、思わぬ者は沈黙したままでよい。国家においてこれ以上に公平なことがあろうか。

τοὐλεύθερον δ᾽ ἐκεῖνο· Τίς θέλει πόλει χρηστόν τι βούλευμ᾽ ἐς μέσον φέρειν ἔχων; καὶ ταῦθ᾽ ὁ χρήιζων λαμπρός ἐσθ᾽, ὁ μὴ θέλων σιγᾶι. τί τούτων ἔστ᾽ ἰσαίτερον πόλει; エウリピデス「嘆願する女たち」438–441(『悲劇全集2』223頁)

ああ。人間誰しも自由な者はいないのだ。金銭(かね)の奴隷になったり、運、不運に玩(もてあそ)ばれたり、あるいは世間一般の思惑や法律の条文に縛られて思うとおりの行動をとることが許されない。

φεῦ. οὐκ ἔστι θνητῶν ὅστις ἔστ᾽ ἐλεύθερος· ἢ χρημάτων γὰρ δοῦλός ἐστιν ἢ τύχης ἢ πλῆθος αὐτὸν πόλεος ἢ νόμων γραφαὶ εἴργουσι χρῆσθαι μὴ κατὰ γνώμην τρόποις. エウリピデス「ヘカベ」863–867(『悲劇全集2』159頁)

ナイチンゲールは自由を愛すること熱烈な鳥である。それ故、もし年長けた
ナイチンゲールが捕まり、籠に閉じこめて見張られたりすれば、食を断ち歌
を止めて、隷従に報いるに沈黙をもって捕獲した人に復讐する。

ἣν δὲ ἄρα ὀρνίθων ἡ ἀηδὼν ἐλευθερίας ἐράστρια ἰσχυρῶς, καὶ διὰ ταῦτα
ἡ ἐντελὴς τὴν ἡλικίαν ὅταν θηραθῇ καὶ καθειργμένη ᾖ, ἐν τῷ οἰκίσκῳ
φυλάττεται, καὶ τροφῆς καὶ ῷδῆς ἀπέχεται, καὶ ἀμύνεται τὸν ὀρνιθοθήραν
ὑπὲρ τῆς δουλείας τῇ σιωπῇ.　　アイリアノス「動物奇譚集」III 40（『動物奇譚集1』140頁）

自由なくしては、生は生きるに値しない。

ἀλλ᾽ οὐδὲ ζῆν ἠξίουν, εἰ μὴ μετ᾽ ἐλευθερίας ἐξέσται.
　　　　　　　　　　　　デモステネス「冠について」205（『弁論集2』118頁）

法律が自由の砦となるためには、
状況や人物によって原則を曲げないことが肝要である。

ceterum ita in ea (=lege) firmum libertati fore praesidium, si nec causis nec personis
uariet.　　　　　　リウィウス『ローマ建国以来の歴史2』III 45, 2（92頁）

さて、自由の淵源は、王の有していた権限のいずれかが削られたというより
も、コーンスルの命令権が一年交代とされたことに求められるべきであろう。

libertatis autem originem inde magis quia annuum imperium consulare factum est
quam quod deminutum quicquam sit ex regia potestate numeres.
　　　　　　　　　　　リウィウス『ローマ建国以来の歴史1』II 1, 7（129頁）

ローマにおける自由の終焉は、
ローマの終焉に他ならないというのが全員の誓いである。

ea esse uota omnium ut qui libertati erit in illa urbe finis, idem urbi sit.
　　　　　　　　　　　リウィウス『ローマ建国以来の歴史1』II 15, 3（155頁）

現実には王の支配下にあるのに等しい境遇を甘受している人々が、王の称号を
自由の破壊であるかのごとく忌んでいるのだから、これは奇妙なことだった。

ὃ καὶ θαυμαστὸν ἦν, ὅτι τοῖς ἔργοις τὰ τῶν βασιλευομένων ὑπομένοντες,
τοὔνομα τοῦ βασιλέως ὡς κατάλυσιν τῆς ἐλευθερίας ἔφευγον.
　　　　　　　　　プルタルコス「アントニウス」12, 5（『英雄伝6』107頁）

自由人

ギリシア人は異国の輩を支配して当然、でもお母さま、異国の輩がギリシア人を支配することはなりません。彼らは奴隷、わたくしたちは自由人ですから。

βαρβάρων δ' Ἕλληνας ἄρχειν εἰκός, ἀλλ' οὐ βαρβάρους μῆτερ, Ἑλλήνων· τὸ μὲν γὰρ δοῦλον, οἱ δ' ἐλεύθεροι.

エウリピデス「アウリスのイピゲネイア」1400–1401（『悲劇全集5』107頁）

諸君によって守られるべき法も国家規範も、このようなことは命じていません。そこにあるのは、憐憫、寛容、自由人にふさわしいかぎりのすべてです。

οἱ νόμοι, τὰ τῆς πολιτείας ἔθη, ἃ φυλακτέον ὑμῖν· ἀλλ' ἔνεστ' ἔλεος, συγγνώμη, πάνθ' ἃ προσήκει τοῖς ἐλευθέροις.

デモステネス「アンドロティオン弾劾」57（『弁論集3』280頁）

宿 命

人間たちは天なる宿命女神の手により
風の息吹に追われる木の葉のように運ばれてゆくのだ。

αἰζηοὶ φορέονθ' ὑπὸ Δαίμονος Αἴσῃ εἰδόμενοι φύλλοισιν ὑπὸ πνοιῆς ἀνέμοιο σευομένοις·

クイントス・スミュルナイオス『ホメロス後日譚』IX 502–504（389頁）

守 銭 奴

クリュシッポスいわくだね、「人間の中には、金のことになるとこうまで堕落するという例がある。ある男は死が近づいたとき、少なからぬ金を呑み込んで果てたという。また別の男は、下着に金を縫いつけさせてそれを着込み、遺体の埋葬も火葬も一切家の者に禁じた」。

Χρύσιππος ... λέγων ὧδε· 'ἐπὶ τοσοῦτόν τινες ἐκπίπτουσι πρὸς τὸ φιλάργυρον ὥστε ἱστορῆσθαι πρὸς τῇ τελευτῇ τινα μὲν καταπιόντα οὐκ ὀλίγους χρυσοῦς ἀποθανεῖν, τὸν δὲ ἕτερον ῥαψάμενον εἴς τινα χιτῶνα καὶ ἐνδύντα αὐτὸν ἐπισκῆψαι τοῖς οἰκείοις θάψαι οὕτως μήτε καύσαντας μήτε θεραπεύσαντας.'

アテナイオス「食卓の賢人たち」IV 159b（『食卓の賢人たち2』98頁）

＊クリュシッポスは哲学者とは別人。本書の訳注には落語の「黄金餅」によく似た話があるという指摘がある。

出　産

リュクルゴスは女たちのためにも、できるかぎり注意を払っていた。娘たちの体は、競走やレスリングや円盤投げや槍投げで鍛えた。これは、胎内に宿る子が、母親の強い体の中で、強い根を張って強く芽生え、母親自身も力を蓄えて出産を待ち、陣痛には立派に、そして容易に耐えられるようにするためである。

ἀλλὰ καὶ τούτων τὴν ἐνδεχομένην ἐπιμέλειαν ἐποιήσατο. τὰ μέν γε σώματα τῶν παρθένων δρόμοις καὶ πάλαις καὶ βολαῖς δίσκων καὶ ἀκοντίων διεπόνησεν, ὡς ἥ τε τῶν γεννωμένων ῥίζωσις ἰσχυρὰν ἐν ἰσχυροῖς σώμασιν ἀρχὴν λαβοῦσα βλαστάνοι βέλτιον, αὐταί τε μετὰ ῥώμης τοὺς τόκους ὑπομένουσαι καλῶς ἅμα καὶ ῥᾳδίως ἀγωνίζοιντο πρὸς τὰς ὠδῖνας.

プルタルコス「リュクルゴス」14, 2–3(『英雄伝1』141–142頁)

寿　命

占星術師たちの中でも学識高い者たちは、人間には一二〇年の生命が与えられていると考え、いかなる人にもそれ以上の生命は与えられていないと主張している。

doctissimi mathematicorum centum viginti annos homini ad vivendum datos iudicant neque amplius cuiquam iactitant esse concessos.

トレベリウス・ポリオ「神君クラウディウスの生涯」2(『ローマ皇帝群像4』6頁)

天寿をまっとうして死ぬ者はなんと少ないことでしょう。

quota pars moritur tempore fati! セネカ「オエタ山上のヘルクレス」640(『悲劇集2』277頁)

何ものも不滅の命持つものはなし。

aeternum fieri nihil. セネカ「オエタ山上のヘルクレス」1035(『悲劇集2』308頁)

順　境

雨の日に雨が降るみたいにこの話はすいすい運びますよ。

tam hoc quidem tibi in proclivi quam imber est quando pluit.

プラウトゥス「捕虜」336(『ローマ喜劇集1』417頁)

人間というのは、多くの場合、順境にあるときはしっかりと協調し合うけれども、苦境に立たされると、周囲に当たり散らし、友人に対して不満と苛立ちを覚えやすくなる。

κατὰ τὸ πλεῖστον ἐν ταῖς ἐπιτυχίαις ὡς ἐπίπαν ἄνθρωποι συμφρονοῦσι, κατὰ δὲ τὰς ἀποτυχίας ἀσχάλλοντες τοῖς πράγμασιν ἑλκώδεις καὶ δύσκολοι γίνονται πρὸς τοὺς φίλους.　　　ポリュビオス「歴史」XXXII 11, 8（『歴史4』285頁）

本来は器の小さい人間でも、順境にあるときは精神が高揚するから、持ち上げられたその位置から周囲を見下ろしているうちに、何かしら偉大さや威厳のようなものが備わっていると見えてくるものだ。

Τὸ μὲν οὖν εὐτυχεῖν καὶ τοὺς φύσει μικροὺς συνεπικουφίζει τοῖς φρονήμασιν, ὥστε φαίνεσθαί τι μέγεθος περὶ αὐτοὺς καὶ ὄγκον, ἐκ πραγμάτων ὑπερεχόντων ἀποβλεπομένους.　　　プルタルコス「エウメネス」9, 1（『英雄伝4』332–333頁）

ある人間の節度の如何は、順境に置かれたときに初めてあらわになる。

καὶ γὰρ οὕτω μόλις ἂν ἐν ταῖς εὐκαιρίαις ἄνθρωπον μέτριον ὄντα φανῆναι.
ポリュビオス「歴史」XXIX 20, 3（『歴史4』176頁）

称　賛

真の称賛など、卑しい者もしばしば得るが、偽りの称賛は権力の賜。

Laus uera et humili saepe contingit uiro, non nisi potenti falsa.
セネカ「テュエステス」211–212（『悲劇集2』172頁）

少なくとも、称賛され［あるいは非難され］るものがそのことによってより悪く、あるいはより良くなることはない。

οὔτε γοῦν χεῖρον οὔτε κρεῖττον γίνεται τὸ ἐπαινούμενον.
マルクス・アウレリウス『自省録』IV 20（61頁）

冗　談

とりわけ注意してまもらなければならないことは、冗談は、質問のためであろうと、娯楽のためであろうと、その場で即興的につくられるものであって、

前もって入念に準備された余興のようなものであってはいけない。

Οὐχ ἥκιστα δὲ <δεῖ> προσέχειν καὶ φυλάττειν, ὅπως ἐκ τοῦ παρατυχόντος ἔσται τὸ σκῶμμα πρός τινας ἐρωτήσεις αὐτόθεν ἢ παιδιὰς γινόμενον, ἀλλὰ μὴ πόρρωθεν οἷον ἐκ παρασκευῆς ἐπεισόδιον.

プルタルコス「食卓歓談集」634D（『モラリア8』78頁）

勝　利

勝利を得ることにもまして重要なのは勝利を上手に使うことだ。

τοῦ νικᾶν κρεῖττόν ἐστι τὸ καλῶς χρῆσθαι τῇ νίκῃ.

プルタルコス「ニキアス」28, 3（『英雄伝4』193頁）

勝利を得た人に比べて、
勝利をじょうずに活用した人はその数分の一にとどまる。

πολλαπλασίους ἂν εὕροι τις τοὺς ἐπὶ προτερημάτων γεγονότας τῶν καλῶς τοῖς προτερήμασι κεχρημένων. ポリュビオス「歴史」X 36, 2（『歴史3』127–128頁）

ハンニバルよ、あなたは勝つすべを知っているが、
勝利をいかに利用すべきかを知らぬ。

vincere scis, Hannibal, victoria uti nescis.

リウィウス『ローマ建国以来の歴史5』XXII 51, 4（202頁）
　＊ハンニバルはローマ軍を粉砕するが、あと一歩のところで踏みとどまった。このことがポエニ
　　一戦争の明暗を分けた。プルタルコス「ファビウス・マクシムス」17, 1（『英雄伝2』90頁）もこ
　　の言葉を引用している。

職　業

職は人柄を明かす。

ἀρχὴ ἄνδρα δείκνυσιν. デモステネス「序論集」48, 2（『弁論集7』200頁）
　　＊一種の格言。職と訳されたἀρχήは「支配」の意味で用いられることもある。

植　物

一般に、植物が動物とすべての点で対応すると考えてはならない。[植物の部分の]数が決められないのもそのためである。植物はどの部分も生きているから、すべての部分が芽を出す能力を持っている。

Ὅλως δὲ ... οὐδὲ πάντα ὁμοίως καὶ ἐπὶ τῶν ζῴων ληπτέον. Διὸ καὶ ὁ ἀριθμὸς
ἀόριστος· πανταχῇ γὰρ βλαστητικὸν ἅτε καὶ πανταχῇ ζῶν.

テオプラストス「植物誌」Ⅰ1,4(『植物誌1』10–12頁)

*テオプラストスはアリストテレスの『動物誌』に対応する研究を目指したが、植物の部分(メ
ロスμέρος)を動物と比較すると、部分の永続性がない、どの部分からも発芽できる、動けな
いといった相違があることから、動物と植物を完全に対応するものとしてとらえるべきでない
と考えた。植物研究は動物と同じ方法でないと考えて、独自の研究法を考案したのである。

端的に植物に見られる部分と動物に見られる部分とを比較する必要がある場
合には、対応的に類似するものを比較すると言う場合に限ることを忘れては
ならない。

οὐ δεῖ δὲ οὐδὲ τοῦτο λανθάνειν ... καὶ ἁπλῶς δὲ ὅσα τῶν ἐν φυτοῖς
ἀφομοιωτέον τῷ ἐν τοῖς ζῴοις, ὡς ἄν τίς τὸ ἀνάλογον ἀφομοιοῖ.

テオプラストス「植物誌」Ⅰ1,5(『植物誌1』12頁)

[すべての植物は] 全体の形態とともに、構成要素 [部分 (モリオン)] の
間にみられる相違によって分類していく。

διοίσει ... ταῖς τε τῶν ὅλων μορφαῖς καὶ ταῖς τῶν μορίων διαφοραῖς.

テオプラストス「植物誌」Ⅰ4,3(『植物誌1』52頁)

*同書(Ⅶ11,1)には、「[植物群は]目に見えるもの[部分]で区別される」という言葉が見
られる。思念的な世界観構築が優勢だった時代に、テオプラストスは目に見えるものの観
察に基づいて、事物に即して合理的、客観的な姿勢で植物の研究をした。高木、低木、小
低木、草本に分ける分類法は18世紀の生殖器の相違に基づくリンネの分類体系が出るま
で超えられることなく、現在も生きている。

オリーブ

オリーブの葉一枚。

φύλλον ἀπ᾽ ἐλαίας.

リバニオス「書簡集」560(『書簡集2』22頁)
*おそらく「雀の涙」にあたる慣用表現。

ギンバイカ

栽培される植物のなかでは、ゲッケイジュとギンバイカが寒さに耐性がなく、
そのうちでもギンバイカはとりわけ耐性がないという。その証拠に、オリュ
ンポス山にはゲッケイジュがたくさんあるが、ギンバイカはまったくないと
言われている。

Τῶν δὲ ἡμερουμένων ἥκιστά φασιν ἐν τοῖς ψυχροῖς ὑπομένειν δάφνην καὶ μυρρίνην, καὶ τούτων δὲ ἧττον ἔτι τὴν μυρρίνην· σημεῖον δὲ λέγουσιν ὅτι ἐν τῷ Ὀλύμπῳ δάφνη μὲν πολλή, μύρρινος δὲ ὅλως οὐκ ἔστιν.

テオプラストス「植物誌」IV 5, 3（『植物誌2』27頁）

> ＊ギンバイカとゲッケイジュは、花冠用植物として重要な植物だった。ここでは生態学的観点から寒さに耐性がない種として特記されている。古代ギリシアでは、花冠は古くは神に捧げられるものだったが、宗教的な儀式や競技会、葬式、結婚式から民会や酒宴の場まで、人々が日常的に花冠や花環を用いる習慣があった。そのためか『植物誌』は花冠用植物に9巻のうちの1巻を割いている。

スズカケノキ

［種子がないと言われている］スズカケノキは明らかに種子をもっていて、それから［実生が］出てくる。

ἥ γε πλάτανος ἔχει [σπέρμα] φανερῶς καὶ ἀπὸ τούτων φύεται.

テオプラストス「植物誌」III 1, 3（『植物誌1』268頁）

> ＊植物の中で、当時自然発生すると言われていた、ヤナギやニレ、スズカケノキなどについて、小さい種子を見落としているだけで、すべての植物が種子から発生するのだと主張した点で、アリストテレスより一歩進んでいた。

食 客

テュキアデス　言われたことから判定するかぎりではね。だが食客術の定義でぴったりくるやつが何か欲しいね。

シモン　なるほど。ではこんなふうに定義すればよいのではないかと思います。食客術とは飲むこと、食べることの、そしてそれを獲得するために弄すべき言葉の技術であり、その目的は悦楽にあると。

ΤΥΧΙΑΔΗΣ Ὅσον ἐκ τούτου εἰκάζω· ἀλλ' ἐκεῖνο, ὅπως καὶ ὅρον ἡμῖν τινα γενναῖον ἀποδῷς τῆς παρασιτικῆς. ΣΙΜΩΝ Ὀρθῶς σύ γε λέγων. δοκεῖ γὰρ δή μοι οὕτως ἂν μάλιστα ὡρίσθαι· παρασιτική ἐστιν τέχνη ποτέων καὶ βρωτέων καὶ τῶν διὰ ταῦτα λεκτέων καὶ πρακτέων, τέλος δὲ αὐτῆς τὸ ἡδύ.

ルキアノス「食客」9（『食客』194頁）

もし腹を空かさずにすみ、喉の渇きを覚えずにすみ、寒さに震えずにすむのを幸福とするならば、その幸福は他の誰でもない、食客にこそ付いて廻るものなのです。そら、腹を空かし寒さに震えている哲学者は大勢見受けられますが、食客にはそんな人はいませんよね。そんな人は食客ではなく、運に恵まれない人、もしくは乞食、あるいは哲学者の同類と言ってよろしい。

Καὶ μέντοι εἰ ἔστιν εὔδαιμον τὸ μὴ πεινῆν μηδὲ διψῆν μηδὲ ῥιγοῦν, ταῦτα οὐδενὶ ἄλλῳ ὑπάρχει ἢ παρασίτῳ. ὥστε φιλοσόφους μὲν ἄν τις πολλοὺς καὶ ῥιγοῦντας καὶ πεινῶντας εὕροι, παράσιτον δὲ οὔ· ἢ οὐκ ἂν εἴη παράσιτος, ἀλλὰ δυστυχής τις καὶ πτωχὸς ἄνθρωπος καὶ φιλοσόφῳ ὅμοιος.

ルキアノス「食客」38(『食客』208頁)

家では何を食っても少しもうまくないけれど、
よその家で食うと、たとえどんなわずかでも至福の味わいだ。

neque umquam quicquam me iuvat quod edo domi: foris aliquantillum etiam quod gusto id beat.
プラウトゥス「捕虜」136–137(『ローマ喜劇集1』399頁)

われわれの知るところ、哲学者はすべて、いやそのほとんどがひどい死に方をしています。ある者は重罪を犯して捕まり、有罪宣告を受けて毒殺されていますし、またある者は身体全体を焼かれましたし、またある者は尿疾患で衰弱死し、またある者は亡命先で死にました。食客の場合そのような死を言いたてる者は誰もいません。食べて飲んでのこの上ない幸せな死です。もし誰か力ずくで死に目に遭わされたような者がいたとしても、それは消化不良による死だったのです。

φιλοσόφους μὲν γὰρ ἴσμεν ἅπαντας ἢ τοὺς πλείστους κακοὺς κακῶς ἀποθανόντας, τοὺς μὲν ἐκ καταδίκης, ἑαλωκότας ἐπὶ τοῖς μεγίστοις ἀδικήμασι, φαρμάκῳ, τοὺς δὲ καταπρησθέντας τὸ σῶμα ἅπαν, τοὺς δὲ ἀπὸ δυσουρίας φθινήσαντας, τοὺς δὲ φυγόντας. παρασίτου δὲ θάνατον οὐδεὶς ἔχει τοιοῦτον εἰπεῖν, ἀλλὰ τὸν εὐδαιμονέστατον φαγόντος καὶ πιόντος. εἰ δέ τις καὶ δοκεῖ βιαίῳ τετελευτηκέναι θανάτῳ, ἀπεπτήσας ἀπέθανεν.

ルキアノス「食客」57(『食客』222頁)

書物

本のことをギリシア語ではビブリオン βιβλίον というが、元は1枚のパピルス紙を言う。ラテン語ではリベル liber だが、こちらは木の内皮のことである。いずれも素材から作られた語。後2世紀の文法学者のテレンティアヌス・マウルスに「読者の理解に応じて、書物はその運命をもつ」という有名な言葉がある。書物の評価は読者の理解力に左右されるの意味。

大きな書物は大きな災難に等しい。

τὸ μέγα βιβλίον ἴσον ... εἶναι τῷ μεγάλῳ κακῷ.

アテナイオス「食卓の賢人たち」III 72a(『食卓の賢人たち1』266頁)
*カリマコスの言葉。

書物で育った学者には経験にもとづく明瞭な記述ができないのだから、その著作は読者にとってなんら現実の用をなさない。

οὔτ᾽ ἐμπείρως ὑπὸ τῶν βυβλιακῶν οὔτ᾽ ἐμφαντικῶς οὐδενὸς γραφομένου συμβαίνει τὴν πραγματείαν ἄπρακτον γίνεσθαι τοῖς ἐντυγχάνουσιν·

ポリュビオス「歴史」XII 25g, 2(『歴史3』254頁)

スラは全艦隊を挙げてエペソスから出航して、三日目にペイライエウスに錨を下ろした。そしてエレウシスの秘儀に入信し、テオスの人アペリコンの蔵書を手に入れた。その中で最も多いのは、アリストテレスとその弟子テオプラストスの書物で、当時は、これらの著作は多くの人々にはまだ知られていなかった。

Ἀναχθεὶς δὲ πάσαις ταῖς ναυσὶν ἐξ Ἐφέσου τριταῖος ἐν Πειραιεῖ καθωρμίσθη· καὶ μυηθεὶς ἐξεῖλεν ἑαυτῷ τὴν Ἀπελλικῶνος τοῦ Τηΐου βιβλιοθήκην, ἐν ᾗ τὰ πλεῖστα τῶν Ἀριστοτέλους καὶ Θεοφράστου βιβλίων ἦν, οὔπω τότε σαφῶς γνωριζόμενα τοῖς πολλοῖς.

プルタルコス「スラ」26, 1–2(『英雄伝3』408頁)

*名言ではないが、哲学者の著作の伝承を伝える記事。この後、ローマに移されて刊行された話が続く。

じっさい君は本を必要とする他人に本を与えることはできても、それを自分で使うことはできないのだ。それでいて君はこれまで他人に本を貸し与えたことはない。いやあの飼葉桶の中に寝そべる犬と同じことをやっているんだ。自分じゃ大麦は食べないんだが、それを食べられる馬に食べさせようとはしないあの犬と同じことをね。

καὶ σὺ τοίνυν ἄλλῳ μὲν δεηθέντι χρήσειας ἂν τὰ βιβλία, χρήσασθαι δὲ αὐτὸς οὐκ ἂν δύναιο. καίτοι οὐδὲ ἔχρησάς τινι βιβλίον πώποτε, ἀλλὰ τὸ τῆς κυνὸς ποιεῖς τῆς ἐν τῇ φάτνῃ κατακειμένης, ἣ οὔτε αὐτὴ τῶν κριθῶν ἐσθίει οὔτε τῷ ἵππῳ δυναμένῳ φαγεῖν ἐπιτρέπει.

ルキアノス「無学なくせにやたらと本を買い込む輩に」30(『食客』172頁)

　ビブリオポーレースというギリシア語がある。「本屋」の意味である。ディオゲネス・ラ
エルティオス『ギリシア哲学者列伝』(VII 2–3)のゼノンのくだりにもでてくる。本は概して
高価なものだったが、廉価な本もあったことはプラトンの『ソクラテスの弁明』(26E)に、
哲学者アナクサゴラスの本は「せいぜい高くても1ドラクマも出せば」買えると書いて
あることから分かる。アウルス・ゲッリウスの『アッティカの夜』を読むと、古代ローマの
本をめぐる事情がうかがえる。本屋では、古本と新本が並べて売られ、店先で客が集
まって文学談義などをしていたらしい。「ギリシア語の書物が安く売られていたので購
入し、2晩で読んでしまった」という話も出てくる(第9巻4, 3)。当時のローマにはこの
ほか、新刊書を心待ちにする読書人や珍本を漁る好事家がいたことが伝わってくる。

思　慮

真に善き人、真に思慮ある人は、われわれの考えによれば、あらゆる運命に
堂々と耐えて、与えられている状況からいつも美しい行為を行なうのであり、
それはちょうど、善き将軍が現有の軍隊を用いて最も有効な戦いをくりひろ
げたり、善き靴職人が与えられた革から最も美しい履き物をつくり出すのと
同じである。

τὸν γὰρ ὡς ἀληθῶς ἀγαθὸν καὶ ἔμφρονα πάσας οἰόμεθα τὰς τύχας
εὐσχημόνως φέρειν καὶ ἐκ τῶν ὑπαρχόντων ἀεὶ τὰ κάλλιστα πράττειν,
καθάπερ καὶ στρατηγὸν ἀγαθὸν τῷ παρόντι στρατοπέδῳ χρῆσθαι
πολεμικώτατα καὶ σκυτοτόμον ἐκ τῶν δοθέντων σκυτῶν κάλλιστον ὑπόδημα
ποιεῖν.　　　　　　　　　　　　　アリストテレス『ニコマコス倫理学』1101a(43–44頁)

中央広場のみならず元老院議事堂にも思慮分別のかけらなし。

nihilo plus sanitatis in curia quam in foro esse.
　　　　　　　　　　　　　　　　リウィウス『ローマ建国以来の歴史1』II 29, 6 (179頁)

今日、ギリシア人のすべてに皆さん方[アテナイ人]は最も善良な、最も思慮
に富んだ人々であると思われているということです。過去の出来事の復讐に
は目を向けず、国家の救済と市民の一体性(ホモノイア)とに目を向けているからです。と
いいますのも、これまでにわれわれ以外の多くの人々にも、われわれに劣ら

ぬ災難が起こっておりますが、お互いの不和をうまく収めることは、当然ながら、善良で節度ある人間の行ないだと思われてきましたし、今もなお思われているのですから。

ὅτι νυνὶ πᾶσι τοῖς Ἕλλησιν ἄνδρες ἄριστοι καὶ εὐβουλότατοι δοκεῖτε γεγενῆσθαι, οὐκ ἐπὶ τιμωρίαν τραπόμενοι τῶν γεγενημένων, ἀλλ᾽ ἐπὶ σωτηρίαν τῆς πόλεως καὶ ὁμόνοιαν τῶν πολιτῶν.

アンドキデス「第一番弁論」140（アンティポン／アンドキデス『弁論集』285頁）

思慮深いと、のろまでも韋駄天を追いかけるうちに追いつくもの、
キュルノスよ、不死なる神々のまっすぐな正義によって。

καὶ βραδὺς εὔβουλος εἷλεν ταχὺν ἄνδρα διώκων，　Κύρνε, σὺν εὐθείῃ θεῶν δίκῃ ἀθανάτων.　　　テオグニス329–330（テオグニス他『エレゲイア詩集』150頁）

自然がもたらす多くの困難は、思慮によって解決される。

Multa, quae impedita natura sunt, consilio expediuntur.

リウィウス『ローマ建国以来の歴史6』XXV 11, 16（223頁）

仁 慈

多くをなすことができる者こそ極力身勝手を慎むべきだ。

Minimum decet libere cui multum licet.

セネカ「トロイアの女たち」336（『悲劇集1』123頁）

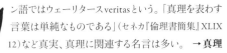

真実 「真実」「真理」はギリシア語ではアレーテイア ἀλήθεια、ラテン語ではウェーリタース veritas という。「真理を表わす言葉は単純なものである」（セネカ『倫理書簡集』XLIX 12）など真実、真理に関連する名言は多い。 **→真理**

欺いて勝つよりも真実を語って負けるほうがよい。

τὸ ἡττᾶσθαι τἀληθῆ λέγοντα ἢ νικᾶν ἀπατῶντα.　ポルピュリオス「マルケラへの手紙」14
（『ピタゴラス伝／マルケラへの手紙／ガウロス宛書簡』66頁）

厳密な話は真実よりも本当らしく信じられやすいように作り上げられるのに対し、真実は愚直に弱々しく語られるのですから。

ἡ μὲν γὰρ πιστότερον ἢ ἀληθέστερον σύγκειται, ἡ δ᾽ ἀδολώτερον καὶ ἀδυνατώτερον λεχθήσεται.

アンティポン「第三番弁論」C4（アンティポン／アンドキデス『弁論集』50頁）

真実は、愚人にとって、辛く快かざるものであるが、
虚偽は、甘美で好ましいものであるからなのだ。

τὸ μὲν γὰρ ἀληθὲς πικρόν ἐστι καὶ ἀηδὲς τοῖς ἀνοήτοις, τὸ δὲ ψεῦδος γλυκὺ καὶ προσηνές.　ディオン・クリュソストモス「トロイア陥落せず」1（『トロイア陥落せず』115頁）

これ［アリストテレス『弁論術』以前にデモステネスは有名な演説を行っていたことの証明］を私はやり遂げたのです。そのさい心がけたのは真実であり――思うにいかなる事柄に関しても真実は究明されねばなりません――、市民弁論に真摯に取り組む人たちを満足させることでした。

τοῦτο δὴ πεποίηκα, …… τῆς τε ἀληθείας προνοούμενος, ἣν ἐπὶ παντὸς οἴομαι δεῖν πράγματος ἐξετάζεσθαι, καὶ τῆς ἁπάντων τῶν περὶ τοὺς πολιτικοὺς λόγους ἐσπουδακότων χάριτος·　ディオニュシオス「アンマイオスへの第一書簡」II 3
（ロンギノス／ディオニュシオス『古代文芸論集』295頁）

天を越えた場所のことを、それにふさわしい仕方で歌ったものはこの地上の詩人ではまだ誰もいないし、これからも歌うことはないであろう。こういうことなのだ。――こう述べるわけは、とりわけ真実［在］について語るときには、真なることを語ることをあえて試みなければならないからだ――すなわち、色がなく形がなく触れることができない真にあるところの存在は、魂の舵取りである思惟によってのみ見られるのであり、真の知識の種族はそれについて成立するのであるが、それはそこ［天の外］に場所を持つのだ。

Τὸν δὲ ὑπερουράνιον τόπον οὔτε τις ὕμνησέ πω τῶν τῇδε ποιητὴς οὔτε ποτὲ ὑμνήσει κατ᾽ ἀξίαν. ἔχει δὲ ὧδε—τολμητέον γὰρ οὖν τό γε ἀληθὲς εἰπεῖν, ἄλλως τε καὶ περὶ ἀληθείας λέγοντα—ἡ γὰρ ἀχρώματός τε καὶ ἀσχημάτιστος καὶ ἀναφὴς οὐσία ὄντως οὖσα, ψυχῆς κυβερνήτῃ μόνῳ θεατὴ νῷ, περὶ ἣν τὸ τῆς ἀληθοῦς ἐπιστήμης γένος, τοῦτον ἔχει τὸν τόπον.

プラトン『パイドロス』247C（55頁）

生涯にわたって自分を思慮深く正義にかなった者として示している者たちは、
たとえ語らずとも、それだけで真実を語っているのだ。

ἀληθῆ λέγειν, οἳ ἂν καὶ σιωπῶντες ἐν ἅπαντι τῷ βίῳ παρέχωσι σώφρονας
σφᾶς αὐτοὺς καὶ δικαίους.

リュシアス「アリストパネスの財産について」19, 54(『弁論集』280頁)

ある人々の機嫌を損ねるだろうという当面の配慮から、
真実に目をふさぐような人物は、りっぱな市民とは認められない。

καὶ μὴν οὐδὲ πολίτην ἀγαθὸν τὸν ἐγκαταλείποντα τὴν ἀλήθειαν διὰ τὴν
ἐσομένην ὑπ᾽ ἐνίων προσκοπὴν παρ᾽ αὐτὸν τὸν καιρόν

ポリュビオス「歴史」XXXVIII 4, 4(『歴史4』393–394頁)

ありとあらゆる活動において何が最も重要なのか、また同じ分野に属する功
績のうちで何が最も優れているのかを決定したいと思うさいには、最も厳密
な調査をもちださねばならないのであり、よいものであろうと悪いものであ
ろうと、どんな性質も見のがしてはならないのです。というのも、こうして
こそ真実が最も確実に見いだされるのであり、真実よりも尊重されるべきも
のは何もないのですから。

ὅταν δὲ βουληθῇ διαγνῶναι, τί τὸ κράτιστον ἐν ὅτῳ δή ποτε βίῳ καὶ τί τὸ
βέλτιστον τῶν ὑπὸ ταὐτὸ γένος ἔργων, τὴν ἀκριβεστάτην ἐξέτασιν προσφέρειν
καὶ μηδὲν παραλείπειν τῶν προσόντων αὐτοῖς εἴτε κακῶν εἴτε ἀγαθῶν· ἡ γὰρ
ἀλήθεια οὕτως εὑρίσκεται μάλιστα, ἧς οὐδὲν χρῆμα τιμιώτερον.

ディオニュシオス「ポンペイオス・ゲミノスへの書簡」I 3
(ロンギノス／ディオニュシオス『古代文芸論集』322頁)

不幸な真実よ、まずい時に姿を現わすとは。

δύστην᾽ ἀλήθει᾽, ὡς ἐν οὐ καιρῷ πάρει.

エウリピデス「バッコス教の信女たち」1287(『悲劇全集4』484頁)

真実の理はつねに平明で直きものなのだから。

Ueritatis enim absoluta semper ratio est simplex.

アンミアヌス・マルケリヌス「ローマ帝政の歴史」XIV 10, 13(『ローマ帝政の歴史1』56頁)

人生

「人生」はギリシア語ではビオスβίος、ラテン語ではウィータvitaという。「黄金のアプロディテ(愛の女神)がいなければ、何の人生か」(ミムネルモス『エレゲイア詩集』49頁)と歌われているが、何を頼りに人生を生きるか、愛か酒かあるいは真実かについて、古代の文人、哲人たちはさまざまに論じた。英国のトマス・カーライルは「人生の目的は行動であって思想ではない」と述べているが、一方で「思考は行動に負けないだけの強さをもつ」(アリストパネス「断片」553)という言葉もある。行動はある範囲のなかでの行動である点で一定の限界をもつが、思考の範囲は無限に広がる。

吟味のない人生は人間にとって生きるに値しない。

ὁ δὲ ἀνεξέταστος βίος οὐ βιωτὸς ἀνθρώπῳ.
プラトン「ソクラテスの弁明」38A(『エウテュプロン／ソクラテスの弁明／クリトン』123頁)

人生は、うねり寄る日々とともに、折につけ転変を引き起こす。
傷つけられないのは神々の子たちだけなのだ。

αἰὼν δὲ κυλινδομέναις ἀμέραις ἄλλ' ἄλλοτ' ἐξ ἄλλαξεν. ἄτ' ρωτοί γε μὰν
παῖδες θεῶν.   ピンダロス「イストミア祝勝歌集」III 18(『祝勝歌集／断片選』329頁)

宇宙は変化、人生は思い込み。

ὁ κόσμος ἀλλοίωσις, ὁ βίος ὑπόληψις.   マルクス・アウレリウス『自省録』IV 3(55頁)

自分が今直ちに人生から立ち去ることもありうるとみなして、
その心構えをもって一つ一つのことを行い、言い、考えよ。

Ὡς ἤδη δυνατοῦ ὄντος ἐξιέναι τοῦ βίου, οὕτως ἕκαστα ποιεῖν καὶ λέγειν καὶ
διανοεῖσθαι.   マルクス・アウレリウス『自省録』II 11(27頁)

どれほど大きなことを考えようと、どれほど大言壮語しようと、すべては空しい。毎日を何憂いなく過ごせる者こそいちばんの幸せ者。

ἄλλως φροντίδων βουλεύματα γλώσσης τε κόμποι. κεῖνος ὀλβιώτατος ὅτῳι
κατ' ἦμαρ τυγχάνει μηδὲν κακόν.   エウリピデス「ヘカベ」626–628(『悲劇全集2』142頁)

人の一生というのは非の打ち所のない完璧なものであることは難しい、というよりはおそらく不可能なのだ。

χαλεπόν ἐστι, μᾶλλον δ᾽ ἴσως ἀμήχανον, ἀμεμφῆ καὶ καθαρὸν ἀνδρὸς ἐπιδεῖξαι βίον.
プルタルコス「キモン」2, 4（『英雄伝4』7頁）

人は堪えがたい禍に見舞われたとき、
その辛い人生に自ら別れを告げる途も許されている。

συγγνώσθ᾽, ὅταν τις κρείσσον᾽ ἢ φέρειν κακὰ πάθηι, ταλαίνης ἐξαπαλλάξαι ζόης.
エウリピデス「ヘカベ」1107–1108（『悲劇全集2』176頁）

さあこれを聞いておれさまの言うことがわかったら、わが身のいまあるを嬉しと思うて、飲め。今日の命だけがおまえのもの、それ以外は運まかせと心得よ。

ταῦτ᾽ οὖν ἀκούσας καὶ μαθὼν ἐμοῦ πάρα εὔφραινε σαυτόν, πῖνε, τὸν καθ᾽ ἡμέραν βίον λογίζου σόν, τὰ δ᾽ ἄλλα τῆς τύχης.
エウリピデス「アルケスティス」787–789（『悲劇全集1』65頁）

命は一つ、その心配をするだけで荷物は充分。

μία γὰρ ψυχή, τῆς ὑπεραλγεῖν μέτριον ἄχθος.
エウリピデス「アルケスティス」883–884（『悲劇全集1』72頁）

地下世界の神々よ、
死すべく生まれついた私たちはみなこの世界へ戻ります。

o positi sub terra numina mundi, in quem reccidimus, quicquid mortale creamur.
オウィディウス「変身物語」X 17–18（『変身物語2』58頁）
＊死すべき身の人間は、いつかは地下世界（冥界）に戻るということ。

君は乗船した。航海に出た。港についた。では下船せよ。

ἐνέβης, ἔπλευσας, κατήχθης·ἔκβηθι.
マルクス・アウレリウス『自省録』III 3（39頁）
＊人生を航海に、死を下船にたとえた。

立派な者にしばしば大きな禍が襲いかかるかと思えば、みじめな者に理由もなく富が訪れる。人間にとって生とは盲目なのだ。

καὶ ἀνέρι πολλάκις ἐσθλῷ ἀμφεχύθη μέγα πῆμα, λυγρῷ δ’ ἐπικάππεσεν ὄλβος
οὔ τι ἑκών. Ἀλαὸς δὲ πέλει βίος ἀνθρώποισι·

クイントス・スミュルナイオス『ホメロス後日譚』VII 77–79（281頁）

わたしの一生もこれまで。
運の女神がくれた道のりをわたしは歩き通した。

uixi et quem dederat cursum Fortuna peregi.

ウェルギリウス『アエネーイス』IV 653（183頁）

われらの人生は闘いなのだ。明日にでも幸運を掴む者もいれば、もっとあとになる者もいる。今日だという者もいる。

παλαίσμαθ’ ἡμῶν ὁ βίος· εὐτυχοῦσι δὲ οἱ μὲν τάχ’, οἱ δ’ ἐσαῦθις, οἱ δ’ ἤδη
βροτῶν·　　　　　　　　　エウリピデス「嘆願する女たち」550–551（『悲劇全集2』230頁）

人生うまくゆかぬ者は数多い。そなた一人だけではない。

πολλοὶ κακῶς πράσσουσιν, οὐ σὺ δὴ μόνος.

エウリピデス「ヘレネ」464（『悲劇全集4』39頁）

アガメムノン　爺よ、わしはおまえが羨ましい。また誰であれ、世に知られず名誉とも縁はないが、恙なく人生を送ってきた者が羨ましい。名声赫々たる人間は羨ましいとは思わぬのだ。

老人　しかしそこにこそ人生の華がありましょう。

アガメムノン　それ、その華が躓きのもとだ。名誉は甘い。だがそれに到達した者を苦しめる。

Αγ. ζηλῶ σέ, γέρον, ζηλῶ δ’ ἀνδρῶν ὃς ἀκίνδυνον βίον ἐξεπέρασ’ ἀγνὼς
ἀκλεής· τοὺς δ’ ἐν τιμαῖς ἧσσον ζηλῶ.　Πρ. καὶ μὴν τὸ καλὸν γ’ ἐνταῦθα βίου.
Αγ. τοῦτο δέ γ’ ἐστὶν τὸ καλὸν σφαλερόν, καὶ τὸ πρότιμον γλυκὺ μέν, λυπεῖ
δὲ προσιστάμενον.　　　エウリピデス「アウリスのイピゲネイア」17–23（『悲劇全集5』8頁）

なあ、苦労をわしと分けあってくれ。人間誰しも、いつまでも幸せで恵まれ
ているものではない。悩みを持たぬ者なんていないのだからな。

σύλλαβε μόχθων. θνητῶν δ᾽ ὄλβιος ἐς τέλος οὐδεὶς οὐδ᾽ εὐδαίμων· οὔπω γὰρ
ἔφυ τις ἄλυπος.　　　　エウリピデス「アウリスのイピゲネイア」155–162（『悲劇全集5』16頁）

人間の人生がこれ［水泡］です。他より大きくなるのも小さくなるのもすべ
て風次第なのです。そして前者は短命で息しているのも束の間ですし、後者
は生まれると同時に消えてしまいます。とにかく彼らすべては壊れるのが定
めなのです。

τοῦτό ἐστιν ὁ ἀνθρώπου βίος· ἅπαντες ὑπὸ πνεύματος ἐμπεφυσημένοι οἱ
μὲν μείζους, οἱ δὲ ἐλάττους· καὶ οἱ μὲν ὀλιγοχρόνιον ἔχουσι καὶ ὠκύμορον
τὸ φύσημα, οἱ δὲ ἅμα τῷ συστῆναι ἐπαύσαντο· πᾶσι δ᾽ οὖν ἀπορραγῆναι
ἀναγκαῖον.　　　　　　　　　　　　　ルキアノス「カロン」19（『食客』24頁）

哀れな死すべきものにとって、
生涯の最も良い日々は、つねに真っ先に逃げていく。

optima quaeque dies miseris mortalibus aeui prima fugit.
　　　　　　　　　　ウェルギリウス「農耕詩」III 66–67（『牧歌／農耕詩』146頁）

あなたに人生の秋が来てあの人が飽きてきたら、捨てられるだけ。

te ille deseret aetate et satietate.　　プラウトゥス「幽霊屋敷」196（『ローマ喜劇集3』255頁）
　　　　　　　　　　　＊aetate et satietate（年齢と飽きによって）は語尾に同音反復がみられる。

人 生 と 処 世 術

家や船やその他その類いのものの下部のところは、できるだけ堅固にしてお
かねばならないが、それと同様に、人間の行動も、その根源や基礎は真実で
正しいものでなければならないからである。

ὥσπερ γὰρ οἰκίας, οἶμαι, καὶ πλοίου καὶ τῶν ἄλλων τῶν τοιούτων τὰ κάτωθεν
ἰσχυρότατ᾽ εἶναι δεῖ, οὕτω καὶ τῶν πράξεων τὰς ἀρχὰς καὶ τὰς ὑποθέσεις
ἀληθεῖς καὶ δικαίας εἶναι προσήκει.
　　　　　　　デモステネス「オリュントス情勢（第2演説）」10（『弁論集1』29頁）

郵 便 は が き

6 0 6 - 8 7 9 0

料金受取人払郵便

左京局
承認
1063

差出有効期限
2025年9月30日
ま　で

（受取人）

京都市左京区吉田近衛町69
　　　　　　京都大学吉田南構内

京都大学学術出版会
読者カード係 行

||lııl|ıı|l|ırl|ıııl|ıl|ıı|ı|ıl|ıl|ılıı|ıl|ılıl|ııl|ıl|

▶ご購入申込書

書　名	定　価	冊　数
		冊
		冊

1．下記書店での受け取りを希望する。

都道　　　　　　　市区店
府県　　　　　　　町　名

2．直接裏面住所へ届けて下さい。

お支払い方法：郵便振替／代引　公費書類（　）通　宛名：

送料　ご注文 本体価格合計額　2500円未満：380円／1万円未満：480円／1万円以上：無料
　　　代引でお支払いの場合　税込価格合計額　2500円未満：800円／2500円以上：300円

京都大学学術出版会
TEL 075-761-6182　学内内線2589 / FAX 075-761-6190
URL http://www.kyoto-up.or.jp/　E-MAIL sales@kyoto-up.or.jp

お手数ですがお買い上げいただいた本のタイトルをお書き下さい。

（書名）

■本書についてのご感想・ご質問、その他ご意見など、ご自由にお書き下さい。

■お名前

（　　歳）

■ご住所
　〒

TEL

■ご職業	■ご勤務先・学校名

■所属学会・研究団体

■E-MAIL

●ご購入の動機
　A.店頭で現物をみて　　B.新聞・雑誌広告（雑誌名　　　　　　　　　　　　　　）
　C.メルマガ・ML（　　　　　　　　　　　　　　　　　　）
　D.小会図書目録　　　E.小会からの新刊案内（DM）
　F.書評（　　　　　　　　　　　　　　）
　G.人にすすめられた　　H.テキスト　　I.その他
●日常的に参考にされている専門書（含 欧文書）の情報媒体は何ですか。

●ご購入書店名

都道	市区	店
府県	町	名

行為にかかわる事柄における真実は、事実と生活に基づいて判断されるのである。なぜなら、決定的なものはそれらのうちにあるからだ。

τὸ δ᾽ ἀληθὲς ἐν τοῖς πρακτικοῖς ἐκ τῶν ἔργων καὶ τοῦ βίου κρίνεται· ἐν τούτοις γὰρ τὸ κύριον.

アリストテレス『ニコマコス倫理学』1179a（484頁）

他の者から受けたなら立腹することどもを
他に対してなしてはならない。

Ἃ πάσχοντες ὑφ᾽ ἑτέρων ὀργίζεσθε, ταῦτα τοὺς ἄλλους μὴ ποιεῖτε.

イソクラテス「ニコクレス」61（『弁論集1』56頁）

かくも多くの立派な友人諸君の助言に私が従う方が、
友人諸君が私たった一人の意向に従うよりも、より公正である。

aequius est, ut ego tot talium amicorum consilium sequar, quam ut tot tales amici meam unius voluntatem sequantur.

ユリウス・カピトリヌス「哲学者マルクス・アントニヌスの生涯」22
（アエリウス・スパルティアヌス他『ローマ皇帝群像1』184頁）

何が思いがけず起ころうと、そのどれも儲けと考えるんだ。

quidquid praeter spem eveniat, omne id deputare esse in lucro.

テレンティウス「ポルミオ」246（『ローマ喜劇集5』383頁）

何一つありませんよ、アンティポ様、
悪く言ってよけいに悪くならないものなんてね。

nil est, Antipho, quin male narrando possit depravarier.

テレンティウス「ポルミオ」696-697（『ローマ喜劇集5』432頁）

逃げるなら小屋を通り越すな。

ita fugias ne praeter casam.

テレンティウス「ポルミオ」768（『ローマ喜劇集5』441頁）

＊「災いを逃れるときはもっとひどい災いを招かぬように逃れよ」といった意か。

親 族

親族に対して事を構えるなど不面目きわまりないこと。

αἴσχιστον εἶναι πρὸς τοὺς οἰκείους διαφέρεσθαι.

リュシアス「ディオゲイトン告発」32, 1（『弁論集』415頁）

身 体

さらにまた、こういったことも［神の］叡慮の所産とは思えないかね。つまり、眼球というのは虚弱だからというので、瞼でそれに覆いをし、眼球を何かのために使用する必要がある場合にはそれが開き、睡眠中はぴたりと閉じている。また風がそれを損なうことがないようにと、瞼には睫毛が生えているし、頭部から汗がしたたり落ちてそれを傷めないようにと、目の上側は眉毛で庇を差しかけている。また耳は……。

πρὸς δὲ τούτοις οὐ δοκεῖ σοι καὶ τάδε προνοίας ἔργοις ἐοικέναι, τὸ ἐπεὶ ἀσθενὴς μέν ἐστιν ἡ ὄψις, βλεφάροις αὐτὴν θυρῶσαι, ἅ, ὅταν μὲν αὐτῇ χρῆσθαί τι δέῃ, ἀναπετάννυται, ἐν δὲ τῷ ὕπνῳ συγκλείεται, ὡς δ᾽ ἂν μηδὲ ἄνεμοι βλάπτωσιν, ἠθμὸν βλεφαρίδας ἐμφῦσαι, ὀφρύσι τε ἀπογεισῶσαι τὰ ὑπὲρ τῶν ὀμμάτων, ὡς μηδ᾽ ὁ ἐκ τῆς κεφαλῆς ἱδρὼς κακουργῇ· τὸ δὲ τὴν ἀκοὴν ...

クセノポン「ソクラテス言行録」I 5, 6（『ソクラテス言行録1』45頁）

執拗な飢えが胸の中に入り込んだら望んだところで胃から追い出すことはできないからである。敏捷な手足もたちどころに重くなり、心をさいなむ胃の腑を満たしてやらぬことには解決のしようがないのだ。

οὐ γὰρ νηδύος ἔστιν ἀπωσέμεναι μεμαυίης λιμὸν ἀταρτηρήν, ὁπόταν στέρνοισιν ἵκηται· ἀλλ᾽ εἶθαρ θοὰ γυῖα βαρύνεται, οὐδέ τι μῆχος γίνεται, ἢν μή τις κορέσῃ θυμαλγέα νηδύν.　　クイントス・スミュルナイオス『ホメロス後日譚』IV 66–69（157頁）

身体は魂の道具であって、このために動物の部分はたがいに異なっているが、それは動物の魂が異なっているためである。

τὸ γὰρ σῶμα ταύτης [ψυχῆς] ὄργανον καὶ διὰ τοῦτο πολὺ διενήνοχεν ἀλλήλων τὰ μόρια τῶν ζῴων, ὅτι καὶ αἱ ψυχαί.

ガレノス「身体諸部分の用途について」I 2（『身体諸部分の用途について1』4–5頁）
　＊道具（オルガノン）は動物の器官を指している。ガレノスはアリストテレスに従い、魂を身体の原因、原理と見なす。

自然は、はたらきのために器官を作るのであって、
器官のためにはたらきを作るのではない。

τὰ γὰρ ὄργανα πρὸς τὸ ἔργον ἡ φύσις ποιεῖ, ἀλλ᾽ οὐ τὸ ἔργον πρὸς τὰ ὄργανα.
アリストテレス「動物部分論」694b13–14(『動物部分論・動物運動論・動物進行論』350頁)

どの動物も体のどの部分に自分の強さがあるかを知っているので、それを恃
んで、攻撃する時には武器にし、危険に晒された時には防具とする。

οἶδε δὲ ἄρα τῶν ζῴων ἕκαστον ἐν ᾧ μέρει κέκτηται τὴν ἀλκήν, καὶ τούτῳ
θαρρεῖ, καὶ ἐπιβουλεῦον μὲν χρῆται ὡς ὅπλῳ, κινδυνεῦον δὲ ὡς ἀμυντηρίῳ.
アイリアノス「動物奇譚集」IX 40(『動物奇譚集1』433頁)

動物の部分のいずれも、神経(ネウロン)なくしては、われわれが随意的と呼ぶ運動も持
たなければ、感覚も持たないこと、そしてもし神経が切断されるなら、その
部分はただちに無運動で無感覚になることについて、すべての医師たちの意
見は一致している。

Ὅτι μὲν οὐδὲν τῶν τοῦ ζῴου μορίων οὔτε κίνησιν, ἣν προαιρετικὴν
ὀνομάζομεν, οὔτε αἴσθησιν ἔχει χωρὶς νεύρου, καὶ ὡς, εἰ τμηθείη τὸ νεῦρον,
ἀκίνητόν τε καὶ ἀναίσθητον εὐθέως γίνεται τὸ μόριον, ὡμολόγηται πᾶσι τοῖς
ἰατροῖς.　　　　　ガレノス「神経の解剖について」1(『解剖学論集』86頁)
　　　　*ネウロンはもともと腱、靭帯を指す語であったが、神経の意味をも含むようになる。

[トゥルス王は]　若者の肉体は家にあるより
戦場にある方が健全であると信じていた。

salubriora etiam credente militiae quam domi iuuenum corpora esse.
リウィウス『ローマ建国以来の歴史1』I 31, 5(74頁)

真 の 原 因

真に原因であるものと、それがなければ原因がけっして原因とは
なりえないところのものとは、別々のものである。

ἄλλο μέν τί ἐστι τὸ αἴτιον τῷ ὄντι, ἄλλο δὲ ἐκεῖνο ἄνευ οὗ τὸ αἴτιον οὐκ ἂν
ποτ᾽ εἴη αἴτιον.　　　　　プラトン「パイドン」99B(『饗宴／パイドン』288頁)

進 歩

競争心が才能を育み、ときには羨望が、
ときには人々の称讃が模倣に火を点じる。

Alit aemulatio ingenia, et nunc inuidia, nunc admiratio imitationem accendit.

ウェレイユス・パテルクルス『ローマ世界の歴史』I 17, 6（33頁）

信 頼

言葉よりも行動が、未来のことよりも過去の事実が、信ずるに足る。

οὐδὲ τοὺς λόγους πιστοτέρους τῶν ἔργων οὐδὲ τὰ μέλλοντα τῶν γεγενημένων.

リュシアス「アテナイの父祖の国制を破壊すべきでないこと」34, 5（『弁論集』436頁）

すぐれた人物はその行状が誓約よりも信頼に足るものであることを
示さなければならない。

δεῖ γὰρ τοὺς ἀγαθοὺς ἄνδρας τρόπον ὅρκου πιστότερον φαίνεσθαι
παρεχομένους.

イソクラテス「デモニコスに与う」22（『弁論集1』10頁）

真 理

ソクラテスのことはほとんど気にかけず、むしろはるかに真理の方を気にか
けて、もしぼくが何か真実を語っていると君たちに思われるなら同意してくれ
たまえ。しかしそうでなければ、あらゆる議論でもって抵抗してくれたまえ。

σμικρὸν φροντίσαντες Σωκράτους, τῆς δὲ ἀληθείας πολὺ μᾶλλον, ἐὰν μέν τι
ὑμῖν δοκῶ ἀληθὲς λέγειν, συνομολογήσατε, εἰ δὲ μή, παντὶ λόγῳ ἀντιτείνετε.

プラトン「パイドン」91C（『饗宴／パイドン』264–265頁）

友人も真理もどちらも愛すべきものであるが、
真理の方をこそまず尊重するのが敬虔なことだ。

[φίλος ἀνὴρ καὶ ἀλήθεια] ἀμφοῖν γὰρ ὄντοιν φίλοιν ὅσιον προτιμᾶν τὴν
ἀλήθειαν.

アリストテレス『ニコマコス倫理学』1096a（16頁）

神 話

神話は真実めかした偽りの物語たらんとするものですが、それゆえにまた現実から遠く離れているわけで、物語が現実の絵であり模像であるとすれば、神話は物語の絵であり模像です。

ὁ δὲ μῦθος εἶναι βούλεται λόγος ψευδὴς ἐοικὼς ἀληθινῷ· διὸ καὶ πολὺ τῶν ἔργων ἀφέστηκεν, εἰ λόγος μὲν ἔργου, [καὶ] b λόγου δὲ μῦθος εἰκὼν καὶ εἴδωλόν ἐστι.

プルタルコス「アテナイ人の名声は戦争によるか知恵によるか」348a（『モラリア4』357頁）

数

万物は数に似ている。

ἀριθμῷ δέ τε πάντ᾽ ἐπέοικεν.

セクストス・エンペイリコス「学者たちへの論駁」VII 94（『学者たちへの論駁2』44頁）
＊ピタゴラス派の言葉。ピタゴラス派によれば、全宇宙は数的な秩序からなる。

崇 高

崇高は偉大な精神のこだまである。

ὕφος μεγαλοφροσύνης ἀπήχημα.

ロンギノス「崇高について」IX 2（ロンギノス／ディオニュシオス『古代文芸論集』24頁）

崇高とは言葉のある種の極致にして卓越なのであり、詩人や散文作家のうち最も偉大な人々は、ほかならぬこの点において第一位の座を占め、自らの名声に永遠性を賦与した。

ἀκρότης καὶ ἐξοχή τις λόγων ἐστὶ τὰ ὕψη, καὶ ποιητῶν τε οἱ μέγιστοι καὶ συγγραφέων οὐκ ἄλλοθεν ἢ ἐνθένδε ποθὲν ἐπρώτευσαν καὶ ταῖς ἑαυτῶν περιέβαλον εὐκλείαις τὸν αἰῶνα.

ロンギノス「崇高について」I 3（ロンギノス／ディオニュシオス『古代文芸論集』8頁）

他のものがその持ち主を人間だと証明するのに対して、
崇高は神の偉大な精神の近くにまでその持ち主を押し上げます。

καὶ τὰ μὲν ἄλλα τοὺς χρωμένους ἀνθρώπους ἐλέγχει, τὸ δ᾽ ὕψος ἐγγὺς αἴρει μεγαλοφροσύνης θεοῦ·

ロンギノス「崇高について」XXXVI 1（ロンギノス／ディオニュシオス『古代文芸論集』90頁）

というのも、何らかの自然本性に従い、われわれの魂は真の崇高によって高揚するのであり、何か誇らしい高ぶりを感じて、耳にしたものをまるで自分が生みだしたかのように、喜びと自負に満たされるのですから。

φύσει γάρ πως ὑπὸ τἀληθοῦς ὕψους ἐπαίρεταί τε ἡμῶν ἡ ψυχὴ καὶ γαῦρόν τι ἀνάστημα λαμβάνουσα πληροῦται χαρᾶς καὶ μεγαλαυχίας, ὡς αὐτὴ γεννήσασα ὅπερ ἤκουσεν.

ロンギノス「崇高について」VII 2（ロンギノス／ディオニュシオス『古代文芸論集』20頁）

救 い

傷つけられた者にとって受難を語ることは、いささかの慰めになるものです、ちょうど苦痛に喘いでいる者が、呻くことによって救われるように。

ἀλλ᾽ ἔχει τινὰ τοῖς ἀδικουμένοις ῥαστώνην τὸ λέγειν ἃ πάσχουσιν, ὥσπερ τοῖς ἀλγοῦσι τὸ στένειν.　　　　デモステネス「第三書簡」4（『弁論集7』258頁）

ところで、「時は正しき人の最良の救い手」とはピンダロスの言葉ですが、正しき人のみならず、技術、研究、またあらゆる価値ある活動にとっても、神かけて時は最良の救い手なのです。このことが明らかになったのはわれわれの時代でした。……われわれの時代になって、古くからの分別ある弁論術は以前有していた正当な名誉を回復したのです。

ἀλλὰ γὰρ οὐ μόνον "ἀνδρῶν δικαίων χρόνος σωτὴρ ἄριστος" κατὰ Πίνδαρον, ἀλλὰ καὶ τεχνῶν νὴ Δία καὶ ἐπιτηδευμάτων γε καὶ παντὸς ἄλλου σπουδαίου χρήματος. ἔδειξε δὲ ὁ καθ᾽ ἡμᾶς χρόνος, ... καὶ ἀπέδωκε τῇ μὲν ἀρχαίᾳ καὶ σώφρονι ῥητορικῇ τὴν δικαίαν τιμήν, ἣν καὶ πρότερον εἶχε καλῶς, ἀπολαβεῖν, ...

ディオニュシオス「古代弁論家─序」II 1-2（ディオニュシオス／デメトリオス『修辞学論集』6頁）

性 格

人が語るときに説得力をもつものは、その性格であり、言論ではない。

τρόπος ἔσθ᾽ ὁ πείθων τοῦ λέγοντος, οὐ λόγος.

プルタルコス「どのようにして若者は詩を学ぶべきか」33F（『モラリア1』118頁）
＊メナンドロスの言葉。

人は家を建てることによって建築家になり、竪琴を弾くことによって竪琴奏者になるのである。まさにこれと同様に、正しいことを行なうことによって、われわれは正しい人になり、節制あることを行なうことによって節制ある人になり、また勇気あることを行なうことによって、勇気ある人になるのである。

οἷον οἰκοδομοῦντες οἰκοδόμοι γίνονται καὶ κιθαρίζοντες κιθαρισταί· οὕτω δὴ καὶ τὰ μὲν δίκαια πράττοντες δίκαιοι γινόμεθα, τὰ δὲ σώφρονα σώφρονες, τὰ δ᾽ ἀνδρεῖα ἀνδρεῖοι.

アリストテレス『ニコマコス倫理学』1103a（58頁）

生 活

生活は実践であって、制作ではない。

ὁ δὲ βίος πρᾶξις, οὐ ποίησις.

アリストテレス『政治学』1254a7（14頁）

正義

「正義」にあたるギリシア語はディカイオシュネー δικαιοσύνη、ラテン語はユースティティア iustitia という。一方、ディケー δίκη というギリシア語もあり、こちらは正義、掟、刑罰の意味のほかに、大文字で女神ディケーにもなる。ディケーは正義の女神であるが、黄金時代が過ぎて人類が堕落していくので、やむなく天に昇って星になった。アストライア（星を意味するアステールの女性名詞）とも呼ばれた。今日の乙女座である。傍らに正邪を判定するリブラ（天秤）をもつ。これが天秤座となる。

他者との関係においてあるがゆえに、もろもろの徳のなかでも正義だけが「他者の善」であると考えられる。というのも、正義は支配者にとってであれ、共同体の成員にとってであれ、ともかく他者にとって利益になる事柄を行なうものだからである。

ἀλλότριον ἀγαθὸν δοκεῖ εἶναι ἡ δικαιοσύνη μόνη τῶν ἀρετῶν, ὅτι πρὸς ἕτερόν ἐστιν· ἄλλῳ γὰρ τὰ συμφέροντα πράττει, ἢ ἄρχοντι ἢ κοινωνῷ.

アリストテレス『ニコマコス倫理学』1130a（202頁）

あなたが正義をみごとに賞讃しているからといって、
それだけ正義の識者であるわけではない。

οὐ μᾶλλον ὄντι δικαιοσύνης ἐπιστήμονι, διότι καλῶς αὐτὴν ἐγκωμιάζεις.

プラトン「クレイトポン」410C（『エウテュデモス／クレイトポン』133頁）

正しくあることは自然本性によるのであって制定によるのではなく、
それは法や正しい推論の場合と同様である。

φύσει τε τὸ δίκαιον εἶναι καὶ μὴ θέσει, ὡς καὶ τὸν νόμον καὶ τὸν ὀρθὸν λόγον.

クリュシッポス「初期ストア派断片集」III 308（『初期ストア派断片集4』188–189頁）

忌まわしきことをなしたとも神々を冒瀆したとも身に覚えのない者の裁判を
助ける上で、正義ほど価値あるものはないのです。なぜと申して、こうした
場にあっては、肉体が疲れはてた時でさえ魂が助けるものなのですから。魂
は身に覚えがないゆえに困難に耐えようとするのです。一方、身に覚えのあ
る者にとっては、まさに身に覚えのあるということが彼にとっての第一の敵
なのです。肉体が依然強健であっても魂が先に衰えてしまうものなのですか
ら。魂は身に覚えのあることを、不敬な行為に対する罰として自らにやって
来たと考えるものなのです。

νῦν δὲ πιστεύων τῷ δικαίῳ, οὗ πλέονος οὐδέν ἐστιν ἄξιον ἀνδρὶ
συναγωνίζεσθαι, μηδὲν αὑτῷ συνειδότι ἀνόσιον εἰργασμένῳ μηδ᾽ εἰς τοὺς
θεοὺς ἠσεβηκότι· ἐν γὰρ τῷ τοιούτῳ ἤδη καὶ τὸ σῶμα ἀπειρηκὸς ἡ ψυχὴ
συνεξέσωσεν, ἐθέλουσα ταλαιπωρεῖν διὰ τὸ μὴ ξυνειδέναι ἑαυτῇ· τῷ δὲ
ξυνειδότι τοῦτο αὐτὸ πρῶτον πολέμιόν ἐστιν· ἔτι γὰρ καὶ τοῦ σώματος
ἰσχύοντος ἡ ψυχὴ προαπολείπει, ἡγουμένη τὴν τιμωρίαν οἱ ἥκειν ταύτην τῶν
ἀσεβημάτων.　　アンティポン「第五番弁論」93（アンティポン／アンドキデス『弁論集』122頁）

[ゼウスは] 魚や獣、それに空飛ぶ鳥どもには、正義など与り知らぬ輩とて、
食い合うままにさせる一方、人類には、飛び抜けて最善のものである正義を
与えたのだ。

(Κρονίων) ἰχθύσι μὲν καὶ θηρσὶ καὶ οἰωνοῖς πετεηνοῖς ἔσθειν ἀλλήλους, ἐπεὶ
οὐ δίκη ἐστὶ μετ᾽ αὐτοῖς· ἀνθρώποισι δ᾽ ἔδωκε δίκην, ἣ πολλὸν ἀρίστη γίνεται.

ヘシオドス「仕事と日」277–280（『全作品』175頁）

正義は力の等しい者の間でこそ裁きができるのであって、強者は自らの力を
行使し、弱者はそれに譲る、それが人の世の習いというものだ。

δίκαια μὲν ἐν τῷ ἀνθρωπείῳ λόγῳ ἀπὸ τῆς ἴσης ἀνάγκης κρίνεται, δυνατὰ δὲ
οἱ προύχοντες πράσσουσι καὶ οἱ ἀσθενεῖς ξυγχωροῦσιν.

トゥキュディデス「歴史」V 89（『歴史2』75頁）

よい人のためによいことをすれば
必ず認められ喜んでもらえるものですわ。

si quid bonis boni fit, esse id et grave et gratum solet.

プラウトゥス「ペルシア人」674–675（『ローマ喜劇集3』431頁）

自然的な正義は、書かれたものではないが、制定されるべき法律と書き記さ
れるべき条文に、生来の節度からその実体を付与する。

quae (=naturalis iustitia) inscripta instituendis legibus describendisque formulis
tribuit ex genuina moderatione substantiam.

カルキディウス『プラトン「ティマイオス」註解』6（12頁）

われわれの性向における最善の協和は正義であり、それはあらゆる徳のなか
で第一のもので、それを通じてその他の徳も自らの任務と仕事を遂行する。

Optima porro symphonia est in moribus nostris iustitia, uirtutum omnium
principalis, per quam ceterae quoque uirtutes suum munus atque opus exequuntur.

カルキディウス『プラトン「ティマイオス」註解』267（329頁）

王にとって正義の実現にまさる重要な務めはない。

οὐδὲν γὰρ οὕτως βασιλεῖ προσῆκον ὡς τὸ τῆς δίκης ἔργον.

プルタルコス「デメトリオス」42, 8（『英雄伝6』69頁）

成　功

成功を保証するのは願望の強さではなく、予見の確かさである。

ἐπιθυμίᾳ μὲν ἐλάχιστα κατορθοῦνται, προνοίᾳ δὲ πλεῖστα.

トゥキュディデス「歴史」VI 13, 1（『歴史2』108頁）

もしアレクサンドロスに等しい成功を掌中に収めていたこのときに生命を終えていたなら、ポンペイユスはどれほど幸せであったことか。

ὡς ὤνητό γ᾽ ἂν ἐνταῦθα τοῦ βίου παυσάμενος, ἄχρι οὗ τὴν Ἀλεξάνδρου τύχην ἔσχεν.　プルタルコス「ポンペイユス」46, 2（『英雄伝4』505頁）

分不相応な成功は、思慮の足らない者たちには愚かな考えが生まれてくる源泉となるからであり、それゆえに、もろもろの善きものは、これを獲得するよりも維持することのほうが多くの場合むずかしいのだ［と思われているわけです］。

τὸ γὰρ εὖ πράττειν παρὰ τὴν ἀξίαν ἀφορμὴ τοῦ κακῶς φρονεῖν τοῖς ἀνοήτοις γίγνεται· διόπερ πολλάκις δοκεῖ τὸ φυλάξαι τἀγαθὰ τοῦ κτήσασθαι χαλεπώτερον εἶναι.　デモステネス「オリュントス情勢（第1演説）」23（『弁論集1』16頁）

ひとかどの者になることを求める者は、嫌でもどっさり辛酸を嘗めること、のみならず、嘲笑と軽蔑もしこたま受けなければならない。

πόλλ᾽ ἀέκοντα παθεῖν διζήμενον ἔμμεναι ἐσθλόν, ἀλλὰ καὶ γελασθῆναι δεῖ πολλὰ καὶ ἀδοξῆσαι …　ポキュリデス断片13（テオグニス他『エレゲイア詩集』277頁）

政 治

人々の気に入る発言をなす者は国家とともに滅び、
気に入らない発言をなす者は国家に先立って滅びる。

συναπόλλυσι γὰρ τὸν πρὸς χάριν λέγοντα, καὶ προαπόλλυσι τὸν μὴ χαριζόμενον.　プルタルコス「ポキオン」2, 5（『英雄伝5』266頁）

［アルメニア王］ティグラネスに対して最初にルクルス到来の情報をもたらした者が、功をねぎらわれるどころか首をはねられたため、それ以後はだれも王に真実を報告しなくなり、その結果、ティグラネスは戦争の火が周囲で燃え上がるなか、何も知らないまま腰を落ち着けていた。

Τιγράνη δ᾽ ὡς ὁ πρῶτος ἀγγείλας ἥκοντα Λεύκολλον οὐκ ἐχαίρησεν, ἀλλ᾽ ἀπετέτμητο τὴν κεφαλήν, οὐδεὶς ἄλλος ἔφραζεν, ἀλλ᾽ ἀγνοῶν καθῆστο περικαιόμενος ἤδη τῷ πολεμίῳ πυρί.　プルタルコス「ルクルス」25, 1（『英雄伝4』91頁）

あなた方のそれぞれが一票を、一つは妻のため、一つは娘のため、一つは母のため、そして一つはポリスと法と祭儀のために、投ずるとお考えください。

ὥστε εἰς ἕκαστος ὑμῶν νομιζέτω, ὁ μὲν ὑπὲρ γυναικός, ὁ δ' ὑπὲρ θυγατρός, ὁ δ' ὑπὲρ μητρός, ὁ δ' ὑπὲρ τῆς πόλεως καὶ τῶν νόμων καὶ τῶν ἱερῶν τὴν ψῆφον φέρειν.
デモステネス「ネアイラ弾劾」114（『弁論集7』70頁）

イソクラテスは政治的な活動を敬遠し、民会にも出席しなかったが、その理由は、一つには彼が声量において見劣りすること、そしていま一つには、アテナイでは、公の場で他人よりも少しでも賢明な発言をする人々に対しては、政敵からの嫉妬がとくに激しかったことであった。

Τὰ μὲν οὖν πολιτικὰ ὤκνει καὶ ἀπεφοίτα τῶν ἐκκλησιῶν διά τε τὸ ἐλλιπὲς τοῦ φθέγματος, διά τε τὸν Ἀθήνησιν φθόνον ἀντιπολιτευόμενον αὐτοῖς μάλιστα τοῖς σοφώτερόν τι ἑτέρου ἀγορεύουσιν.
ピロストラトス「ソフィスト列伝」I 17
（ピロストラトス／エウナピオス『哲学者・ソフィスト列伝』46頁）

［ポキオンは民会での自分の発言が全員から賛同されるのを見て、友人たちに尋ねた］「もしや、うっかりして何か間違ったことを言ってしまったのだろうか」。

οὐ δήπου τι κακὸν λέγων ἐμαυτὸν λέληθα;
プルタルコス「ポキオン」8, 5（『英雄伝5』277頁）
＊ポキオンはアテナイの将軍、政治家（前4世紀）。

沈む太陽よりも昇る太陽に多くの人は拝礼する。

τὸν ἥλιον ἀνατέλλοντα πλείονες ἢ δυόμενον προσκυνοῦσιν.
プルタルコス「ポンペイユス」14, 4（『英雄伝4』452頁）

クリュシッポスはなぜ政治にたずさわらないのかと尋ねられて、言った。もし悪い政治を行なうなら、神々の不興をかうであろうし、よい政治を行なうなら、国民の不興をかうであろうから。

Χρύσιππος ἐρωτηθεὶς διὰ τί οὐ πολιτεύεται, εἶπε· Διότι εἰ μὲν πονηρά [τις] πολιτεύεται, τοῖς θεοῖς ἀπαρέσει· εἰ δὲ χρηστὰ τοῖς πολίταις.
クリュシッポス「初期ストア派断片集」（『初期ストア派断片集5』72頁）

誠　実

［しかも、］だれかれを人間たちより上位に運べるのはただ誠実だけですから、
必ずや不誠実は、それが人間の状態から投げ落としたひとたちを、当然にも
人間以下へ突き落とします。

[Sed] cum ultra homines quemque prouehere sola probitas possit, necesse est ut quos
ab humana condicione deiecit infra homines merito detrudat improbitas;

ボエティウス『哲学のなぐさめ』IV 散3, 16（196頁）

青春（ギリシア語ではヘーベー
ἥβη、ラテン語ではアドゥレースケ

青春

ンティア adulescentia）を歌った詩は多い。「若者には何でも似合う、愛しい青春のまばゆい輝きがあるかぎり」（テュルタイオス『エレゲイア詩集』30頁）という詩句がある一
方で、「君の若さは夢のようにはやく過ぎてゆく」（テオクリトス「エイデュリア」
XXVII 8、『牧歌』216頁）とも言われる。「まことに青春は幻影のように儚い」
（ミムネルモス『エレゲイア詩集』53頁）。　→若さ

バラは美しいが、時が花をしぼませる。
……スミレも春には美しいが、枯れるのははやい。

καὶ τὸ ῥόδον καλόν ἐστι, καὶ ὁ χρόνος αὐτὸ μαραίνει· καὶ τὸ ἴον καλόν ἐστιν
ἐν εἴαρι, καὶ ταχὺ γηρᾷ.　　　　テオクリトス「エイデュリア」XXIII 28–29（『牧歌』182頁）
　　　　　　　　　　　　　　　　　　　　　　　　　＊青春の日の短いことを語る。

愛しき心よ、青春を楽しみたまえ。たちまちのうちに、
他の人たちの時代となり、かたやこの身は死して黒き土に戻るのだ。

ἥβα μοι, φίλε θυμέ· τάχ᾽ αὖ τινες ἄλλοι ἔσονται ἄνδρες, ἐγὼ δὲ θανὼν γαῖα
μέλαιν᾽ ἔσομαι.　　　　テオグニス877–878（テオグニス他『エレゲイア詩集』208頁）

青春の果実はつかのま、陽の光が大地に散らされるほどのあいだしかない。それ
なのに、若盛りの時期の終わりが通り過ぎてしまうとたちまち生命より死
のほうが望ましいものになる。数多くの災いが心に生じるがゆえに。

μίνυνθα δὲ γίνεται ἥβης καρπός, ὅσον τ' ἐπὶ γῆν κίδναται ἠέλιος. αὐτὰρ ἐπὴν δὴ
τοῦτο τέλος παραμείψεται ὥρης, αὐτίκα δὴ τεθνάναι βέλτιον ἢ βίοτος· πολλὰ
γὰρ ἐν θυμῶι κακὰ γίνεται·　　　　　ミムネルモス断片2（テオグニス他『エレゲイア詩集』51頁）

政 体

いかに多くの民主制が、民主制以外の何らかの政治体制下にあることを望む
者たちにより、転覆させられたかを、またいかに多くの君主制が、いかに多
くの寡頭制が、すでに民衆により打倒されたかを……われわれは時には考慮
することがあった。

Ἔννοιά ποθ' ἡμῖν ἐγένετο ὅσαι δημοκρατίαι κατελύθησαν ὑπὸ τῶν ἄλλως πως
βουλομένων πολιτεύεσθαι μᾶλλον ἢ ἐν δημοκρατίᾳ, ὅσαι τ' αὖ μοναρχίαι, ὅσαι
τε ὀλιγαρχίαι ἀνῄρηνται ἤδη ὑπὸ δήμων.　　　クセノポン『キュロスの教育』I 1, 1（4頁）

正 当 性

あらゆる正当性は、自然の道理、あるいは社会的規約に基づいています。自
然の道理とは、それぞれの事柄の意義にかなって行なわれることです。ここ
から生じるのが敬虔、誠実、節制などです。……社会的規約は、法律、慣習、
判例、契約からなっています。

Iustum omne continetur natura uel constitutione. Natura, quod fit secundum cuiusque
rei dignitatem. Hinc sunt pietas, fides, continentia et talia. ......constitutio est in lege,
more, iudicato, pacto.　クインティリアヌス「弁論家の教育」VII 4, 5–6（『弁論家の教育3』160頁）

生 と 死

見苦しからぬ態度で生き永らえているのならば、その人が死を逃れているか
らとて、とがめるには当たらないし、生きることなどつまらんことよと思っ
ているのなら、その者が甘んじて死んだとて、立派ではない。

οὔτε γὰρ φυγὴ θανάτου μεμπτόν, ἂν ὀρέγηταί τις τοῦ βίου μὴ αἰσχρῶς, οὔθ'
ὑπομονὴ καλόν, εἰ μετ' ὀλιγωρίας γίνοιτο τοῦ ζῆν.
　　　　　　　　　　　　　プルタルコス「ペロピダス」1, 8（『英雄伝2』342頁）
　　＊スパルタ人の葬礼歌「生きるも死ぬるも、それだけではつまらぬ。立派に生き、立派に死ね
　　　ばこそ、いずれも美しい」についての説明。

いや、おまえ、生きるのと死ぬのとは同じではありませんよ。死んでしまえ
ばお終いだけど、生きておれば、また希望(のぞみ)も湧いて来ようというもの。

οὐ ταὐτόν, ὦ παῖ, τῶι βλέπειν τὸ κατθανεῖν· τὸ μὲν γὰρ οὐδέν, τῶι δ’ ἔνεισιν
ἐλπίδες.　　　　　　　　エウリピデス「トロイアの女たち」632–633（『悲劇全集3』155頁）

人間には陽の光を仰ぐのがいちばん嬉しいこと。大地の下には何もないので
す。死にたいと願うのは心狂える人。立派に死ぬより無様でも生きているほ
うがましです。

τὸ φῶς τόδ’ ἀνθρώποισιν ἥδιστον βλέπειν, τὰ νέρθε δ’ οὐδέν· μαίνεται δ’ ὃς
εὔχεται θανεῖν· κακῶς ζῆν κρεῖσσον ἢ καλῶς θανεῖν.
　　　　　　　　　エウリピデス「アウリスのイピゲネイア」1250–1252（『悲劇全集5』94–95頁）

責　任

種播く人が生い茂った禍の責めを負わねばなりません。

ὁ γὰρ τὸ σπέρμα παρασχών, οὗτος τῶν φύντων κακῶν αἴτιος.
　　　　　　　　　　　　　　デモステネス「冠について」159（『弁論集2』98頁）

自らの決議や決定を覆すことは
他人の決議、決定を覆すよりも無責任で愚かしいことである。

leuius enim uaniusque profecto est sua decreta et consulta tollere quam aliorum.
　　　　　　　　　　　　リウィウス『ローマ建国以来の歴史2』III 21, 5（47頁）

キュクロプス　格好の悪い出兵だったな。たった一人の女子のために、プリ
　ュギアの地まで船を出すとはな。

オデュッセウス　神のなされたことだ。人間を責めても始まるまい。

Κυ. αἰσχρὸν στράτευμά γ’, οἵτινες μιᾶς χάριν γυναικὸς ἐξεπλεύσατ’ ἐς γαῖαν
Φρυγῶν. Ὀδ. θεοῦ τὸ πρᾶγμα· μηδέν’ αἰτιῶ βροτῶν.
　　　　　　　　　　エウリピデス『キュクロプス』283–285（『悲劇全集5』222頁）
　＊トロイア戦争批判。「たった一人の女子」とはスパルタ王メネラオスの妻ヘレネを指す。ト
　　ロイアの王子パリスとともにスパルタを出奔したことが戦争の始まりとなる。戦争のもともとの
　　原因は、人間の数が増えすぎたために、大神ゼウスが戦争を起こしたことにあった（『ホメロ
　　ス外典／叙事詩逸文集』所収「キュプリア」参照）。

説　得

あえて暴力を行使する者は、多数の同調者を必要としようが、説得力を持った者には誰も不必要である。説得は一人でもやれると考えるだろうから。

ἀλλὰ μὴν καὶ συμμάχων ὁ μὲν βιάζεσθαι τολμῶν δέοιτ᾽ ἂν οὐκ ὀλίγων, ὁ δὲ πείθειν δυνάμενος οὐδενός· καὶ γὰρ μόνος ἡγοῖτ᾽ ἂν δύνασθαι πείθειν.

クセノポン「ソクラテス言行録」I 2, 11（『ソクラテス言行録1』16頁）

接　吻

私は口づけが実体のように私に残っているのを感じました。そして最高に甘美なものであるキスを悦びの宝庫のように守って、大切に保持していました。というのも、キスは身体の一番美しい器官から生まれますから。口は声の器官で、声は魂の影ですからね。

ᾐσθόμην δὲ ἐπικαθημένου μοι τοῦ φιλήματος ὥς σώματος καὶ ἐφύλασσον ἀληθῶς ὡς θησαυρὸν τὸ φίλημα τηρῶν ἡδονῆς, ὅπερ πρῶτόν ἐστι γλυκύ. καὶ γὰρ ἀπὸ τοῦ καλλίστου τῶν τοῦ σώματος ὀργάνων τίκτεται· στόμα γὰρ φωνῆς ὄργανον· φωνὴ δὲ ψυχῆς σκιά.

アキレウス・タティオス『レウキッペとクレイトポン』II 8, 1（36頁）

摂 理 と 運 命

［じつのところ、］摂理とは、万物の至高の創始者のうちに確立され、あらゆるものを配剤するまさに神の理性そのもののことです。たほう、運命とは、変動する諸事物に固着している配剤のことで、それによって摂理は、それぞれのものをそれぞれのものの秩序に結びつけるのです。じつに、摂理は、ことごとくすべてのものを、それらがたとえ異なっていても、たとえ数に限りがなくとも、同時に包含しますが、運命は、場所とかたちと時間とにそれぞれ割りあてられた個々のものを動きへともたらします——かくて時間的秩序のこの展開が神の精神による俯瞰のなかに一体化されますと、それが摂理ですし、たほう、同じ一体化されたものが時間的なものごとに割りあてられて展開されれば、それは運命と呼ばれなければなりません。

[...; nam] prouidentia est ipsa illa diuina ratio in summo omnium principe constituta, quae cuncta disponit, fatum uero inhaerens rebus mobilibus dispositio, per quam prouidentia suis quaeque nectit oridinibus. Prouidentia namque cuncta

pariter quamuis diuersa quamuis infinita complectitur, fatum uero singula digerit in
motum locis, formis ac temporibus distributa, ut haec temporalis ordinis explicatio,
in diuinae mentis adunata prospectum, prouidentia sit, eadem uero adunatio, digesta
atque explicata temporibus, fatum uocetur.

ボエティウス『哲学のなぐさめ』IV 散6, 9–10（216頁）

世 話

世話というのは世話されるものの何らかの善や利益を
めざしているのだ。

ἐπ' ἀγαθῷ τινί ἐστι καὶ ὠφελίᾳ τοῦ θεραπευομένου

プラトン「エウテュプロン」13B（『エウテュプロン／ソクラテスの弁明／クリトン』44頁）

「善」を表すギリシア語はアガトン ἀγαθόν、ラテン語
はボヌム bonum である。道徳的な意味での善だ
けではなく、有能、有益の意味をも含んでい
る。「善から悪を作るほうが悪から善を作るよ
りもたやすい」（テオグニス 577、テオグニス他『エ
レゲイア詩集』176頁）という言葉がある。　→ **悪**

善への意志を持ち、善をめざすことは、
ある時間内であれば困難なことではない。

ἔχειν μὲν γὰρ ὁρμὰς ἐπὶ τὰ καλὰ καὶ μέχρι τινὸς ἀντιποιήσασθαι τούτων
εὐμαρές.　　　　　　　　ポリュビオス「歴史」XXIX 26, 2（『歴史4』184頁）

人の世にはより善きものより、一段と劣ったもののほうが多いと、こう言う
人がいた。だがわたしはこれには反対の意見だ。人の世には善きもののほう
が悪しきものより多くあるとな。もしそうでなかったら、わたしたちは生き
てはいまい。

ἔλεξε γάρ τις ὡς τὰ χείρονα πλείω βροτοῖσίν ἐστι τῶν ἀμεινόνων. ἐγὼ δὲ
τούτοις ἀντίαν γνώμην ἔχω, πλείω τὰ χρηστὰ τῶν κακῶν εἶναι βροτοῖς. εἰ μὴ
γὰρ ἦν τόδ', οὐκ ἂν ἦμεν ἐν φάει.

エウリピデス「嘆願する女たち」196–200（『悲劇全集2』207頁）

過去における最悪の事態は、
将来にとっては最善のものとなるからです。

ὃ γάρ ἐστι χείριστον αὐτῶν ἐκ τοῦ παρεληλυθότος χρόνου, τοῦτο πρὸς τὰ μέλλοντα βέλτιστον ὑπάρχει.

デモステネス「ピリッポス弾劾（第1演説）」2（『弁論集1』65頁）
＊同書「ピリッポス弾劾（第3演説）」5（『弁論集1』225頁）も参照されたい。

善き人には、生きているときも死んでからも、悪いことは一つもない。

οὐκ ἔστιν ἀνδρὶ ἀγαθῷ κακὸν οὐδὲν οὔτε ζῶντι οὔτε τελευτήσαντι.

プラトン「ソクラテスの弁明」41D（『エウテュプロン／ソクラテスの弁明／クリトン』134頁）

よいことは二度でも三度でも。

καὶ δὶς καὶ τρὶς τό γε καλῶς ἔχον.　　　　　　　プラトン『ピレボス』60A（144頁）

詮 索 好 き

詮索好きであるが、これは他人の欠点に対する一種の知りたがりの気持ちであって、嫉みとも、悪意とも手を切れない病のように思われる。

ἡ πολυπραγμοσύνη φιλομάθειά τίς ἐστιν ἀλλοτρίων κακῶν, οὔτε φθόνου δοκοῦσα καθαρεύειν νόσος οὔτε κακοηθείας.

プルタルコス「詮索好きについて」515D（『モラリア6』282頁）

「戦争」を表すギリシア語はポレモスπόλεμοςだが、内乱、内紛はスタシスστάσιςと言った。歴史家のヘロドトスに「仲間どうしの内紛が心をひとつにして行う戦争よりも過酷であるのは、戦争が平和よりも過酷である程度と変わらない」（「歴史」VIII 3）という言葉がある。戦争よりも平和が望ましいのは言うまでもないことで、失われたメナンドロスの劇のセリフに「平和な時は、農夫は岩場にいても食っていけるが、戦争が起

戦争

こると、平地にいても食いかねる」(「断片」719)というのがあった。プルタルコスが「ローマ人習俗問答」19(『モラリア4』22頁)でローマの暦についておもしろい説を紹介している。ローマの初期の時代、ロムルスは戦争好きで戦争の神マルス(Mars)の月を第一としたが、後にヌマがこれを改めた。ヌマはむしろヤヌス(Janus)の月を第一としたのだ。戦争の神ではなく、政治や農業を司る神を選んだというわけである。

戦争では武器よりも資金の方が肝心であって、それによって武器も役立つ。

καὶ ἔστιν ὁ πόλεμος οὐχ ὅπλων τὸ πλέον ἀλλὰ δαπάνης, δι' ἣν τὰ ὅπλα
ὠφελεῖ.
トゥキュディデス「歴史」I 83, 2(『歴史1』81頁)

戦争中に起こることは予見できず、多くの場合、攻撃は突然に激情によって敢行される。

ἄδηλα γὰρ τὰ τῶν πολεμίων, καὶ ἐξ ὀλίγου τὰ πολλὰ καὶ δι' ὀργῆς αἱ
ἐπιχειρήσεις γίγνονται.
トゥキュディデス「歴史」II 11, 4(『歴史1』158頁)

正しく気高い行ないによって敵を征服することは、武器を使って勝利をあげるよりも、はるかに大きな利益をもたらしてくれる。

τό γε νικῆσαι τοὺς πολεμίους καλοκἀγαθίᾳ καὶ τοῖς δικαίοις οὐκ ἐλάττω,
μείζω δὲ παρέχεται χρείαν τῶν ἐν τοῖς ὅπλοις κατορθωμάτων.
ポリュビオス「歴史」V 12, 2(『歴史2』150頁)

戦争もいったんだれかの手で点火されると、火が風に吹かれて勢いを増すように、寄り集まってくる者たちの妄想にあおられて絶えず新たな力を獲得する。

ὁ πόλεμος ὑπό τινων ὅταν ἅπαξ ἐκκαυθῇ, ... αἰεὶ καινοποιούμενος καὶ
προσφυσώμενος, ὥσπερ ὑπ' ἀνέμων, ὑπὸ τῆς τῶν πλησιαζόντων ἀγνοίας.
ポリュビオス「歴史」XI 4, 5(『歴史3』159頁)

勝利しようが敗れ去ろうが、人はみな、いずれは死ぬのだ。むろん、いずれ死ぬなら、勝利して祖国を解放してから死ぬほうが、よっぽどましではないか。

Πρόκειται γὰρ ἀποθανεῖν πᾶσιν ἢ νικήσασιν ἢ ἡττηθεῖσι· βέλτιον οὖν μετὰ τοῦ
νικᾶν, εἰ δέοι, παθεῖν τοῦτο, ἐλευθερώσαντας τὴν πατρίδα.
クテシアス『ペルシア史/インド誌』断片8d(35)(134頁)

戦争においては、兵士の数の多さと勇敢さ、将軍たちの才能、そして運命（これは人事のすべてにわたって大きな影響力を持つが、とくに軍事においてそうだ）が、最も力を持つように思える。これら［三つの要素］は、一つ一つに注目する者に対しても全体に注目する者に対しても、ローマの支配は他の王や民族によって打ち負かされなかったように、この人物［アレクサンドロス大王］によっても打ち負かされることはなかったことを容易に確信させる。

plurimum in bello pollere uidentur militum copia et uirtus, ingenia imperatorum, fortuna per omnia fumana maxime in res bellicas potens; ea et singula intuenti et uniuersa sicut ab aliis regibus gentibusque, ita ab hoc quoque facile praestant inuictum Romanum imperium.　　　リウィウス『ローマ建国以来の歴史4』IX 17, 3-4（74頁）

［カエサルは］「賽を投げよ」という、定かならぬ運命と決断に踏み込もうとする人がしばしば使うあの成句を発すると、［ルビコン］川に向かって駆け出した。

τοῦτο δὴ τὸ κοινὸν τοῖς εἰς τύχας ἐμβαίνουσιν ἀπόρους καὶ τόλμας προοίμιον ὑπειπὼν "ἀνερρίφθω κύβος," ὥρμησε πρὸς τὴν διάβασιν.
　　　　　　　　　　　　　　　プルタルコス「カエサル」32, 8（『英雄伝5』204頁）

歴史的事実から知ることができよう。……多くの、それももっとも賢いと見なされた者たちが国々を説得して戦争を始めさせたが、攻撃するように説得された国々が戦争を仕かけられた国々によって滅ぼされているのだ。

γνοίης δ᾽ ἂν ἐξ αὐτῶν τῶν γιγνομένων· πολλοὶ μὲν γὰρ ἤδη πόλεις ἔπεισαν καὶ ταῦτα οἱ δοκοῦντες σοφώτατοι εἶναι πόλεμον ἄρασθαι πρὸς τούτους ὑφ᾽ ὧν οἱ πεισθέντες ἐπιθέσθαι ἀπώλοντο.　　　クセノポン『キュロスの教育』I 6, 45（63頁）

さまざまな戦争にしても、内乱にしても、争いにしても、ほかならぬこの肉体とその欲望がひき起こすのではないか。なぜなら、すべての戦争は財貨の獲得のために起こるが、われわれが財貨を獲得しなければならないのは、この肉体のためであり、奴隷のようにして肉体の世話をせざるをえないからである。

πολέμους καὶ στάσεις καὶ μάχας οὐδὲν ἄλλο παρέχει ἢ τὸ σῶμα καὶ αἱ τούτου ἐπιθυμίαι. διὰ γὰρ τὴν τῶν χρημάτων κτῆσιν πάντες οἱ πόλεμοι γίγνονται, τὰ δὲ χρήματα ἀναγκαζόμεθα κτᾶσθαι διὰ τὸ σῶμα, δουλεύοντες τῇ τούτου θεραπείᾳ.　　　　　　プラトン「パイドン」66C（『饗宴／パイドン』186頁）

捕虜の命を救い、報復を妨げる法はない。

Lex nulla capto parcit aut poenam impedit.

セネカ「トロイアの女たち」333(『悲劇集1』123頁)
　　＊ローマの軍法では捕虜には一切の権利が認められず、将軍は命を奪うことができた。

戦場で厳しい必然に迫られれば生まれつき弱い者でも
勇気をふるい起こしてより強い者を倒すものだ。

καὶ γάρ τις κατὰ δῆριν ἀνιηρῇ ὑπ᾽ ἀνάγκῃ θαρσήσας ἀνὰ θυμὸν ἀμείνονα
φῶτα κατέκτα χειρότερος γεγαώς·

クイントス・スミュルナイオス『ホメロス後日譚』XII 230–232(477頁)

戦は良識ある人間なら避けるべきです。でもいったん戦となれば、美しく散
華することは、国にとっては恥ずかしからぬ花冠。そうできないのは恥ずべ
きことなのです。

φεύγειν μὲν οὖν χρὴ πόλεμον ὅστις εὖ φρονεῖ· εἰ δ᾽ ἐς τόδ᾽ ἔλθοι, στέφανος
οὐκ αἰσχρὸς πόλει καλῶς ὀλέσθαι, μὴ καλῶς δὲ δυσκλεές.

エウリピデス「トロイアの女たち」400–402(『悲劇全集3』136頁)

死は美しい。前線で戦う勇敢な戦士の、祖国を守る戦のさなかの死は美しい。
自国と肥えた畑を捨てて物乞いをするのは、何にもましてつらいこと。愛す
る母や老いた父とともに放逐され、幼い子らや娶った妻を伴っての物乞いは
何よりつらい。訪れる先々の者たちに疎まれるのだから。窮乏と厭わしい貧
困に陥り、一族の恥となり、光輝く姿がまがい物だったことが白日の下にさ
らされ、あらゆる恥辱と苦難がつきまとうのだから。

τεθνάμεναι γὰρ καλὸν ἐνὶ προμάχοισι πεσόντα ἄνδρ᾽ ἀγαθὸν περὶ ᾗ πατρίδι
μαρνάμενον· τὴν δ᾽ αὐτοῦ προλιπόντα πόλιν καὶ πίονας ἀγροὺς πτωχεύειν
πάντων ἔστ᾽ ἀνιηρότατον, πλαζόμενον σὺν μητρὶ φίλῃ καὶ πατρὶ γέροντι παισί
τε σὺν μικροῖς κουριδίῃ τ᾽ ἀλόχῳ. ἐχθρὸς μὲν γὰρ τοῖσι μετέσσεται οὕς κεν
ἵκηται, χρησμοσύνῃ τ᾽ εἴκων καὶ στυγερῇ πενίῃ, αἰσχύνει τε γένος, κατὰ δ᾽
ἀγλαὸν εἶδος ἐλέγχει, πᾶσα δ᾽ ἀτιμίη καὶ κακότης ἔπεται.

テュルタイオス「断片」10(テオグニス他『エレゲイア詩集』28–29頁)

自分たちが戦うのは、単に領地や財産を守るためではない。自分は、敗者を
待ち受けている運命がいかなるものかをよく知っている。女性と子どもは連

れ去られて奴隷にされ、成人に達している者は辱めを受けることなく死を迎えられれば幸いというものであり、聖域は略奪され祖国は焼き尽くされるであろう。

οὐ γὰρ περὶ γῆς μόνον οὐδὲ κτημάτων τὸν ἀγῶνα ἀπέφαινε γενησόμενον, εἰδέναι δὲ ἔφη σαφῶς ἃ νικωμένους ἐπιλήψεται· γυναῖκας μὲν γὰρ ἀχθήσεσθαι καὶ τέκνα ἐν ἀνδραπόδων μέρει, τοῖς δὲ ἐν ἡλικίαι τὸ ἐλαφρότατον ἔσεσθαι θάνατον, ἣν μετ᾽ αἰκίας μὴ γένηται, συλήσεσθαι δέ σφισι καὶ τὰ ἱερὰ καὶ τὰς πατρίδας ἐμπρήσεσθαι.

パウサニアス「ギリシア案内記」IV 7, 10(『ギリシア案内記2』142頁)

生き残る者たちの間の勝敗は、ダイモーンが授けるとおりに決着されるものです。しかし、戦列に踏みとどまっている者はみな、それに向けて一人一人がしてみせねばならなかったことを果たしているのです。

τὸ μὲν γὰρ κρατεῖν ἐν τοῖς ζῶσιν, ὡς ἂν ὁ δαίμων παραδῷ, κρίνεται· ὃ δ᾽ εἰς τοῦθ᾽ ἕκαστον ἔδει παρασχέσθαι, πᾶς ὁ μένων [ἐν τάξει] πεποίηκεν.

デモステネス「葬送演説」19(『弁論集7』92頁)
　＊ダイモーンとは、予見しがたいことをもたらすものとしてとらえられた、正体不明の神または
　　超自然的(霊的)存在のこと。

葬 礼

ぜひとも観察すべきものは、哀悼における多くの人々の言動であり、その後で今度は彼らを慰める者たちの言葉であり、また嘆いている人たちが、彼ら自身と嘆かれているかの人たち[死者]に今起こっていることをどれほど耐え難いと思っているかである。……彼らはこの出来事が災難であり悲しむべきことなのか、その反対で、当事者にとっては快くむしろよいことなのか、しっかりと理解しているわけでは全くなく、しきたりと慣習のなすがままに悲しんでいるにすぎないのだ。

Ἄξιόν γε παρατηρεῖν τὰ ὑπὸ τῶν πολλῶν ἐν τοῖς πένθεσι γιγνόμενα καὶ λεγόμενα καὶ τὰ ὑπὸ τῶν παραμυθουμένων δῆθεν αὐτοὺς αὖθις λεγόμενα, καὶ ὡς ἀφόρητα ἡγοῦνται τὰ συμβαίνοντα σφίσι τε αὐτοῖς οἱ ὀδυρόμενοι καὶ ἐκείνοις οὓς ὀδύρονται, ... κατ᾽ οὐδὲν ἐπιστάμενοι σαφῶς οὔτ᾽ εἰ πονηρὰ ταῦτα καὶ λύπης ἄξια οὔτε εἰ τοὐναντίον ἡδέα καὶ βελτίω τοῖς παθοῦσι, νόμῳ δὲ καὶ συνηθείᾳ τὴν λύπην ἐπιτρέποντες.

ルキアノス「哀悼について」1(『偽預言者アレクサンドロス』172頁)

憤丘もピラミッドも墓石も碑文も少しの間しかもたないからには、まさしく無用なもの、児戯に等しいものではないか。にもかかわらず、墓の前で葬礼競技を開き、まるで地下の裁判官の前で死者のために弁護し証言するかのように、追悼演説をする者までいるのだ。

Χώματα μὲν γὰρ καὶ πυραμίδες καὶ στῆλαι καὶ ἐπιγράμματα πρὸς ὀλίγον διαρκοῦντα πῶς οὐ περιττὰ καὶ παιδιαῖς προσεοικότα; καίτοι καὶ ἀγῶνας ἔνιοι διέθεσαν καὶ λόγους ἐπιταφίους εἶπον ἐπὶ τῶν μνημάτων ὥσπερ συναγορεύοντες ἢ μαρτυροῦντες παρὰ τοῖς κάτω δικασταῖς τῷ νεκρῷ.

ルキアノス「哀悼について」22–23(『偽預言者アレクサンドロス』181–182頁)

損　害

損害はかれらのもの、首尾よくいったら自分の儲け。

τὰς ζημίας τούτων ἀποδείξει, τὰ δὲ σωθέντα τῶν χρημάτων αὐτὸς ἕξει.

リュシアス「ディオゲイトン告発」32, 25(『弁論集』425頁)
＊人は損害を受けると人に責任を押しつけ、うまくいくと自分のものにするものである。

［ タ 行 ］

怠　惰

怠惰という口実に寛大であってはなりません。というのも、回復しているときにのみ、よい気分のときにのみ、あらゆる他の気づかいをまぬがれているときにのみ勉学すべきだとわれわれが考えたとすれば、われわれ自身を大目に見る理由がいつもあることになるでしょうから。

Non est indulgendum causis desidiae. Nam si non nisi refecti, non nisi hilares, non nisi omnibus aliis curis uacantes studendum existimarimus, semper erit propter quod nobis ignoscamus.

クインティリアヌス「弁論家の教育」X 3, 29(『弁論家の教育4』246頁)

大 地 (地 球)

大地はまるいばかりでなく、あまり大きくない球だということも明らかである。さもなければ、ほんの僅か移動するだけで、それほど早く明らかな相違を呈するはずがなかろう。

οὐ μόνον ἐκ τούτων δῆλον περιφερὲς ὂν τὸ σχῆμα τῆς γῆς, ἀλλὰ καὶ σφαίρας οὐ μεγάλης· οὐ γὰρ ἂν οὕτω ταχὺ ἐπίδηλον ἐποίει μεθισταμένοις οὕτω βραχύ.

アリストテレス『天について』298a6–9（139頁）

宝

金持ちでも不幸になるなら、宝を捨てることを望み、
ついさっき抱いていた願いを憎む。

divesque miserque effugere optat opes et quae modo voverat, odit.

オウィディウス「変身物語」XI 127–128（『変身物語2』110頁）

旅

老残の身の旅路、いずこへ向かおうか。
娘よ、この杖をどこに向けて運ぼうか。

πόθι γεραιὸν ἴχνος τίθημι; βάκτρα πόθι φέρω, τέκνον;

エウリピデス「フェニキアの女たち」1718–1719（『悲劇全集4』251頁）

食 べ 物 あ れ こ れ

「故郷ほど心楽しいものはない」とオデュッセウスは言ったが、そりゃキルケの食卓でチーズ菓子を食わなかったからだ。そいつからほやほやと湯気が立つのを眼にしていたら、一〇人ものペネロペだって悲しませても平気だったろうよ。

“Ὡς οὐδὲν γλύκιον ἧς πατρίδος,” εἶπεν Ὀδυσσεύς· ἐν γὰρ τοῖς Κίρκης ἔκχυτον οὐκ ἔφαγεν, οὗ μόνον εἰ καὶ καπνὸν ἀποθρώσκοντ’ ἐνόησεν, εἶπεν ἂν οἰμώζειν καὶ δέκα Πηνελόπαις.

「ギリシア詞華集」IX 395（『ギリシア詞華集3』238頁）

＊ホメロス『オデュッセイア』IX 34参照。ペネロペはペネロペイアと同じ。

クテシアスが自分で味わって、経験から知ったと主張するところによれば、
[インドの] チーズと葡萄酒はこの上もなく美味とのことである。

Ὅτι τὸν τυρὸν καὶ τὸν οἶνον πάντων, φησί, γλυκύτατον, ὡς αὐτός, φησί, φαγὼν
διὰ πείρας ἔμαθεν.　　　　　クテシアス『ペルシア史／インド誌』断片45（48）（239頁）

インドの驢馬の肉はとても苦いので、食用には適さない。

Ὄνων δὲ Ἰνδῶν ἄβρωτόν ἐστι κρέας· τὸ δὲ αἴτιον, πέφυκεν εἶναι πικρότατον.
　　　　　　　　　　　　　クテシアス『ペルシア史／インド誌』断片45q（265頁）

COLUMN　　　　　　　　　　　　　　　**古 代 の 食 卓 事 情**

　古代の食事については、アテナイオス『食卓の賢人たち』が詳しく、文化的、宗教的
背景について貴重な情報源になっている。肉料理にはブタ、ヒツジ、ヤギ、ニワトリが使
われたが、アッティカ地方ではウシは不足していた。『食卓の賢人たち』の第7巻を読
むと、魚料理の豊富な食材が紹介されている。ボイオティア地方のコパイス湖はウナギ
の特産で有名だった。野菜も豊富にあった。トマトなどは今日のアテネにはあるが、古
代にはなかった。市民は大麦粉からつくられるマーザ（だんご状のもの）や、小麦粉を使
ったアルトス（白パン）を食した。

卵

クロトンの神話研究家ネオクレスが、ヘレネが生まれた卵は月から降ってき
た、月の女たちは卵を産むが、その卵から生まれる子は、ヘラクレイアのヘ
ロドトスが書いているように、われわれの一五倍も大きい、などと言ってい
るのはおかしい。

οὐκ εὖ δὲ Νεοκλῆς ὁ Κροτωνιάτης ἔφη ἀπὸ τῆς σελήνης πεσεῖν τὸ ᾠὸν ἐξ
οὗ τὴν Ἑλένην γεννηθῆναι· τὰς γὰρ σεληνίτιδας γυναῖκας ᾠοτοκεῖν καὶ
τοὺς ἐκεῖ γεννωμένους πεντεκαιδεκαπλασίονας ἡμῶν εἶναι, ὡς Ἡρόδωρος ὁ
Ἡρακλεώτης ἱστορεῖ.　　アテナイオス「食卓の賢人たち」II 57f（『食卓の賢人たち1』205頁）
　　　　　　　　　　　　　　＊ヘレネはトロイア戦争の原因となった美女。

鶏か卵か先に生まれたのはどちらなのか。

Πότερον ἡ ὄρνις πρότερον ἢ τὸ ᾠὸν ἐγένετο.
　　　　　　　　　　　　　　プルタルコス「食卓歓談集」635D（『モラリア8』82頁）
　　　　　　　　＊「食卓歓談集」はギリシア・ローマ関連の難問を集めた書物である。

魂

「魂」を意味するギリシア語はプシューケー

ψυχή、ラテン語はアニマ animaである。原語は「心」とも訳しうるが、輪廻転生の主体にもなるので「魂」と訳されることが多い。哲学者クセノパネスには、「子犬が打たれているところにピタゴラスが通りかかり、こう言ったという。『よせ、打つな。これは僕の友人の魂だ。声を聞いてわかったんだ』」（ディオゲネス・ラエルティオス『ギリシア哲学者列伝』VIII 36）という言葉が残っているが、これはピタゴラスの輪廻転生説をからかった言葉とされている。

→身体

さて、魂は、翼を持った二頭立ての馬と［翼を持った］駆者の、本来からいっしょになった力に似ているとせよ。神々の馬と駆者はすべて自らも善きものであり、また善きものに由来するが、他の者の場合、そうでないものが入り交じっている。

ἐοικέτω δὴ συμφύτῳ δυνάμει ὑποπτέρου ζεύγους τε καὶ ἡνιόχου. θεῶν μὲν οὖν ἵπποι τε καὶ ἡνίοχοι πάντες αὐτοί τε ἀγαθοὶ καὶ ἐξ ἀγαθῶν, τὸ δὲ τῶν ἄλλων μέμεικται. プラトン『パイドロス』246A（52頁）

というのは、すでに語られたように、人間の魂はすべて本性上、真実在を見たことがあるのだ。そうでなければ、その魂はこの動物［人間］には入って来なかったはずである。

καθάπερ γὰρ εἴρηται, πᾶσα μὲν ἀνθρώπου ψυχὴ φύσει τεθέαται τὰ ὄντα, ἢ οὐκ ἂν ἦλθεν εἰς τόδε τὸ ζῷον. プラトン『パイドロス』249E（59-60頁）

恥と悲しみと怒りは魂の三つの波なのです。というのは恥は目を通って流れ込み、目の自由を取り去ります。悲しみは胸のまわりに広がって魂を燃え上がらせる炎を消します。そして怒りは心のまわりで吠えたて、理性を狂気の泡で水浸しにします。

αἰδὼς δὲ καὶ λύπη καὶ ὀργὴ τρία τῆς ψυχῆς κύματα· ἡ μὲν γὰρ αἰδὼς διὰ τῶν ὀμμάτων εἰσρέουσα τὴν τῶν ὀφθαλμῶν ἐλευθερίαν καθαιρεῖ· ἡ λύπη δὲ περὶ τὰ στέρνα διανεμομένη κατατήκει τῆς ψυχῆς τὸ ζωπυροῦν· ἡ δὲ ὀργὴ περιϋλακτοῦσα τὴν καρδίαν ἐπικλύζει τὸν λογισμὸν τῷ τῆς μανίας ἀφρῷ.

アキレウス・タティオス『レウキッペとクレイトポン』II 29, 1（53頁）

探 求

では今度はその点を考察してみようか、エウテュプロン、それが適切に語られているかどうかをね、それとも考察はせずに、もしだれかが「あることはこうだ」と主張したらそれだけでもう「そうだ」と賛成してしまって、われわれ自身や他の人たちの言うことをそのまま受け入れることにしようか。それともやはり、発言者が何を言っているのかを考察すべきだろうか。

Οὐκοῦν ἐπισκοπῶμεν αὖ τοῦτο, ὦ Εὐθύφρων, εἰ καλῶς λέγεται, ἢ ἐῶμεν καὶ οὕτω ἡμῶν τε αὐτῶν ἀποδεχώμεθα καὶ τῶν ἄλλων, ἐὰν μόνον φῇ τίς τι ἔχειν οὕτω συγχωροῦντες ἔχειν; ἢ σκεπτέον τί λέγει ὁ λέγων;

プラトン「エウテュプロン」9E（『エウテュプロン／ソクラテスの弁明／クリトン』31頁）

もし探求する者に真実に至る道があるとすれば、探求心を失うべきではないだろう。だが今は言い伝えられるところに留まるべきだ。なにせあまりの古さに、確証などとうていえられないことなのだから。

cura non deesset, si qua ad uerum uia inquirentem ferret: nunc fama rerum standum est, ubi certam derogat uetustas fide.　リウィウス『ローマ建国以来の歴史3』VII 6, 6（109頁）

男 女

よく世間では、男は槍を取って戦をしているのにわたくしたち女は家で何憂いなく気楽に暮らしている、と言いますね。でもそれは間違いです。わたくしは、一度お産をするくらいなら三度戦に出ることも厭いません。

λέγουσι δ' ἡμᾶς ὡς ἀκίνδυνον βίον ζῶμεν κατ' οἴκους, οἱ δὲ μάρνανται δορί, κακῶς φρονοῦντες· ὡς τρὶς ἂν παρ' ἀσπίδα στῆναι θέλοιμ' ἂν μᾶλλον ἢ τεκεῖν ἅπαξ.　エウリピデス「メデイア」248–251（『悲劇全集1』115頁）

だいたいこのわたくしがあんな男に頭を下げるとお思いか、得になることでもあるか、何か下心でもあるのでなければ口をきいたりすがりついたり、誰がするものですか。

δοκεῖς γὰρ ἄν με τόνδε θωπεῦσαί ποτε　εἰ μή τι κερδαίνουσαν ἢ τεχνωμένην;

οὐδ’ ἂν προσεῖπον οὐδ’ ἂν ἡψάμην χεροῖν.

エウリピデス「メデイア」368–370（『悲劇全集1』124頁）

これほどのことをわたくしにさせておきながら、この極悪人、わたくしを捨てて他の女と一緒になるなんて、子供まで成した間柄なのに。これで子供でもいなければ、お望みどおりこの結婚、許して差し上げましょうけれど。

καὶ ταῦθ’ ὑφ’ ἡμῶν, ὦ κάκιστ’ ἀνδρῶν, παθὼν προύδωκας ἡμᾶς, καινὰ δ’ ἐκτήσω λέχη, παίδων γεγώτων· εἰ γὰρ ἦσθ’ ἄπαις ἔτι, συγγνώστ’ ἂν ἦν σοι τοῦδ’ ἐρασθῆναι λέχους.

エウリピデス「メデイア」488–491（『悲劇全集1』132頁）

誕 生

火と水は敵視し合う仲だが、熱い蒸気から万物は生み出される。
不和なる調和が命の誕生に適している。

cumque sit ignis aquae pugnax, vapor umidus omnes res creat, et discors concordia fetibus apta est.

オウィディウス「変身物語」I 432–433（『変身物語1』30頁）

知・知識

「知識」はギリシア語ではエピステーメー ἐπιστήμη、ラテン語ではスキエンティア scientia という。知識の効用に関してはさまざまな意見がある。アリストテレスは「知識が人間にもたらす恩恵を侮ってはならない。また、知識から生まれる善も小さくない」（『哲学のすすめ』断片58）と言うが、別の箇所では、「ある人々が相手の時、われわれが最も正確な知識をもっていても、その知識で彼らを説得するのが容易でないことがある」（『弁論術』1355a24）とも述べている。

知とは何か？ いや人間界には神からのさらにすばらしい贈物があるというのか、敵の頭を抑えつける強い手を保持し続けること以上に。いや、美しいものはつねに愛しい。

†τί τὸ σοφόν, ἢ τί τὸ κάλλιον† παρὰ θεῶν γέρας ἐν βροτοῖς ἢ χεῖρ’ ὑπὲρ κορυφᾶς τῶν ἐχθρῶν κρείσσω κατέχειν; ὅτι καλὸν φίλον αἰεί.

エウリピデス「バッコス教の信女たち」877–881（『悲劇全集4』456頁）

知識を学ばず獲得していない者は、正しいことで成功することも
できず、また、成功しているかどうか判断することもできない。

ὡς οὐ δυνατὸν ἐν τοῖς δικαίοις κατορθοῦν οὐδ᾽ αἰσθάνεσθαι τοῦ κατορθοῦντος
τὸν μὴ μαθόντα μηδὲ κτησάμενον τὴν ἐπιστήμην.
プルタルコス「神罰が遅れて下されることについて」550B(『モラリア7』100頁)

万事を正しく見定める第一歩は、
学ぶ前に知っていると思い込まないことです。

ἡ μὲν οὖν ἀρχὴ τοῦ δοκιμάζειν ὀρθῶς ἅπαντ᾽ ἐστὶν μηδὲν οἴεσθαι πρότερον
γιγνώσκειν πρὶν μαθεῖν.　　　　　　デモステネス「序論集」5, 3(『弁論集7』146頁)

人を不死にするほどの知識が何かあるとしても、その不死を用いるすべを知
ることがなければ、その知識には何の益もないようだ。

οὐδέ γε εἴ τις ἔστιν ἐπιστήμη ὥστε ἀθανάτους ποιεῖν, ἄνευ τοῦ ἐπίστασθαι τῇ
ἀθανασίᾳ χρῆσθαι οὐδὲ ταύτης ἔοικεν ὄφελος οὐδέν.
プラトン「エウテュデモス」289B(『エウテュデモス／クレイトポン』61頁)

小 さ な 出 来 事

大抵の場合がそうであるように、小さな出来事が原因となって途方もない事
態を引き起こし、一方の側だけに過度の喜びが続くのを妨げた。

Ne id nimis laetum parti alteri esset, parua, ut plerumque solet, rem ingentem
moliundi causa interuenit.　　　　　リウィウス『ローマ建国以来の歴史3』VI 34, 5(74頁)

知恵 「知恵」はギリシア語ではソピアー σοφία、ラテン語ではサピエンティア
sapientia という。勇気、節度、正義ととも
に人間の徳のひとつに数えられる。　→徳

存在するもののなかで知恵だけが人間を幸福にし、幸運な者にする。

[ἡ σοφία] μόνον τῶν ὄντων εὐδαίμονα καὶ εὐτυχῆ ποιεῖν τὸν ἄνθρωπον.
プラトン「エウテュデモス」282C(『エウテュデモス／クレイトポン』39頁)

賢いというのは知恵ではない。

τὸ σοφὸν δ᾽ οὐ σοφία.　　　エウリピデス「バッコス教の信女たち」395（『悲劇全集4』422頁）
*賢しらな人智（ト・ソポン）は真の知恵（ソピアー）ではないという意味。

われわれが所有するものの中で唯一、知恵のみが不滅である。

σοφία γὰρ μόνον τῶν κτημάτων ἀθάνατον.
イソクラテス「デモニコスに与う」19（『弁論集1』9頁）

一片の知恵は百本の腕にまさる。

ἓν σοφὸν βούλευμα τὰς πολλὰς χεῖρας νικᾷ ...
ポリュビオス「歴史」I 35, 4（『歴史1』55頁）

誓 い

舌は誓った。だが心までは誓っていない。

ἡ γλῶσσ᾽ ὀμώμοχ᾽, ἡ δὲ φρὴν ἀνώμοτος.
エウリピデス「ヒッポリュトス」612（『悲劇全集1』330頁）

力

何ごとも力ずくはよろしくない。いまおまえに吹いている神風が何かの拍子
に変わったら、今度はおまえが力で抑えつけられるのだぞ。

βίαι δὲ δράσηις μηδὲν ἢ πείσηι βίαν ὅταν θεοῦ σοι πνεῦμα μεταβαλὸν τύχηι.
エウリピデス「ヘラクレス」215–216（『悲劇全集3』20頁）

知性　「知性」はギリシア語ではヌースνοῦς、ラテン語ではインテレークトゥスintellectusというが、ほかの語があてられることもある。「知性の目を開けよ。知性の眠りはまるきり死んでいるのも同然だ」はピタゴラスの言葉とされる（ストバイオス『精華集』I 91）が、本当にピタゴラスの言葉かどうかは不明。

知性を持つか、さもなくば首吊りの縄を用意すべきである。

τὸ δεῖν κτᾶσθαι νοῦν ἢ βρόχον.

プルタルコス「ストア派の自己矛盾について」1039E（『モラリア13』156頁）
＊キュニコス派の創始者とされるアンティステネスの言葉。

知性を働かせる人は知性で理解したことを正しく知っている者として、まことしやかな説得に導かれて意見を変えることはないし、また知っている者として、理解した事柄を説明することができる。

intellegens, ut qui recte sciat quod intellegit, neque ueri similibus persuasionibus inductus mutat sententiam et potest ut scius praestare rationem rei comprehensae.

カルキディウス『プラトン「ティマイオス」註解』341（421頁）

知　足

愚か者め、半分が全部よりどれほど多いか、銭葵やアスポデロスが、どれほど大きな役に立つか、分かっておらぬとは。

νήπιοι, οὐδὲ ἴσασιν ὅσῳ πλέον ἥμισυ παντὸς οὐδ᾽ ὅσον ἐν μαλάχῃ τε καὶ ἀσφοδέλῳ μέγ᾽ ὄνειαρ.　　　　ヘシオドス「仕事と日」40–41（『全作品』160頁）
＊銭葵（ゼニアオイ）もアスポデロスもともに貧しい人たちの食用とされた。

父　親

何しろ、父と肩を並べる子は少ないからな。
大抵は父より劣り、父を凌ぐ者は少ない。

παῦροι γάρ τοι παῖδες ὁμοῖοι πατρὶ πέλονται· οἱ πλέονες κακίους, παῦροι δέ τε πατρὸς ἀρείους.　　　　ホメロス『オデュッセイア』II 276–277（44–45頁）

父親というのはいつでも、若者に対して何と不公平な裁判官なんだろう。あいつらは僕たちに、生まれながらの老人であることを要求し青春のさまざまな贈り物に身をゆだねてはならないと警告する。

Quam iniqui sunt patres in omnis adulescentis iudices! qui aequom esse censent nos a pueris ilico nasci senes neque illarum adfinis esse rerum quas fert adulescentia.

テレンティウス「自虐者」213–215（『ローマ喜劇集5』140頁）

中　傷

中傷はそれが根も葉もないものであっても、警戒を怠らぬこと。世の人は真実を知らず、評判だけに注目するからである。

εὐλαβοῦ τὰς διαβολάς, κἂν ψευδεῖς ὦσιν· οἱ γὰρ πολλοὶ τὴν μὲν ἀλήθειαν ἀγνοοῦσιν, πρὸς δὲ τὴν δόξαν ἀποβλέπουσιν.

イソクラテス「デモニコスに与う」17（『弁論集1』8頁）

噂と中傷は二つの血縁の災厄で、噂は中傷の娘です。中傷は剣より鋭く、火より激しく、セイレンたちより説得力があり、噂は水より流動的で、風よりすばやく、翼より速いのです。

Φήμη δὲ καὶ Διαβολὴ δύο συγγενῆ κακά· θυγάτηρ ἡ Φήμη τῆς Διαβολῆς. καὶ ἔστι μὲν ἡ Διαβολὴ μαχαίρας ὀξυτέρα, πυρὸς σφοδροτέρα, Σειρήνων πιθανωτέρα, ἡ δὲ Φήμη ὕδατος ὑγροτέρα, πνεύματος δρομικωτέρα, πτερῶν ταχυτέρα.

アキレウス・タティオス『レウキッペとクレイトポン』VI 10, 4（154頁）

忠　誠

盛運が傾くとき、忠誠はまれになる。

nam rara fides ubi iam melior fortuna ruit.

セネカ「オエタ山上のヘルクレス」602–603（『悲劇集2』275頁）

頂　上

たとえ成功しなくても、頂上をめざす人々は、望むところに達することにはじめから絶望して早々と麓のあたりにとどまってしまった人々よりも、高いところまで行くでしょう。

Quod si non contingat, altius tamen ibunt, qui ad summa nitentur quam qui praesumpta desperatione quo uelint euadendi protinus circa ima substiterint.

クインティリアヌス「弁論家の教育」I 序20（『弁論家の教育1』11頁）

人も国家も最良のものを手に入れるためには、
臨機応変、変わり身の早さが必要だ。

τοῖς γὰρ καιροῖς συμπεριφέρεσθαι ἀνάγκη πρὸς τὸ κράτιστον καὶ τὸν ἄνδρα καὶ τὴν πόλιν.

アイスキネス「使節職務不履行について」164（『弁論集』188頁）

著 者

実際、長い年月に耐えた著者たちのうちには、判断力を働かせる者に何か有益なものをもたらすことのない者など、わずかのみかむしろほとんど一人も見いだされないと私は思います。

paucos enim uel potius uix ullum ex iis qui uetustatem pertulerunt existimo posse reperiri quin iudicium adhibentibus adlaturus sit utilitatis aliquid, ...

クインティリアヌス「弁論家の教育」X 1, 40(『弁論家の教育4』196頁)

そして読者は、最高の著者たちが述べたことがすべてどのような場合でも完全であるとただちに納得してはいけません。というのも、彼らはときにまちがいもし、重荷に屈しもし、自分の才能の享楽におぼれもし、つねに心を張りつめているわけでもなく、ときに疲れているからです。

Neque id statim legenti persuasum sit, omnia quae summi auctores dixerint utique esse perfecta. Nam et labuntur aliquando et oneri cedunt et indulgent ingeniorum suorum uoluptati, nec semper intendunt animum, nonnunquam fatigantur, ...

クインティリアヌス「弁論家の教育」X 1, 24(『弁論家の教育4』190頁)

地 理

シドンは海に面した街。海はアッシュリアの海。
街はフェニキア人の母。住民はテーバイ人の父。

Σιδὼν ἐπὶ θαλάττῃ πόλις· Ἀσσυρίων ἡ θάλασσα· μήτηρ Φοινίκων ἡ πόλις· Θηβαίων ὁ δῆμος πατήρ.

アキレウス・タティオス『レウキッペとクレイトポン』I 1, 1(3頁)

偉大なナイルは人々にとってすべてです。河であり、土地であり、海であり、沼沢でもある。目新しい光景です。船と同時に鋤が、櫂と鋤が、舵と鎌が、水夫たちと同時に農夫たちの居住地が、魚と同時に牛の生息地があります。航行したところに植え付け、植えつけるところは耕された海です。

Νεῖλος ὁ πολὺς πάντα αὐτοῖς γίνεται, καὶ ποταμὸς καὶ γῆ καὶ θάλασσα καὶ λίμνη. καὶ ἔστι τὸ θέαμα καινόν, ναῦς ὁμοῦ καὶ δίκελλα, κώπη καὶ ἄροτρον, πηδάλιον καὶ δρέπανον, ναυτῶν ὁμοῦ καὶ γεωργῶν καταγωγή, ἰχθύων ὁμοῦ καὶ βοῶν. ὃ πέπλευκας, φυτεύεις, καὶ ὃ φυτεύεις, τοῦτο πέλαγος γεωργούμενον.

アキレウス・タティオス『レウキッペとクレイトポン』IV 12, 1(101頁)

沈 黙

ほとんどの人間にとって背負うのがもっとも難しいのは、
もっとも軽いもの、すなわち沈黙である。

οἱ πλείους τῶν ἀνθρώπων τὸ κουφότατον ἥκιστα φέρειν δύνανται, λέγω δὲ τὴν
σιωπήν.   ポリュビオス「歴史」VIII 3a（『歴史2』405頁）

追 従 者

牛につくハエは耳のところにたかる。

Τοῖς μὲν οὖν ταύροις τὸν οἶστρον ἐνδύεσθαι.
                              プルタルコス「似て非なる友について」55E（『モラリア1』192頁）
                              ＊追従者はまず相手の耳にたかる、の意。

つ き あ い

しかし、君はそれらの人たちみなに対して親しみのある心を持って好意的に
ふるまいながらも、心を許す相手は、そのうちの最も大いなる明察を持って
いる人たちだけにすることを勧めたい。

παραινῶ μέντοι σοι φιλοφρονεῖσθαι μὲν πρὸς ἅπαντας τούτους καὶ ἔχειν
ἡδέως, πείθεσθαι δὲ τοῖς πλεῖστον νοῦν ἔχουσιν αὐτῶν.
                              デモステネス「恋について」57（『弁論集7』137頁）

つ つ し み

つつしみがあるところに恐れもある。

ἵνα γε αἰδὼς ἔνθα καὶ δέος.
                    プラトン「エウテュプロン」12B（『エウテュプロン／ソクラテスの弁明／クリトン』40頁）

頑迷さよりもつつましさの方が、
より容易に望むものを得させるであろう。

modestia facilius quam pertinacia quod uelint impetraturos.
                    リウィウス『ローマ建国以来の歴史9』XXXII 3, 7（100頁）

罪

罪であっても、結果がよければ立派とされることだってある。

Honesta quaedam scelera successus facit.　　　　セネカ「パエドラ」598(『悲劇集1』369頁)

自分の意志によらずに罪を犯した者は、
けっして罪を犯したとは言えません。

haut est nocens quicumque non sponte est nocens.

セネカ「オエタ山上のヘルクレス」886(『悲劇集2』296頁)

死のみがあやまって罪を犯した人の罪を消す。

mors innocentes sola deceptos facit.

セネカ「オエタ山上のヘルクレス」890(『悲劇集2』296頁)

往々にして人は、本当に罪を犯した場合よりも
単に狼狽したときのほうが、しっかりした態度をとれないものである。

Saepe minus est constantiae in rubore quam in culpa.

クルティウス・ルフス『アレクサンドロス大王伝』IX 7, 25(409-410頁)

手

手もまたさまざまな道具の道具である。

ἡ χεὶρ ὄργανόν ἐστιν ὀργάνων.　　　　アリストテレス『魂について』432a1(166頁)
　　　　　　　　　　　　　　　　　＊『動物部分論』687a19以下参照。

貞 節

君が早まって僕を告発せず、真相を待てば、君の操を僕が見習ったのがわかるでしょう。男にも操というものがあればですが。

εἰ μὲν οὖν τὴν ἀλήθειαν περιμένεις, μηδὲν προκαταγινώσκουσά μου, μαθήσῃ τὴν σήν με παρθενίαν μεμιμημένον, εἴ τις ἔστι καὶ ἐν ἀνδράσι παρθενία.

アキレウス・タティオス『レウキッペとクレイトポン』V 20, 5(135頁)

私は、たとえ罪を逃れても、罰から逃げようとは思いません。この後、不貞の女は生きていけぬという先例にルクレティアはなってみせましょう。

ego me etsi peccato absoluo, supplicio non libero; nec ulla deinde impudica Lucretiae exemplo uiuet.

リウィウス『ローマ建国以来の歴史1』I 58, 10（122頁）

手 紙

手紙は、対話よりも少し形式ばったものでなければならない。というのは、対話は即席の会話を模倣するのに対して、手紙は書かれるものであり、いわば贈り物として送られるものだからである。

δεῖ γὰρ ὑποκατεσκευάσθαι πως μᾶλλον τοῦ διαλόγου τὴν ἐπιστολήν· ὁ μὲν γὰρ μιμεῖται αὐτοσχεδιάζοντα, ἡ δὲ γράφεται καὶ δῶρον πέμπεται τρόπον τινά.

デメトリオス「文体論」224（ディオニュシオス／デメトリオス『修辞学論集』482頁）

手紙は、対話と同様に、性格を示す表現を多くもつべきである。というのも、人が手紙の中に書き記すのは自分自身の魂の似姿だからである。

Πλεῖστον δὲ ἐχέτω τὸ ἠθικὸν ἡ ἐπιστολή, ὥσπερ καὶ ὁ διάλογος· σχεδὸν γὰρ εἰκόνα ἕκαστος τῆς ἑαυτοῦ ψυχῆς γράφει τὴν ἐπιστολήν.

デメトリオス「文体論」227（ディオニュシオス／デメトリオス『修辞学論集』483頁）

敵

しかしそれでは、何に関して意見がくい違って何の判定に到達できないとき、われわれは互いに敵どうしになったり怒ったりするのだろうか。おそらく君には手近な答えがないかもしれないが、ぼくが言うから考えてみてほしい、それは正しいことと不正なこと、美しいことと醜いこと、善いことと悪いことなのかどうかをね。はたしてこれらこそが、意見がくい違ってそれらの十分な判定に達することができずに、ぼくや君やその他あらゆる人間たちがいつでもきまって互いに敵どうしになるものなのではないだろうか。

Περὶ τίνος δὲ δὴ διενεχθέντες καὶ ἐπὶ τίνα κρίσιν οὐ δυνάμενοι ἀφικέσθαι ἐχθροί γε ἂν ἀλλήλοις εἶμεν καὶ ὀργιζοίμεθα; ἴσως οὐ πρόχειρόν σοί ἐστιν, ἀλλ᾽ ἐμοῦ λέγοντος σκόπει εἰ τάδε ἐστὶ τό τε δίκαιον καὶ τὸ ἄδικον καὶ καλὸν καὶ αἰσχρὸν καὶ ἀγαθὸν καὶ κακόν. ἆρα οὐ ταῦτά ἐστιν περὶ ὧν διενεχθέντες καὶ οὐ δυνάμενοι ἐπὶ ἱκανὴν κρίσιναὐτῶν ἐλθεῖν ἐχθροὶ ἀλλήλοις γιγνόμεθα, ὅταν γιγνώμεθα, καὶ ἐγὼ καὶ σὺ καὶ οἱ ἄλλοι ἄνθρωποι πάντες;

プラトン「エウテュプロン」7C–D（『エウテュプロン／ソクラテスの弁明／クリトン』24頁）

片方の手でパンを差し出しながら、もう片方には石を握っとるんじゃ。

altera manu fert lapidem, panem ostentat altera.

プラウトゥス「黄金の壺」195（『ローマ喜劇集1』199頁）

わが身を守るためには善い友人か烈火のごとき敵をもたねばならないのです。
前者は教え論してくれ、後者は批判してくれるからです。

τῷ μέλλοντι σῴζεσθαι δεῖ φίλους ἀγαθοὺς ἢ διαπύρους ἐχθροὺς ὑπάρχειν· οἱ μὲν γὰρ διδάσκουσιν, οἱ δ᾽ ἐλέγχουσι.

プルタルコス「似て非なる友について」74C（『モラリア1』251頁）
＊キュニコス派のディオゲネスの言葉。

適　度

人はたとえ大地や海を支配しなくても、美しいことを行ないうる。すなわち、
適度なものさえあれば、人は徳に基づいて行為することができるのだ。

δυνατὸν δὲ καὶ μὴ ἄρχοντα γῆς καὶ θαλάττης πράττειν τὰ καλά· καὶ γὰρ ἀπὸ μετρίων δύναιτ᾽ ἄν τις πράττειν κατὰ τὴν ἀρετήν.

アリストテレス『ニコマコス倫理学』1179a（483頁）

味方につけるにも敵に回すにも、
いずれの場合もまさにここまでという適度を超えてはならない。

ἄχρι τούτου καὶ φιλεῖν, οἶμαι, χρὴ καὶ μισεῖν, μηδετέρου τὸν καιρὸν ὑπερβάλλοντας.

デモステネス「アリストクラテス弾劾」122（『弁論集4』64頁）

「哲学」のギリシア語はピロソピアー φιλοσοφία、ラテン語の philosophia はそれを音写した言葉。「哲学をするのに道具も場所も必要ではない。人の住む世界のどこにいようとも、思考を働かしさえすれば、同じように真理を把握することができる」というのはアリストテレス（『哲学のすすめ』「断片」6）の言葉。　→真理

何ごとにも驚かないことが哲学から自分が得た利益である。

ἐκ φιλοσοφίας ... αὑτῷ περιγεγονέναι τὸ μηδὲν θαυμάζειν.

プルタルコス「講義を聴くことについて」44B（『モラリア1』154頁）
＊ピタゴラスの言葉。「何ごとにも驚かない」はラテン語のNil admirariに相当する。

哲学は君の自然が欲するもののみを欲する。

φιλοσοφία μόνα, ἃ θέλει ἡ φύσις σου, θέλει.

マルクス・アウレリウス『自省録』V 9（86頁）

哲学していながら哲学している、と見られないこと、
真剣にするべきことを戯れながら達成することが、最も賢明なのだ。

συνέσεως ἄκρας φιλοσοφοῦντα μὴ δοκεῖν φιλοσοφεῖν καὶ παίζοντα
διαπράττεσθαι τὰ τῶν σπουδαζόντων.

プルタルコス「食卓歓談集」614A（『モラリア8』10頁）

哲学は卵に似ているという。というのも、倫理学の部分は卵の黄身に似てお
り、自然学は白身に似ており、ことばの学は外側の殻に似ているからである。

οἱ δὲ ᾠῷ φασιν αὐτὴν εἶναι παραπλήσιον· ἐῴκει γὰρ τῇ μὲν λεκίθῳ, ἥν
τινες νεοττὸν ὑπάρχειν λέγουσι, τὰ ἠθικά, τῷ δὲ λευκῷ, ὃ δὴ τροφή ἐστι τῆς
λεκίθου, τὰ φυσικά, τῷ δὲ ἔξωθεν ὀστρακώδει τὰ λογικά.

クリュシッポス「初期ストア派断片集」II 38（『初期ストア派断片集2』42頁）

おお、人々よ、君たちはどこへ運ばれてゆくのか？
君たちはなすべきことを何もしていないことに気づきもしないのだ。

Ποῖ φέρεσθε, ὤνθρωποι; καὶ ἀγνοεῖτε οὐδὲν τῶν δεόντων πράττοντες.

プラトン「クレイトポン」407B（『エウテュデモス／クレイトポン』124頁）
＊哲学のすすめの導入部。

哲 学 者

ソクラテスは、自分とほかの連中の違いを語って、みんなは食わんがために
生きているが、私は生きんがために食う、という点で違っているのだとよく
言っていた。

ὁ Σωκράτης δ' ἔλεγεν τῶν ἄλλων ἀνθρώπων διαφέρειν καθ' ὅσον οἱ μὲν ζῶσιν
ἵν' ἐσθίωσιν, αὐτὸς δ' ἐσθίει ἵνα ζῇ.

アテナイオス「食卓の賢人たち」IV 158f（『食卓の賢人たち2』98頁）

ソシクラテスも『歴代の哲学者』第三巻で、ディオドロスが長い髭を生やし、擦り切れた服をまとい、髪を伸ばしていたと語り、彼がこんなことをしたのは、ある種の見栄のためで、つまり、彼に先立つピュタゴラス派の連中が、きれいな白い衣服をまとい、入浴し、油を塗り、注意して髪を短く切りつめるのを習いとしていた、それの向こうを張ったのだと言っているよ。それにだね、哲学者諸君、もし君たちが本当に自律にあこがれ、安い食事にあこがれるのならばだね、なぜ君たちはここへ来た、それも招かれてもいないのにだよ。

Σωσικράτης δ' ἐν τρίτῳ φιλοσόφων διαδοχῆς βαθεῖ πώγωνι χρήσασθαι τὸν Διόδωρον ἱστορεῖ καὶ τρίβωνα ἀναλαβεῖν κόμην τε φορῆσαι κατά τινα τῦφον τὴν ἐπιτήδευσιν ταύτην εἰσαγαγόντα, τῶν πρὸ αὐτοῦ Πυθαγορικῶν λαμπρᾷ τε ἐσθῆτι ἀμφιεννυμένων καὶ λουτροῖς καὶ ἀλείμμασι κουρᾷ τε τῇ συνήθει χρωμένων. εἰ δ' ὑμεῖς ὄντως, ὦ φιλόσοφοι, τὴν αὐτάρκειαν ἀσπάζεσθε καὶ τῶν δείπνων τὰ εὐτελῆ, τί ἐνταῦθα παραγίνεσθε μηδὲ κληθέντες;

アテナイオス「食卓の賢人たち」IV 164a（『食卓の賢人たち2』114頁）
＊本叢書にはピタゴラス、ピュタゴラスの両方の表記がある。

本当に哲学のうちに生涯を過ごした人というのは、死に臨んで心くじけず、また死んでからは、あの世で最大の善きものを得るという善い希望を抱いている。

ἀνὴρ τῷ ὄντι ἐν φιλοσοφίᾳ διατρίψας τὸν βίον θαρρεῖν μέλλων ἀποθανεῖσθαι καὶ εὔελπις εἶναι ἐκεῖ μέγιστα οἴσεσθαι ἀγαθὰ ἐπειδὰν τελευτήσῃ.

プラトン「パイドン」63E（『饗宴／パイドン』177頁）

ソクラテスやプラトンのような人々が、いかなる奴隷にも劣らず悪徳を分け持っており、奴隷と同程度に愚かで節度がなく不正であると主張するのは馬鹿げているのではないか。

μὴ καὶ καταγέλαστόν ἐστι τοὺς Σωκράτεις καὶ τοὺς Πλάτωνας οὐδὲν ἐλαφροτέρᾳ κακίᾳ τοῦ τυχόντος ἀνδραπόδου συνεῖναι φάσκοντας, ἀλλ' ὁμοίως ἄφρονας εἶναι καὶ ἀκολάστους καὶ ἀδίκους, ...

プルタルコス「陸棲動物と水棲動物ではどちらがより賢いか」962B（『モラリア12』170頁）

まず最初に、戦争で命を落とした哲学者の話ができる人が誰もいないのです。つまりそれは彼らが戦場にまったく出なかったか、もし出ても全員逃げ帰ったかしたからです。アンティステネス、ディオゲネス、クラテス、ゼノン、プラトン、アイスキネス、アリストテレス、この連中は皆戦列というも

のを見たことがありませんでした。この連中のうちただ一人、賢人ソクラテスがデリオンでの戦闘へ出陣するだけの勇気を示しましたが、現場から逃げ出し、パルネスからタウレアスの体育場へと逃げ込みました。彼の考えでは、スパルタ人と戦うよりも若者と坐り込んで議論したり、通りすがりの者に謎かけをしたりするほうがずっと洒落たことなのです。

πρῶτον μὲν οὐκ ἔστιν ὅστις εἰπεῖν ἔχοι φιλόσοφον ἐν πολέμῳ τετελευτηκότα· ἤτοι γὰρ οὐδὲ ὅλως ἐστρατεύσαντο, ἢ εἴπερ ἐστρατεύσαντο, πάντες ἔφυγον. Ἀντισθένης μὲν οὖν καὶ Διογένης καὶ Κράτης καὶ Ζήνων καὶ Πλάτων καὶ Αἰσχίνης καὶ Ἀριστοτέλης καὶ πᾶς οὗτος ὁ ὅμιλος οὐδὲ εἶδον παράταξιν· μόνος δὲ τολμήσας ἐξελθεῖν εἰς τὴν ἐπὶ Δηλίῳ μάχην ὁ σοφὸς αὐτῶν Σωκράτης φεύγων ἐκεῖθεν ἀπὸ τῆς Πάρνηθος εἰς τὴν Ταυρέου παλαίστραν κατέφυγεν. πολὺ γὰρ αὐτῷ ἀστειότερον ἐδόκει μετὰ τῶν μειρακυλλίων καθεζόμενον ὀαρίζειν καὶ σοφισμάτια προβάλλειν τοῖς ἐντυγχάνουσιν ἢ ἀνδρὶ Σπαρτιάτῃ μάχεσθαι.
ルキアノス「食客」43(『食客』211–212頁)

真正に哲学する者たちは死ぬことを練習している。

οἱ ὀρθῶς φιλοσοφοῦντες ἀποθνῄσκειν μελετῶσι.
プラトン「パイドン」67E(『饗宴／パイドン』190頁)
＊「死ぬこと」は「肉体から離れて純粋にものごとを見ること」を含意する。

哲 学 者 と 権 力

［哲学者のディオゲネスが日なたで寝そべっていたところに、アレクサンドロス大王がやって来て、何か望みはあるかと問うと、ディオゲネスはこう答えた］「ちょっと退いてくれ、陰になるから」。

μικρὸν ... ἀπὸ τοῦ ἡλίου μετάστηθι.
プルタルコス「アレクサンドロス」14, 4(『英雄伝5』30頁)

臀 部

同時に、自然は臀部という自然物を休息のためにも役立つものにした。

Ἅμα δὲ τήν τε τῶν ἰσχίων φύσιν καὶ πρὸς τὰς ἀναπαύσεις ἀπέδωκε χρήσιμον.
アリストテレス「動物部分論」689b15–16(『動物部分論／動物運動論／動物進行論』332頁)
＊二足歩行する動物にとってお尻は、重心と休息という2つの目的をもつと考える。

塔

同じ塔が、遠くからだと円く現われるのに対し、
近くからだと四角に現われる。

ὁ αὐτὸς πύργος πόρρωθεν μὲν φαίνεται στρογγύλος, ἐγγύθεν δὲ τετράγωνος.

セクストス・エンペイリコス『ピュロン主義哲学の概要』I 13, 31（23頁）
*デカルトが『省察』で取り上げた事例だが、古代哲学ではほかにも「学者たちへの論駁」VII
208（『学者たちへの論駁2』100頁）、ディオゲネス・ラエルティオス『ギリシア哲学者列伝』
IX 85、ルクレティウス『事物の本性について』IV 353–363に登場する。

統 治

王よ、この下劣なカリア人をそんな風に処分してやるのはおよしなさい。代
わりに私から、その男が大胆にも口にした内容に見合うだけの罰を与えまし
ょう。

'Μὴ σύ γε, ... οὕτω τὸν Κᾶρα τοῦτον, ὦ βασιλεῦ, τὸν ὄλεθρον ἀπαλλάξῃς,
ἀλλὰ παρ' ἐμοῦ τὸν ἄξιον ἀπολήψεται μισθὸν ὧν τολμᾷ λέγειν.'

クテシアス『ペルシア史／インド誌』断片26 (14, 9) (196頁)

動物

「動物」を意味するギリシア語はゾ
ーオンζῷον（動物園zooの語源）、ラテン語はアニマル
animalであるが、生きものの意味として植物を含む場
合（プラトン『ティマイオス』77B）もあれば、植物と区別さ
れる場合（プラトン『パイドン』70D）もある。

神々に愛されていることもまた動物の特性である。

ἴδιον δὴ τῶν ζῴων καὶ τὸ θεοφιλές.

アイリアノス「動物奇譚集」XIII 1（『動物奇譚集2』150頁）

イヌ

犬は見知らぬ者に吠える。

κύνες γὰρ καὶ βαΰζουσιν ὃν ἂν μὴ γινώσκωσι.

プルタルコス「老人は政治活動に従事するべきか」787c（『モラリア9』152頁）

臆病な犬は噛みつくよりもよく吠える。

Canem timidum vehementius latrare quam mordere.

クルティウス・ルフス『アレクサンドロス大王伝』VII 4, 13（265頁）

犬には、呼びやすいように、短い名前をつけるべきである。プシュケ［霊］、
テュモス［勇気］、ポルパクス［把手］、ステュラクス［槍柄］、ロンケ［槍］
……［以下、42例を列挙］

Τὰ δ' ὀνόματα αὐταῖς τίθεσθαι βραχέα, ἵνα εὐανάκλητα ᾖ. Ψυχή, Θυμός,
Πόρπαξ, Στύραξ, Λογχή, …

クセノポン「狩猟について」7, 5（『小品集』223頁）

イ ル カ

他のあらゆる動物たちとは対照的に、ただ独りイルカにのみ、最も優れた哲
学者たちが求めるかのもの、すなわち、必要性を抜きにして、自然本性的に
人間に対して愛情を感じるという性質が備わっているのである。

τῷ δὲ δελφῖνι παρὰ πάντα καὶ μόνῳ τὸ ζητούμενον ὑπὸ τῶν ἀρίστων
φιλοσόφων ἐκεῖνο, τὸ φιλεῖν ἄνευ χρείας, φύσει πρὸς ἀνθρώπους ὑπάρχει.

プルタルコス「陸棲動物と水棲動物ではどちらがより賢いか」984C–D（『モラリア12』245頁）

ウ サ ギ

兎は眠る時も目を瞑（つぶ）らないが、こんな芸当ができるのは動物の中でも兎のみ
で、その目蓋は眠りに屈しない。兎は体が眠っている時も目では見ている、と
言われているのである。

οὐ μὴν ἐπιμύει καθεύδων ὁ λαγώς, καὶ τοῦτο αὐτῷ ζῴων μόνῳ περίεστιν, οὐδὲ
νικᾶται τῷ ὕπνῳ τὰ βλέφαρα· φασὶ δὲ αὐτὸν καθεύδειν μὲν τῷ σώματι, τοῖς δὲ
ὀφθαλμοῖς τηνικάδε ὁρᾶν.

アイリアノス「動物奇譚集」XIII 13（『動物奇譚集2』164頁）

ウ マ

名馬は鞭の影でも導かれ、
駄馬は拍車を当てても目を覚まさぬものでございます。

Nobilis equus umbra quoque virgae regitur, ignavus ne calcari quidem concitari potest.

クルティウス・ルフス『アレクサンドロス大王伝』VII 4, 18（266頁）

オウム

ビッタコスという鳥について。……その鳥は人間のようにインド語を話し、もしギリシア語を学習したら、ギリシア語も同様に話す。

περὶ τοῦ ὀρνέου τοῦ βιττάκου, ... Διαλέγεσθαι δὲ αὐτὸ ὥσπερ ἄνθρωπον Ἰνδιστί, ἂν δὲ Ἑλληνιστὶ μάθῃ, καὶ Ἑλληνιστί.

クテシアス『ペルシア史／インド誌』断片45(8)(222–223頁)
*オウム目の鳥にかんする正確な記述。

オオカミ

狼が、羊飼いたちが天幕で羊の肉を食べているのを見て、近づいて来て言いました。「もし私がそんなことをしていたなら、あなたがたはどれほど大騒ぎをしていただろう」。

λύκος ἰδὼν ποιμένας ἐσθίοντας ἐν σκηνῇ πρόβατον ἐγγὺς προσελθών, 'ἡλίκος ἂν ἦν,' ἔφη, 'θόρυβος ὑμῖν, εἰ ἐγὼ τοῦτ' ἐποίουν.'

プルタルコス「七賢人の饗宴」156A(『モラリア2』228頁)
*アイソポス(イソップ)の言葉。

カラス

食えないコラクス(カラス)からは食えない卵。

ἐκ κακοῦ κόρακος κακὸν ᾠόν.

セクストス・エンペイリコス「学者たちへの論駁」II 99(『学者たちへの論駁1』200頁)
*コラクスはワタリガラス(*Corvus corax*)の意。ティシアスは裁判において勝利したときに1000ドラクマを支払うという約束で、コラクスから弁論の技術を学んだ。しかし、報酬を支払わないので師は弟子を告訴して、「もしこの裁判にティシアスが負ければ1000ドラクマを払わねばならないし、またティシアスが勝っても、勝ったのだから約束どおりお金を支払わねばならない」と主張した。ところが、ティシアスは「もしわたしが勝ったなら当然支払う義務はないし、また負ければ最初の約束に従って支払う義務はないのだ」と言い返した。このような応酬を聞いた陪審員たちは困り果て、「悪しきカラス(コラクス)が悪しき卵を産んだ」と叫んだという。ソフィストのプロタゴラスにも似た話が帰せられる。

ネズミとイタチ

家の正に覆らんとする時、中にいる鼠や鼬は感知して、
倒壊に先立って家移りをする。

μελλούσης δὲ οἰκίας καταφέρεσθαι αἰσθητικῶς ἔχουσιν οἵ τε ἐν αὐτῇ μύες καὶ μέντοι καὶ αἱ γαλαῖ, καὶ φθάνουσι τὴν καταφορὰν καὶ ἐξοικίζονται.

アイリアノス「動物奇譚集」XI 19(『動物奇譚集2』75頁)

ロバ

ロバがのぞき見したから。

Ἐξ ὄνου παρακύψεως.

ルキアノス「ルキオスまたはロバ」45（『偽預言者アレクサンドロス』160頁）
＊人が滑稽な理由で訴えられたさいに用いられた諺。

時 「時」「時間」を意味するギリシア語はクロノス χρόνος、ラテン語はテンプスtempusというが、ほか の語があてられることもある。「時はひとを支配するもの。ひとを 生む親にしてひとを葬る墓場」とはシェイクスピア（『ペリクリーズ』 第二幕3, 45–46）の言葉だが、西洋古典にも時に関する名言は 多い。「真理（ウェーリタース）は時（テンプス）の娘」（アウルス・ゲッ リウス『アッティカの夜』XI 11, 2）など。

つらい病の後には力がよみがえり、戦いの後には平和が来るではないか。
すべては時がたつにつれ変わるのだ。

ἔκ τ' ὀλοῆς νούσοιο πέλει σθένος, ἔκ τε μόθοιο εἰρήνη; Τὰ δὲ πάντα χρόνῳ μεταμείβεται ἔργα. クイントス・スミュルナイオス『ホメロス後日譚』IX 108–109（365頁）

というのも時は悲しみの薬で、魂の傷を和らげますから。日光は喜びに満ち、
悲しみは、たとえ極度であっても、魂が燃えている間だけはしばらく沸き立
ちますが、日々の気晴らしで克服されて冷やされますから。

χρόνος γὰρ λύπης φάρμακον καὶ πεπαίνει τῆς ψυχῆς τὰ ἕλκη. μεστὸς γὰρ ἥλιος ἡδονῆς· καὶ τὸ λυπῆσαν πρὸς ὀλίγον, κἂν ᾖ καθ' ὑπερβολήν, ἀναζεῖ μέν, ἐφ' ὅσον ἡ ψυχὴ καίεται, τῇ δὲ τῆς ἡμέρας ψυχαγωγίᾳ νικώμενον καταψύχεται. アキレウス・タティオス『レウキッペとクレイトポン』V 8, 2（120頁）

時というのは、人間のなすあらゆることがらにおいて鍵となるものだが、
とりわけ戦争にかかわる行動においてその重要性は著しい。

κρατεῖ δ' ἐπὶ πάντων μὲν τῶν ἀνθρωπείων ἔργων ὁ καιρός, μάλιστα δὲ τῶν πολεμικῶν. ポリュビオス「歴史」IX 15, 1（『歴史3』26頁）

行為の試金石として、「時」ほどすばらしいものはない。
「時」は人の胸の内に秘めた思いをも明るみにだすのだから。

οὐκ ἔστιν μείζων βάσανος χρόνου οὐδενὸς ἔργου, ὃς καὶ ὑπὸ στέρνοις ἀνδρὸς
ἔδειξε νόον.　　　　　詩人名不詳作品断片22（テオグニス他『エレゲイア詩集』341頁）

時間の特性は前進することであり、永遠の特性はとどまること、つねに同じ
ものの中に持続することである。また、時間の部分は、昼と夜、月と年であ
るが、永遠にはいかなる部分もない。また、時間の様相は過去、現在、未来
であるが、永遠の実体は唯一の永続する現在において単一である。

temporis quidem proprium progredi, aeui propria mansio semperque in idem
perseueratio; temporis item partes, dies et noctes, menses et anni, aeui partes nullae;
temporis item species praeteritum praesens futurum, aeui substantia uniformis in
solo perpetuoque praesenti.　　　カルキディウス『プラトン「ティマイオス」註解』25（35頁）

時間ほどわれわれが欠乏しているものはないとゼノンは言っていた。人生は
ほんとうに短いが、技術は長い。とりわけ魂の病をいやすことのできる技術
は長いから。

Ζήνων ἔλεγεν οὐδενὸς ἡμᾶς οὕτω πένεσθαι ὡς χρόνου. βραχὺς γὰρ ὄντως
ὁ βίος, ἡ δὲ τέχνη μακρή, καὶ μᾶλλον ἡ τὰς τῆς ψυχῆς νόσους ἰάσασθαι
δυναμένη.　　　　　　　　ゼノン他『初期ストア派断片集1』323（201頁）
　　　　　　　　＊ヒポクラテスの言葉「人生は短く、技術は長い」を踏まえる。

理性に叶わなかったことでも、
時をおくことで癒やされたこともしばしばでございます。

Quod ratio non quit, saepe sanauit mora.　　　セネカ「アガメムノン」130（『悲劇集2』88頁）

時間はまったく存在しない。

οὐκ ἄρα ἔστι τι χρόνος.
　　　　　　セクストス・エンペイリコス「学者たちへの論駁」X 189（『学者たちへの論駁3』228頁）
　　　　　＊時間は有限か無限か、分割可能か不可能かなどの議論を通じて、時間の非存在を論証する。

　時計といえば、法廷弁論の時間を計った水時計が有名だが、それ以外にも時計があった。変わったところでは、夜間用の時計があり、発明者はなんとプラトンだという。「プラトンは夜間用の時計を作っているので（これはたいへん大きな時計で、水力オルガンに似ているからだが）、この楽器の仕組みについてある程度の概念を与えている」とアテナイオスは書いている（IV 174c（『食卓の賢人たち2』148頁）。この時計（ニュクテリノン・ホーロロギオン νυκτερινὸν ὡρολόγιον）についてはほかに典拠がなく、詳細は不明である。

　一方、最初の日時計（ホーロロギウム・ソーラーリウム horologium solarium）がローマに登場したのは前3世紀である（ローマで設計されたものが建てられたのは前2世紀）。

> くたばっちまえ、時刻なんぞを見つけやがった奴は。
> それに、ここに日時計を最初に置いて、
> 情けないことに、おれの一日を時間刻みの細切れにしやがった奴も。
> おれが子どもの頃は、腹だけが時計がわりで、
> あんな日時計のどれよりも頼れる、正確無比の時計だった。
> 食い物がない時は別だが、食いたい時はいつでも教えてくれたものだ。
> ところが、今じゃ、食い物があっても、お天道様が気にいらなきゃ、
> 食うこともできぬ。
> それでもって、町中、日時計だらけ。ひもじさでひからびて、
> 住人の大抵が通りを這い回っている有り様だ。

　引用はプラウトゥス『ボエオティアの女』から（アウルス・ゲッリウス『アッティカの夜1』193–194頁）。ローマの喜劇に登場する居候の言葉だが、ゲッリウスの引用でのみ伝存し、劇作品そのものは失われた。その後、日時計は次第に市民の生活に溶け込んでいった。時計がないと不便だが、生活が時計に支配され、住みにくさを感じるようになっていくのは現代も同じ。

徳　徳はギリシア語ではアレテー ἀρετή、ラテン語では virtus というが、「徳」という訳語は時には合わないこともある。ソロンには「金持はその多くが邪悪であり、善良な人々は貧しい。だが私たちは彼らと、徳と富を取り換えたりはしない。なぜなら、徳はつねに

ゆるぎないものであるが、富は、ある時はこの人、ある時はあの人と、持ち主
が変わるからである」(『エレゲイア詩集』89–90頁)という言葉がある。

徳とは中庸であるが、最善や「よく」という観点から見れば、徳はまさに「頂点」である。

μεσότης ἐστὶν ἡ ἀρετή, κατὰ δὲ τὸ ἄριστον καὶ τὸ εὖ ἀκρότης.

アリストテレス『ニコマコス倫理学』1107a(74頁)

人間の生というのは、われわれが述べたように、運をも合わせ必要とするけれども、「よく」とか「悪く」といったことは、こうした偶然の運にかかっているのではなくて、徳に基づく活動こそが幸福の決め手なのである。

οὐ γὰρ ἐν ταύταις [ταῖς τύχαις] τὸ εὖ ἢ κακῶς, ἀλλὰ προσδεῖται τούτων ὁ
ἀνθρώπινος βίος, καθάπερ εἴπομεν, κύριαι δ᾽ εἰσὶν αἱ κατ᾽ ἀρετὴν ἐνέργειαι
τῆς εὐδαιμονίας.   アリストテレス『ニコマコス倫理学』1100b(41–42頁)

徳は自由である。

uirtus libera est.

カルキディウス『プラトン「ティマイオス」註解』164(210頁)

多くの者が道のけわしさに茫然として後ずさりし 少数の者だけが汗にまみれながら神聖な道を上ってゆくのだ。

πολλοὶ εἰσοπίσω χάζοντο τεθηπότες αἰπὰ κέλευθα, παῦροι δ᾽ ἱερὸν οἶμον
ἀνήιον ἱδρώοντες.   クイントス・スミュルナイオス『ホメロス後日譚』V 54–56(194頁)

大きな天分は大きな徳を産み出すだけでなく、 大きな不徳をも産み出す。

καὶ κακίας μεγάλας ὥσπερ ἀρετὰς αἱ μεγάλαι φύσεις ἐκφέρουσι.

プルタルコス「デメトリオス」1,7(『英雄伝6』6頁)

どんなときも自分がもっともすぐれていると考える人は、 自分を愛する人であって、徳を愛する人ではない。

φιλαύτου γὰρ ἀνδρός, οὐ φιλοκάλου, πάντως ἀεὶ βέλτιστον ἑαυτὸν ἡγεῖσθαι.

プルタルコス「アラトス」1,6(『英雄伝6』391頁)

望む所へ至る道はなだらかな下り坂であり、しかもほとんどの人は正しいことを知らず見聞きしたためしもないから、よこしまなことを望んでしまう。

λεία γάρ τις ἡ πορεία καὶ κατάντης ἐπὶ τὸ βουλόμενον. βούλονται δ' οἱ πλεῖστοι τὰ φαῦλα δι' ἀπειρίαν τῶν καλῶν καὶ ἄγνοιαν.

プルタルコス「アルタクセルクセス」28, 4(『英雄伝6』50頁)

幸運は美徳に付いてくるというのが世の常である。

ergo fortuna, ut saepe alias, uirtutem est secuta.

リウィウス『ローマ建国以来の歴史2』IV 37, 7(230頁)

独 裁 者

雪と霰（あられ）の力は、一片の雲から生じ、雷鳴は一条の輝く稲妻から生じる。ポリスは権力者から滅びてゆき、独裁者の奴隷へと、民衆は無知ゆえに落ちぶれた。独裁者を持ち上げすぎると、のちに抑えつけるのは容易ではない。今こそ、人はすべてのことを考えなければならない。

ἐκ νεφέλης πέλεται χιόνος μένος ἠδὲ χαλάζης, βροντὴ δ' ἐκ λαμπρᾶς γίνεται ἀστεροπῆς· ἀνδρῶν δ' ἐκ μεγάλων πόλις ὄλλυται, ἐς δὲ μονάρχου δῆμος ἀϊδρίῃ δουλοσύνην ἔπεσεν, λίην δ' ἐξάραντ' ‹οὐ› ῥάδιόν ἐστι κατασχεῖν ὕστερον, ἀλλ' ἤδη χρὴ ‹τινα› πάντα νοεῖν.

ソロン断片9(テオグニス他『エレゲイア詩集』80–81頁)

富

諸君、胸の内なる強い思いを静めたまえ。諸君はもう飽き飽きするほど多くの富を追い求めたのだから、野心もほどほどにしたまえ。われわれは言いなりにはならないし、事の成り行きも諸君の思いどおりにはならないのだから。

ὑμεῖς δ' ἡσυχάσαντες ἐνὶ φρεσὶ καρτερὸν ἦτορ, οἳ πολλῶν ἀγαθῶν ἐς κόρον [ἠ]λάσατε, ἐν μετρίοισι τίθεσθε μέγαν νόον· οὔτε γὰρ ἡμεῖς πεισόμεθ', οὔθ' ὑμῖν ἄρτια τα[ῦ]τ' ἔσεται.

ソロン断片4c(テオグニス他『エレゲイア詩集』77–78頁)

富というのは、思慮と気概をもってこれを使用すれば、いかなる企図の実現にもまことに大きな助けとなるものだが、それらが伴わなければ、多くの場合はむしろ惨禍の原因になり、破滅の元凶になるという性質をもっている。

πλοῦτος ...., ὃς μετὰ νοῦ μὲν καὶ τόλμης χειριζόμενος ὡς ἀληθῶς μεγάλην
παρέχεται χρείαν πρὸς πᾶσαν ἐπιβολήν, ἄνευ δὲ τῶν προειρημένων τοῖς
πλείστοις κακῶν παραίτιος πέφυκε γίνεσθαι καὶ συλλήβδην ἀπωλείας.

ポリュビオス「歴史」XVIII 41, 3（『歴史3』474頁）

己を養うに十分な土地を狭いと思うような人間が、
ローマ人の中にいてほしくないものだ。

μηδείς ... γένοιτο Ῥωμαίων ὀλίγην ἡγούμενος γῆν τὴν τρέφειν ἀρκοῦσαν.

プルタルコス「クラッスス」2, 9（『英雄伝4』200頁）

富や美貌の栄光ははかなくてもろいが、
卓越した精神は輝かしい永遠の財産なのである。

divitiarum et formae gloria fluxa atque fragilis est, virtus clara aeternaque habetur.

サルスティウス「カティリナ戦記」1（『カティリナ戦記／ユグルタ戦記』4頁）

おお、［ですから、］富というものは、窮屈で乏少なものです。その全部を大
人数がもつこともゆるされず、だれのもとへも、他のひとたちの窮乏なしに
はやってこないのですから。

O [igitur] angustas inopesque diuitias, quas nec habere totas pluribus licet et ad
quemlibet sine ceterorum paupertate non ueniunt!

ボエティウス『哲学のなぐさめ』II 散5, 7（78頁）

苦労せず、大地を掘ることもなく、すべての黄金がわれわれのものに
なったとしても、それだけでは何にもならない。

οὐδὲν πλέον, οὐδ᾽ εἰ ἄνευ πραγμάτων καὶ τοῦ ὀρύττειν τὴν γῆν τὸ πᾶν ἡμῖν
χρυσίον γένοιτο.　　　　プラトン「エウテュデモス」288E（『エウテュデモス／クレイトポン』61頁）

富 と 権 力

われわれにとって外的な好条件や人物にたまたまそなわったものはすべて、人がそれらをもちあわせたということではなく、それらを立派に用いたということで称賛されるのです。というのも富や権力や影響力は［善悪］どちらのほうにむけても最後に多くの力を与えてくれるので、人格を試す最も確実なものであるからです。実際われわれはこうしたもののためによりよくもより悪くもなるのです。

omnia quae extra nos bona sunt quaeque hominibus forte optigerunt non ideo laudantur quod habuerit quis ea, sed quod iis honeste sit usus. Nam diuitiae et potentia et gratia, cum plurimum uirium dent, in utramque partem certissimum faciunt morum experimentum: aut enim meliores propter haec aut peiores sumus.

クインティリアヌス「弁論家の教育」III 7, 13–14（『弁論家の教育2』76頁）

奴 隷

奴隷の身に恥ずべきことはただ一つ、奴隷というその名のみです。その他の点はすべて、その奴隷が優れた人間であれば自由人に劣るところは毫もありませぬ。

ἐν γάρ τι τοῖς δούλοισιν αἰςχύνην φέρει, τοὔνομα· τὰ δ᾽ ἄλλα πάντα τῶν ἐλευθέρων οὐδὲν κακίων δοῦλος, ὅστις ἐσθλὸς ἦι.

エウリピデス「イオン」854–856（『悲劇全集3』382–383頁）

COLUMN 奴 隷 は 生 き た 家 財 か ？

　奴隷はギリシア語ではドゥーロス（δοῦλος）、ラテン語ではセルウス（servus）という。古代社会が奴隷制で成り立っていたのは周知の事実であるが、アリストテレスの言う「生きた家財」（『政治学』1253b32）のような考えがある一方で、「奴隷であっても、ひとは同じ肉をもっている。生まれつき奴隷である人間なんていない。むしろ、運命がその体を奴隷にしたのだ」（ピレモン「断片」39）のように、自然本性において自由市民と奴隷の間にはなんの違いもないという主張も存在した。奴隷の人口は都市によって異なり、貧しい都市は奴隷人口も少ないが、アテナイのような大都市には多くの奴隷がいたと言われている。

［ナ行］

内 紛

ローマ人の勢力は永久的といってよい。ただしそれは、
彼らが互いに争う内紛が起こらない限りにおいてである。

aeternas opes esse Romanas nisi inter semet ipsi seditionibus saeuiant.

リウィウス『ローマ建国以来の歴史1』II 44, 8（213頁）

ローマが内紛となればそれは敵にとって格好の見世物となる。

spectaculo seditionem Romanam hostibus fore.

リウィウス『ローマ建国以来の歴史2』III 17, 9（39頁）

階級間の不和こそローマの害毒である。

discordia ordinum et uenenum urbis huius.

リウィウス『ローマ建国以来の歴史2』III 67, 6（138頁）

党派抗争は、外敵との戦いや飢饉、疫病、あるいは神々の怒りに原因を求め
るほかない国家的災難のどれよりも、多くの国家を滅亡させてきたし、これ
からも滅亡させ続けるにちがいない。

quae (= certamina factionum) fuerunt eruntque pluribus populis magis exitio
quam bella externa, quam fames morbiue quaeque alia in deum iras uelut ultima
publicorum malorum uertunt.　　リウィウス『ローマ建国以来の歴史2』IV 9, 3（172頁）

内 乱

かくして内乱を通じて多くの苛酷な事件が、もろもろのポリスを襲った。か
かる事件は、人間の本性が同一である限り起こるものであり、また将来も起
こるであろう。

καὶ ἐπέπεσε πολλὰ καὶ χαλεπὰ κατὰ στάσιν ταῖς πόλεσι, γιγνόμενα μὲν καὶ
αἰεὶ ἐσόμενα, ἕως ἂν ἡ αὐτὴ φύσις ἀνθρώπων ᾖ.

トゥキュディデス「歴史」III 82, 2（『歴史1』328頁）

仲　間

仲間たち、そなたらの勇敢さには私の心も励まされる。おかげで今は、冥府〔ハデス〕の深淵を抜けてゆくことになろうとも、もはや私は恐れに捕らわれなどしない。痛ましい危難のなかにあっても、そなたらは揺るがぬからだ。

ὦ φίλοι, ὑμετέρῃ ἀρετῇ ἔνι θάρσος ἀέξω. τοὔνεκα νῦν οὐδ᾽ εἴ κε διεξ Ἀίδαο
βερέθρων στελλοίμην, ἔτι τάρβος ἀνάψομαι, εὖτε πέλεσθε ἔμπεδοι ἀργαλέοις
ἐνὶ δείμασιν.　　　　アポロニオス・ロディオス『アルゴナウティカ』II 641-644（126-127頁）

涙

というのも本来涙はなにより見る者に憐れみをもたらしますから。女性の涙はいっそうそうで、溢れば溢れるほど、それだけ魅了します。もし泣いている女が美しく、見ている男が恋しているなら、その目も動かされ、涙をまねます。なぜなら目にこそ美人の美しさは備わっているので、そこから見る者の目に流れて留まり、涙の泉を引き出しますから。

ἔστι μὲν γὰρ φύσει δάκρυον ἐπαγωγότατον ἐλέου τοῖς ὁρῶσι· τὸ δὲ τῶν
γυναικῶν μᾶλλον, ὅσῳ θαλερώτερον, τοσούτῳ καὶ γοητότερον. ἐὰν δὲ ἡ
δακρύουσα ᾖ καὶ καλὴ καὶ ὁ θεατὴς ἐραστής, οὐδ᾽ ὀφθαλμὸς ἀτρεμεῖ, ἀλλὰ τὸ
δακρύον ἐμιμήσατο. ἐπειδὴ γὰρ εἰς τὰ ὄμματα τῶν καλῶν τὸ κάλλος κάθηται,
ῥέον ἐκεῖθεν ἐπὶ τοὺς ὀφθαλμοὺς τῶν ὁρώντων ἵσταται καὶ τῶν δακρύων τὴν
πηγὴν συνεφέλκεται.　　　アキレウス・タティオス『レウキッペとクレイトポン』VI 7, 4（151頁）

わたしは涙を流すことを恥と思うし、涙を流さないのもまた恥と思う。

ἐγὼ γὰρ ἐκβαλεῖν μὲν αἰδοῦμαι δάκρυ, τὸ μὴ δακρῦσαι δ᾽ αὖθις αἰδοῦμαι
τάλας.　　　　エウリピデス「アウリスのイピゲネイア」451-452（『悲劇全集5』37頁）

憎 し み

二人とも求めすぎてはいけません、求めすぎては。二つの愚かさが同じ的に向かうとき、それはこの上ない憎しみを生む禍となります。

μέθετον τὸ λίαν, μέθετον· ἀμαθία δυοῖν, ἐς ταῦθ᾽ ὅταν μόλητον, ἔχθιστον κακόν.
　　　　エウリピデス「フェニキアの女たち」584-585（『悲劇全集4』171頁）

肉 食

わたしがあなたに御免を蒙りたいのは、必然でなく乱暴なのです。食べるために殺してください、美味しく食べるためにわたしを殺すのはよしてください。

οὐ παραιτοῦμαί σου τὴν ἀνάγκην ἀλλὰ τὴν ὕβριν· ἵνα φάγῃς ἀπόκτεινον, ἵνα δ' ἥδιον φάγῃς μή μ' ἀναίρει.　　プルタルコス「肉食について」994E(『モラリア12』286頁)
＊「わたし」とは食事に供される動物のこと。

もし君が、自分自身はそのような食物にふさわしく生まれついていると言うのであれば、君が食べたいと思うものを、まずは自分で殺してみたまえ、ただし小刀なり、なにがしかの棍棒なり、大斧なりを用いることなく、自分自身の手でもって。

εἰ δὲ λέγεις πεφυκέναι σεαυτὸν ἐπὶ τοιαύτην ἐδωδήν, ὃ βούλει φαγεῖν πρῶτον αὐτὸς ἀπόκτεινον, ἀλλ' αὐτὸς διὰ σεαυτοῦ, μὴ χρησάμενος κοπίδι μηδὲ τυμπάνῳ τινὶ μηδὲ πελέκει.　　プルタルコス「肉食について」995A(『モラリア12』286頁)

人間

「人間」はギリシア語ではアントローポス ἄνθρωπος、ラテン語ではホモー homo という。ソフィストのプロタゴラスには「万物の尺度は人間である」(プラトン『テアイテトス』152A)という言葉があるが、物事の真偽を決めるのはそれぞれの人間だという意味。一方、歴史家のヘロドトスの「人間に関わることは車輪のようなもので、くるくる回って、同じ人間がつねに幸福であることを許さない」(『歴史』I 207)は、人の世の無常を表す言葉。

はかなき定めの者たちよ!　人とは何か?　人とは何でないのか?
影の見る夢——それが人間なのだ。

ἐπάμεροι· τί δέ τις; τί δ' οὔ τις; σκιᾶς ὄναρ ἄνθρωπος.
　　　　　ピンダロス「ピュティア祝勝歌集」VIII 95-96(『祝勝歌集／断片選』197頁)

人間は自然によって国家的［ポリス的］動物である。

ὁ ἄνθρωπος φύσει πολιτικὸν ζῷον.　　アリストテレス『政治学』1253a2-3(9頁)

ああ、人間の心よ、運命と未来の定めを知らず、
順境に高ぶるあまり、限度を守らぬ。

nescia mens hominum fati sortisque futurae et seruare modum rebus sublata secundis!

ウェルギリウス『アエネーイス』X 501–502（473–474頁）

おまえは死すべき人間の分際で不死なることを求めている。

sors tua mortalis, non est mortale, quod optas.

オウィディウス「変身物語」II 56（『変身物語1』58頁）

考えてみれば、人間とはなんと愚かな存在でしょう。

homunculi quanti sunt, quom recogito!　プラウトゥス「捕虜」51（『ローマ喜劇集1』393頁）

人間の種族とは草の花、春の花のようなもの、
枯れるものも育つものもある。

ἀνδρῶν γὰρ γένος ἐστὶν ὁμοίιον ἄνθεσι ποίης, ἄνθεσιν εἰαρινοῖσι· τὰ μὲν
φθινύθει, τὰ δ’ ἀέξει.　クイントス・スミュルナイオス『ホメロス後日譚』XIV 207–208（551頁）

私は人間だ。
人間のすることは何ひとつ私にとって他人事とは思わない。

Homo sum: humani ni a me alienum puto.

テレンティウス「自虐者」77（『ローマ喜劇集5』126頁）

同じ種類の活動においても、同じ人がだれよりも聡明であると同時にだれよ
りも愚鈍であったり、またこのうえなく勇敢であると同時にこのうえなく臆
病であったりするのも珍しいことではない。

περί τινα τῶν ὁμοειδῶν πολλάκις τὸν αὐτὸν καὶ συνετώτατον εἶναι καὶ
βραδύτατον, ὁμοίως δὲ καὶ τολμηρότατον καὶ δειλότατον.

ポリュビオス「歴史」IV 8, 7（『歴史2』15頁）

人間というのは、たいていの場合、自分で手に入れたものはしっかりと守る
けれども、与えられて受け取ったものは簡単に失うという性質をもっている。

ἐν γὰρ τοῖς πλείστοις τῶν ἀνθρωπείων ἔργων οἱ μὲν κτησάμενοι πρὸς τὴν τήρησιν, οἱ δ᾽ ἕτοιμα παραλαβόντες πρὸς τὴν ἀπώλειαν εὐφυεῖς εἰσιν.

ポリュビオス「歴史」VI 11a, 10(『歴史2』303頁)

人間の行動のしかたというのは、そのときの周囲の状況や巡り合わせによって、良い方にも悪い方にも変わるものである。

πολλάκις μὲν αἱ πρὸς τὸ χεῖρον τῶν πραγμάτων ῥοπαὶ καὶ περιστάσεις ἀλλοιοῦσι τὰς προαιρέσεις τῶν ἀνθρώπων, πολλάκις δ᾽ αἱ πρὸς τὸ βέλτιον.

ポリュビオス「歴史」XVI 28, 6(『歴史3』402頁)

人がほかのことすべてを避けられるとしても、こんな人間はいてほしくない、と願っている人たちを避けることだけはできません。

ἂν δ᾽ ἄρ᾽ ἅπαντά τις ἐκφύγῃ, τἄλλα τούς γε οὐδένα βουλομένους εἶναι τοιοῦτον οὐ διαφεύξεται. デモステネス「使節職務不履行について」228(『弁論集2』298頁)

人間には二つの善きものがあり、一つは幸運という第一にして最大の善であり、他方はこれには劣るがその他のものにまさる、よき思慮であります。

δυοῖν ἀγαθοῖν ὄντοιν πᾶσιν ἀνθρώποις, τοῦ μὲν ἡγουμένου καὶ μεγίστου πάντων, τοῦ εὐτυχεῖν, τοῦ δ᾽ ἐλάττονος μὲν τούτου, τῶν δ᾽ ἄλλων μεγίστου, τοῦ καλῶς βουλεύεσθαι. デモステネス「アリストクラテス弾劾」113(『弁論集4』58頁)

買手　人間とは何だ？

ヘラクレイトス　死ぬ定めにある神。

買手　神とは何か？

ヘラクレイトス　不死なる人間。

ΑΓΟΡΑΣΤΗΣ Τί δὲ ἄνθρωπος; ΗΡΑΚΛΕΙΤΟΣ Θεοὶ θνητοί. ΑΓΟΡΑΣΤΗΣ Τί δὲ θεοί; ΗΡΑΚΛΕΙΤΟΣ Ἄνθρωποι ἀθάνατοι.

ルキアノス「哲学諸派の競売」14(『食客』43頁)

　＊本作品は諸哲学者の生き方を買い入れるという設定で、さまざまな流派の哲学者が競売に掛けられる。

地上にある人間にとって何よりもよいこと。それは生まれもせずまばゆい陽の光も目にせぬこと。だが生まれた以上は、できるだけ早く冥府（ハデス）の門を通って、うず高く積み重なる土の下に横たわること。

πάντων μὲν μὴ φῦναι ἐπιχθονίοισιν ἄριστον, μηδ᾽ ἐσιδεῖν αὐγὰς ὀξέος
ἠελίου, φύντα δ᾽ ὅπως ὤκιστα πύλας Ἀίδαο περῆσαι καὶ κεῖσθαι πολλὴν γῆν
ἐπαμησάμενον.　　　　　　　　テオグニス425–428（テオグニス他『エレゲイア詩集』160頁）

私の主張をいえば、
人の行動はすべて、快楽か金儲けかあるいは名誉のためである。

Ἐγὼ μὲν οὖν ἡδονῆς ἢ κέρδους ἢ τιμῆς ἕνεκά φημι πάντας πάντα πράττειν·
ἔξω γὰρ τούτων οὐδεμίαν ἐπιθυμίαν ὁρῶ τοῖς ἀνθρώποις ἐγγιγνομένην.
　　　　　　　　イソクラテス「アンティドシス（財産交換）」217（『弁論集2』226頁）

人間のなかで獣と化してついには手が付けられなくなるのは、身体やそこに
生じる傷や腫れ物だけではない、なによりも魂こそがそうなのだ。

οὐ μόνον τὰ σώματα τῶν ἀνθρώπων καί τινα τῶν ἐν αὐτοῖς γεννωμένων ἑλκῶν
καὶ φυμάτων ἀποθηριοῦσθαι συμβαίνει καὶ τελέως ἀβοήθητα γίνεσθαι, πολὺ
δὲ μάλιστα τὰς ψυχάς.　　　　　　ポリュビオス「歴史」Ι 81, 5（『歴史1』119頁）

よくあることですが「最高の天才が世に隠れて潜む」です。

ut saepe summa ingenia in occulto latent!
　　　　　　　　プラウトゥス「捕虜」165（『ローマ喜劇集1』401頁）

つねに、あるいは、たいていの場合、人間からは人間が、
また、小麦からはオリーブではなくて小麦が生じる原因は何なのか。

Τί οὖν τὸ αἴτιον τοῦ ἐξ ἀνθρώπου ἄνθρωπον ἢ ἀεὶ ἢ ὡς ἐπὶ τὸ πολύ, καὶ ἐκ τοῦ
πυροῦ πυρὸν ἀλλὰ μὴ ἐλαίαν;　　　アリストテレス『生成と消滅について』333b7–9（153頁）
　　＊父である人間が、その子である人間の形相として、父とは異なるがこれと同種の人間である子
　　を生むという考え。なお、ギリシア語ではしばしば父が子を「生む」という表現が用いられる。

おお、人間たちなる類は幸いです、よしんばあなたがたのこころを、
天空を治める愛が治めるのでしたら。

O felix hominum genus, si uestros animos amor quo caelum regitur regat!
　　　　　　　　ボエティウス『哲学のなぐさめ』II 歌8, 28–30（104頁）

人　間　性

時めいている者はおのれを抑えることができません。

εὐτυχοῦντες οὐκ ἐπίστανται φέρειν.

エウリピデス「嘆願する女たち」124（『悲劇全集2』202頁）

我々を邪悪な行動へと駆り立てる人間性にはさまざまなものがあるとはいえ、もっとも抗しがたい力を発揮するのは物欲であろう。

ἐν γὰρ τῆι ἀνθρωπίνηι φύσει καὶ ἄλλων ἐνόντων, ἐφ᾽ οἷς βιαζόμεθα ἄδικοι γίνεσθαι, τὰ κέρδη μεγίστην ἀνάγκην ἔχειν.

パウサニアス「ギリシア案内記」IV 4, 7（『ギリシア案内記2』132頁）

自分には甘く、あらゆる誤りを許すが、他人には厳しくいかなることも大目には見ず、嫌悪の矛先を事柄の原因ではなく、意図や人物に向けるというのは人間一般によく見られることである。

adeo familiare est hominibus omnia sibi ignoscere, nihil aliis remittere, et inuidiam rerum non ad causam, sed ad uoluntatem personasque dirigere.

ウェレイユス・パテルクルス『ローマ世界の歴史』II 30, 3（83頁）

わたしたち人間というものは、自分の自由になるものを失くしてはじめてそれが大切なものだったと知るのですね。

tum denique homines nostra intellegimus bona, quom quae in potestate habuimus ea amisimus.

プラウトゥス「捕虜」142–143（『ローマ喜劇集1』400頁）

人間の本性は自らを知るときにだけ他の事物に卓越しますが、自らを知るのをやめれば同じ本性が獣たちのしたに戻されます。そう、自らを知らないことは、他の生きものたちにとっては本性に属しますが、人間たちには欠点［悪徳］として生じるのです。

Humanae [quippe] naturae ista condicio est, ut tum tantum ceteris rebus cum se cognoscit excellat, eadem tamen infra bestias redigatur si se nosse desierit; nam ceteris animantibus sese ignorare naturae est, hominibus uitio uenit.

ボエティウス『哲学のなぐさめ』II 散5, 29（82頁）

下向きの顔は、鈍れる感覚をなお鈍らせる——ひとり人間たちの種族ばかり
が、高々と頭頂をもちあげて真すぐなからだで軽々と立ち、大地をばさげす
むのだ。この姿勢は警告する、地上のあなたがひどく愚かでなければ——あ
なたは顔を真すぐにして、天をば求めて額を伸ばして、高きへとこころをも
向けるがいい、精神がしたへと圧されて低められてへたりこみ、からだが高
くもちあげられないように。

prona [tamen] facies habetes ualet ingrauare sensus; unica gens hominum celsum
leuat altius cacumen atque leuis recto stat corpore despicitque terras. Haec, nisi
terrenus male desipis, admonet figura: qui recto caelum uultu petis exserisque
frontem, in sublime feras animum quoque, ne grauata pessum inferior sidat mens
corpore celsius leuato.　　　　　ボエティウス『哲学のなぐさめ』V 歌5, 9–15（272頁）

人 間 の 価 値

各人の価値は彼が熱心に追い求めてきたものの価値にちょうど等しい。

τοσούτου ἄξιος ἕκαστός ἐστιν, ὅσου ἄξιά ἐστι ταῦτα περὶ ἃ ἐσπούδακεν.
　　　　　　　　　　　マルクス・アウレリウス『自省録』VII 3（133頁）

人 間 の 創 意

人間の観照と思惟を振り向けるのに宇宙全体でも十分ではなく、人間の創意
はしばしば人間を取り囲んでいるものの限界を越えてしまいます。

τῇ θεωρίας καὶ διανοίας τῆς ἀνθρωπίνης ἐπιβολῇ οὐδ᾽ ὁ σύμπας κόσμος ἀρκεῖ,
ἀλλὰ καὶ τοὺς τοῦ περιέχοντος πολλάκις ὅρους ἐκβαίνουσιν αἱ ἐπίνοιαι.
　　　ロンギノス「崇高について」XXXV 3（ロンギノス／ディオニュシオス『古代文芸論集』88頁）

人 情

人は危険に晒されている者のほうに
より多くの共感を抱くのが当たり前だからです。

τοῖς γὰρ ἐν κινδύνῳ καθεστηκόσιν εἰκὸς εὐνοϊκωτέρους ὑπάρχειν.
　　　　　デモステネス「エウブリデスへの抗弁」1（『弁論集6』473頁）

よく言われます、親しい間柄(なか)の人間が逃げ込んで来ても、
受け入れる側が甘い顔をするのはたった一日だけだと。

ὡς τὰ ξένων πρόσωπα φεύγουσιν φίλοις ἕν ἧμαρ ἡδὺ βλέμμ᾽ ἔχειν φασὶν μόνον.

エウリピデス「ヘラクレス」305(『悲劇全集3』26頁)

虐げられた者を見ると応援したくなるのが、
人間の変わらぬ習性なのだ。

φύσει τῶν ἀνθρώπων ἀεὶ τῷ θλιβομένῳ τὴν εὔνοιαν προσνεμόντων.

ポリュビオス「歴史」XXXI 6, 6(『歴史4』235頁)

忍　耐

災厄を立派に耐える人間より、
幸運を立派に耐える人間を見出すほうが困難である。

χαλεπώτερον εἶναι εὑρεῖν ἄνδρα τἀγαθὰ καλῶς φέροντα ἢ τὰ κακά.

クセノポン『キュロスの教育』VIII 4, 14(376頁)

死すべき身であるからには、神の与えるものは良いものであれ
苦しみであれすべて負うてゆくのがふさわしいのだ。

ἔοικε δὲ θνητὸν ἐόντα πάντα φέρειν ὁπόσ᾽ ἐσθλὰ διδοῖ θεὸς ἠδ᾽ ἀλεγεινά.

クイントス・スミュルナイオス『ホメロス後日譚』VII 54-55(280頁)

人は、自分の禿頭をからかわれても、冷静に我慢するが、
盲目をからかわれると、我慢できない。

εἰς φαλακρότητα (σκωπτόμενοι) πράως φέρουσιν, εἰς δὲ πήρωσιν ὀφθαλμῶν
ἀηδῶς.　　　　　　　　　プルタルコス『食卓歓談集』633C(『モラリア8』74頁)
　　＊人が肉体的特質について、何かを言われると平気な時もあれば怒る時もあることの例。

辛抱は剛腕よりも多くを成し、一気に動かせないものも少しずつ動かせばや
がてめざす所に達する。継続に勝てるものはない。

τὴν ἐπιμονὴν ἀνυσιμωτέραν τῆς βίας οὖσαν καὶ πολλὰ τῶν ἀθρόως ἀλήπτων
ἐνδιδόντα τῷ κατὰ μικρόν. ἄμαχον γὰρ τὸ ἐνδελεχές.

プルタルコス「セルトリウス」16, 9(『英雄伝4』296頁)

盗 人

多くを盗む者は、ほんのわずかだけ渡して、逃げ去ってしまう。

Ὁ πολλὰ κλέψας ὀλίγα δοὺς ἐκφεύξε[ν]ται.

アエリウス・ランプリディウス「アレクサンデル・セウェルスの生涯」18
(アエリウス・スパルティアヌス他『ローマ皇帝群像3』33頁)

　＊原文はギリシア語で、ラテン語では「多くを盗んだ者は、自分の後援者たちに少しだけ渡して、お咎めなし」ということだと説明がある。

熱 意

愛するクリトンよ！　君の熱意は大いに価値がある、
もし何らかの正しさを伴っているとすればね。

ὦ φίλε Κρίτων, ἡ προθυμία σου πολλοῦ ἀξία εἰ μετά τινος ὀρθότητος εἴη.

プラトン「クリトン」46B(『エウテュプロン／ソクラテスの弁明／クリトン』150頁)

眠 り

禍をしばし忘却して休息するために、
神々がわれわれに与えた眠りの贈り物。

τὸν ὕπνον οἱ θεοὶ λήθην κακῶν ἔδοσαν ἡμῖν καὶ ἀνάπαυσιν.

プルタルコス「迷信について」166C(『モラリア2』260頁)

年 長 者 と 年 少 者

年長者は治める術を知っており、
年少者は命令を実行する力を有している。

τῶν μὲν πρεσβυτέρων ἄρχειν ἐπισταμένων, τῶν δὲ νεωτέρων τὸ ἐπιταττόμενον ποιεῖν δυναμένων.

リュシアス「コリントス戦争の援軍として斃れた戦士への葬礼演説」2, 51(『弁論集』36頁)

若者は、自分たちが何をしようと年長者には当然許してもらえるものと思っているのに対し、年長者は、過ちを犯そうものなら、老若双方から非難を浴びせられるのです。

οἱ μὲν νέοι συγγνώμης ἀξιοῦνται τυγχάνειν παρὰ τῶν πρεσβυτέρων, τοῖς δὲ πρεσβυτέροις ἐξαμαρτάνουσιν ὁμοίως ἐπιτιμῶσιν ἀμφότεροι.

リュシアス「身体障害者給付金差し止めの提訴に答えて」24, 17（『弁論集』336頁）

農 業

大きな農地をほめるがよい。だが狭い土地で栽培せよ。

Laudato ingentia rura, exiguum colito.

ウェルギリウス「農耕詩」II 412–413（『牧歌／農耕詩』132頁）

＊ヘシオドスの航海についての忠告「船は、小ぶりのは敬遠して、大きいのに荷を積め」（「仕事と日」643『ヘシオドス全作品』133頁）を逆転して農事に応用している。

夜々の果てを明言するあの十二の星座がまちがいなく頼りになるものの、長い一年を通しての折節については、休閑地を耕す時期とか、植えつける時期とかは、すでにすべていずこであれ、ゼウスが啓示されている。

Ἄκρα γε μὲν νυκτῶν κεῖναι δυοκαίδεκα μοῖραι ἄρκιαι ἐξειπεῖν. Τὰ δέ που μέγαν εἰς ἐνιαυτόν, ὥρη μέν τ᾽ ἀρόσαι νειούς, ὥρη δὲ φυτεῦσαι, ἐκ Διὸς ἤδη πάντα πεφασμένα πάντοθι κεῖται.

アラトス「星辰譜」740–743（アラトス／ニカンドロス／オッピアノス『ギリシア教訓叙事詩集』64頁）

＊12の星座とは黄道十二宮を指している。

［ ハ 行 ］

墓

偉大な人間には大地がすべて墳墓である。

ἀνδρῶν γὰρ ἐπιφανῶν πᾶσα γῆ τάφος.　トゥキュディデス「歴史」II 43, 3（『歴史1』189頁）

＊ペリクレスの言葉で、釋月性の「人間到る処に青山有り」を連想させる。

もしも惨めな生活が一種の死であるとすれば、死者の私を覆う大地が遅れていて、私の運命にはお墓だけが欠けていることになります。

Si genus est mortis male uiuere, terra moratur et desunt fatis sola sepulcra meis.

オウィディウス「黒海からの手紙」III 4, 75–76（『悲しみの歌／黒海からの手紙』372頁）

＊オウィディウス・ナソは後8年アウグストゥス帝の命によって黒海沿岸に流され、失意のうちに当地で客死する。

たらふく飲み、たらふく喰らい、さんざんに世の人に悪態をついて、
このわし、ロドス生まれのティモクレオン、ここに眠る。

Πολλὰ πιὼν καὶ πολλὰ φαγὼν καὶ πολλὰ κάκ᾽ εἰπὼν ἀνθρώπους κεῖμαι
Τιμοκρέων Ῥόδιος.　　シモニデス「ギリシア詞華集」VII 348（『ギリシア詞華集2』199頁）

励　ま　し

さあ、喜びに勇んで進め。つらい労苦にけっして心を悩ませてはならぬ。若
さ溢れる手足を存分に動かすのだ。

ἀλλ᾽ ἴτε γηθόσυνοι, καμάτοιο δὲ μή τις ἀνίη γιγνέσθω, νεότητι κεκασμένα γυῖα
μογῆσαι.　　アポロニオス・ロディオス『アルゴナウティカ』IV 1584–1585（346頁）

「恥」や「廉恥」を表す言葉 **恥**
はギリシア語ではアイドース
αἰδώς、ラテン語ではプドル pudor という。
前4世紀のアテナイの弁論家のデマデスは
「恥を知る心は美しさを守る城砦」（ストバイオス『精華集』IV 23, 56）という言
葉を残している。また、テレンティウスの喜劇に「親としては、子の廉恥心を育
て上げ、寛大な態度でしつける方が、脅しを使って締め上げるよりもずっと大
切なことなのだ」（「兄弟」57–58『ローマ喜劇集5』570–571頁）の言葉がある。

恥の心、それは人間に大きな害にもなれば益にもなる。

αἰδώς, ἥ τ᾽ ἄνδρας μέγα σίνεται ἠδ᾽ ὀνίνησιν.
　　　　　　　　　　　　　　ヘシオドス「仕事と日」318（『全作品』177頁）

知恵は恥を知る心に宿るもの。

τό τε γὰρ αἰδεῖσθαι σοφία.　　エウリピデス「アウリスのイピゲネイア」563（『悲劇全集5』44頁）

法が禁じていないことも、
廉恥の心が、それはあってはならぬ、と差し止める。

Quod non uetat lex, hoc uetat fieri pudor.
　　　　　　　　　　　　　セネカ「トロイアの女たち」334（『悲劇集1』123頁）

大きな栄光を不名誉に飲み込まれた者にとって、
生きるのは願わしくないことなのだ。

οὐ γὰρ ἔοικε ζωέμεναι κείνοισιν ὅσων μέγα κῦδος ὄνειδος ἀμφιχάνῃ.

クイントス・スミュルナイオス『ホメロス後日譚』XIII 288–289 (519頁)

多くの人たちは、必要もないときに恥を感じて、恥じるべきときや、恥じて
もいいときにかぎって、恥じる気持ちを失うものだ。

Plerique homines, quos quom nil refert pudet, ubi pudendum est ibi eos deserit pudor,
quom usust ut pudeat.

プラウトゥス「エピディクス」166–167 (『ローマ喜劇集2』274頁)

恥ずべきことを軽々しく喋ることから似たような行為が結果する。

ἐκ τοῦ γὰρ εὐχερῶς λέγειν ὁτιοῦν τῶν αἰσχρῶν γίνεται καὶ τὸ ποιεῖν σύνεγγυς.

アリストテレス『政治学』1336b5–6 (399頁)

何よりも恥ずべきことは、彼らはそれぞれ自分は無一物でありたいなどと言
い、ただ賢者一人が富むべしと公言しながら、その口の下で人々に寄って行
って物乞いをし、断わられると腹を立てることです。

Τὸ δὲ πάντων αἴσχιστον, ὅτι μηδενὸς δεῖσθαι λέγων ἕκαστος αὐτῶν, ἀλλὰ
μόνον πλούσιον εἶναι τὸν σοφὸν κεκραγὼς μικρὸν ὕστερον προσελθὼν αἰτεῖ
καὶ ἀγανακτεῖ μὴ λαβών.

ルキアノス「甦って来た哲学者」35 (『食客』87頁)

始　め

思うに、「始めは全体の半分」以上である。

δοκεῖ γὰρ πλεῖον ἢ ἥμισυ τοῦ παντὸς εἶναι ἡ ἀρχή.

アリストテレス『ニコマコス倫理学』1098b (31頁)

　＊「始めは全体の半分」というのはギリシアの諺で、「始めることは全体の半分にあたる」とい
　　う意味。アリストテレスは「始め」はそれ以上だとして、出発点の重要性を説いている。

花　冠

花のようなきみに花の冠（かんむり）をあげよう。

do hanc tibi florentem florenti.　　　プラウトゥス「ペルシア人」770 (『ローマ喜劇集3』443頁)

話　す

行なうに恥とすることは、口にしてもならないと心すべきである。

Ἅ ποιεῖν αἰσχρὸν, ταῦτα νόμιζε μηδὲ λέγειν εἶναι καλόν.

イソクラテス「デモニコスに与う」15（『弁論集1』8頁）

舌は言い返すためについているんだ。

referundae ego habeo linguam natam gratiae.

プラウトゥス「ペルシア人」428（『ローマ喜劇集3』404頁）

打つなら打て。しかし聞くだけは聞け。

πάταξον μέν, ἄκουσον δέ.　　　プルタルコス「テミストクレス」11, 4『英雄伝1』（339頁）
　＊エウリュビアデスがテミストクレスに腹を立て、棒で打とうとしたときに、テミストクレスが放っ
　　た言葉。ヘロドトス『歴史』VIII 59にもよく似た話がある。

母

母親というものは子どもが会食に出かけたときでさえ、
その身を心配するものなのだ。

οὕνεκα μήτηρ ἄχνυθ᾽ ἑῷ περὶ παιδί, καὶ ἢν ἐπὶ δαῖτ᾽ ἀφίκηται.

クイントス・スミュルナイオス『ホメロス後日譚』VII 389–390（300頁）

ふしだらな母親の振る舞いを子供は真似をしてはいけません、
分別があるならば、ね。

ζήτει παρελθεῖν· τῶν κακῶν γὰρ μητέρων φεύγειν τρόπους χρὴ τέκν᾽ ὅσοις
ἔνεστι νοῦς.　　　　　　エウリピデス「アンドロマケ」230–231（『悲劇全集2』23頁）

パリスの審判

パリスよ、ゼウスがお前に命じている。お前は美男子で、しかも色恋にも通
じている。だから、ここにいる女神たちのうちで誰が最も美しいのかをお前
が審判せよ。そして優勝者には賞品としてこのリンゴを取らせるのだ。

Σέ, ὦ Πάρι, κελεύει ὁ Ζεύς, ἐπειδὴ καλός τε αὐτὸς εἶ καὶ σοφὸς τὰ ἐρωτικά, δικάσαι ταῖς θεαῖς, ἥτις καλλίστη ἐστίν· τοῦ δὲ ἀγῶνος τὸ ἆθλον ἡ νικῶσα λαβέτω τὸ μῆλον.　　　ルキアノス「女神たちの審判」1(『偽預言者アレクサンドロス』4頁)
＊ゼウスが伝令使ヘルメスに伝えさせた言葉。

パリスよ、もし私のことを美しいと判定したら、
お前を全アジアの王にしてあげよう。

ἢν γάρ με, ὦ Πάρι, δικάσῃς εἶναι καλήν, ἁπάσης ἔσῃ τῆς Ἀσίας δεσπότης.
　　　ルキアノス「女神たちの審判」11(『偽預言者アレクサンドロス』12頁)
＊女神ヘラの言葉。

もし私のことを美しいと判定するならば、お前は戦場から敗れて帰ることは
なく、いつも勝って帰るでしょう。お前を常勝の戦士にしてあげましょう。

Παρέστηκά σοι, κἄτα ἢν με, ὦ Πάρι, δικάσῃς καλήν, οὔποτε ἥττων ἄπει ἐκ μάχης, ἀλλ᾽ ἀεὶ κρατῶν· πολεμιστὴν γάρ σε καὶ νικηφόρον ἀπεργάσομαι.
　　　ルキアノス「女神たちの審判」12(『偽預言者アレクサンドロス』12頁)
＊女神アテナの言葉。

それでは私は約束します、ヘレネを妻として与えることを。
そしてヘレネがお前について故郷のトロイアまで来ることを。

Ὑπισχνοῦμαι δή σοι τὴν Ἑλένην παραδώσειν γυναῖκα, καὶ ἀπολουθήσειεν γέ σοι αὐτὴν καὶ ἀφίξεσθαι παρ᾽ ὑμᾶς εἰς τὴν Ἴλιον.
　　　ルキアノス「女神たちの審判」16(『偽預言者アレクサンドロス』16頁)
＊女神アプロディテの言葉。

繁　栄

彼ら[前世紀の著名アテナイ人]は、ギリシア諸国民に対しては信義を守り、神々に対しては敬神の念に厚く、自分たちの間では平等に暮らすことによって、当然ながら、大いなる繁栄を獲ち得たのです。

ἐκ δὲ τοῦ τὰ μὲν Ἑλληνικὰ πιστῶς, τὰ δὲ πρὸς τοὺς θεοὺς εὐσεβῶς, τὰ δ᾽ ἐν αὑτοῖς ἴσως διοικεῖν μεγάλη εἰκότως ἐκτήσαντ᾽ εὐδαιμονίαν.
　　　デモステネス「オリュントス情勢(第3演説)」26(『弁論集1』55頁)

ローマは強大になり、近隣のどの国と戦ってもひけをとらないくらいになったが、しかし、女がいなければ、その繁栄も一代かぎりとならざるをえない。

res Romana adeo erat ualida, ut cuilibet finitimarum ciuitatum bello par esset; sed penuria mulierum hominis aetatem duratura magnitudo erat.

リウィウス『ローマ建国以来の歴史1』I 9, 1（25頁）

半　身

各人はいつも自分自身の割り符を探し求めている。

ζητεῖ δὴ ἀεὶ τὸ αὑτοῦ ἕκαστος σύμβολον.

プラトン「饗宴」191D（『饗宴／パイドン』67頁）

＊アリストパネス神話。太古の人間は二人で一人の姿をしていて、しかも「男男」「女女」「男女」の種類に分かれていた。しかし、その姿の人間が不遜にも神々に挑んだために、ゼウスにより切断され、現在のような半身の姿になった。そのために、人間は自分の半身を求めてさまようのだという。

万 能 の 人

いかに万能具足であれ、人間の本性は言動いずれにおいても完全無欠ではありえず、的を射当てる回数がいちばん多く、外すのがいちばん少ない人が最も優れた人なのです。

οὐδεμία γὰρ αὐτάρκης ἀνθρώπου φύσις οὔτ᾽ ἐν λόγοις οὔτ᾽ ἐν ἔργοις ἀναμάρτητος εἶναι, κρατίστη δὲ ἡ πλεῖστα μὲν ἐπιτυγχάνουσα, ἐλάχιστα δὲ ἀστοχοῦσα.

ディオニュシオス「トゥキュディデス論」3, 2
（ロンギノス／ディオニュシオス『古代文芸論集』149頁）

どんなことにも、へたな人もいればうまい人もいる。
世に万能の人は、なし。

ἔστιν ὁ μὲν χείρων, ὁ δ᾽ ἀμείνων ἔργον ἑκάστον· οὐδεὶς δ᾽ ἀνθρώπων αὐτὸς ἅπαντα σοφός.

テオグニス901–902（テオグニス他『エレゲイア詩集』211頁）

火

小さな火花も侮っておればしばしば大火を引き起こすものだ。

Parva saepe scintilla contempta magnum excitavit incendium.

クルティウス・ルフス『アレクサンドロス大王伝』VI 3, 11（199頁）

「美しい」はギリシア語ではカロス καλός、ラテン語ではプル
ケル pulcher という。名詞形の「美」はギリシア語
ではカッロス κάλλος、ラテン語ではプルクリトゥー
ドー pulchritudo である。プラトンの『大ヒッピアス』
は美に関する哲学論議を展開している。関連の名言名句
は多く、ロンギノスは文体論で、「美しい語句は本当に、知
性に固有の光」(下記)だと述べているが、一方で、ホラティ
ウスは「詩は美しいだけでは十分でなく、魅力ある(快い)も
のでなければならない」(『詩論』99)と言っている。

喜びに輝く目。髪は金色、金色の巻き毛。眉は黒、純粋な黒。白い頬、その
白さはなかほどで赤みがさし、ちょうどリュディアの女が象牙を染める赤紫
の顔料のよう。口は花びらの唇を開き初めるときの薔薇の花でした。

ὄμμα γοργὸν ἐν ἡδονῇ· κόμη ξανθή, τὸ ξανθὸν οὖλον· ὀφρὺς μέλαινα, τὸ
μέλαν ἄκρατον· λευκὴ παρειά, τὸ λευκὸν εἰς μέσον ἐφοινίσσετο καὶ ἐμιμεῖτο
πορφύραν, οἵαν εἰς τὸν ἐλέφαντα Λυδίη βάπτει γυνή· τὸ στόμα ῥόδον ἄνθος
ἦν, ὅταν ἄρχηται τὸ ῥόδον ἀνοίγειν τῶν φύλλων τὰ χείλη.

アキレウス・タティオス『レウキッペとクレイトポン』I 4, 3(9頁)

美は矢よりも鋭く傷つけ、目を通って魂に流れ込みます。
目は恋の傷の通り道ですからね。

κάλλος γὰρ ὀξύτερον τιτρώσκει βέλους καὶ διὰ τῶν ὀφθαλμῶν εἰς τὴν ψυχὴν
καταρρεῖ· ὀφθαλμὸς γὰρ ὁδὸς ἐρωτικῷ τραύματι.

アキレウス・タティオス『レウキッペとクレイトポン』I 4, 4(9頁)

鏡なんて言うものは、自分の年がいやになった女にこそ必要なものなのよ。
鏡のなかの鏡みたいなあなたに鏡なんてなんの用があるの。

mulier quae se suamque aetatem spernit, speculo ei usus est: quid opust speculo tibi
quae tute speculo speculum es maxumum?

プラウトゥス「幽霊屋敷」250–251(『ローマ喜劇集3』260頁)

きれいな人は、はだかのほうが、
はだかけを着るよりきれいにみえるわ。

pulchra mulier nuda erit quam purpurata pulchrior.

プラウトゥス「幽霊屋敷」289(『ローマ喜劇集3』264頁)
＊原文はp音の同音反復。「はだかけ」の直訳は「紫の着物」。

すべて美しいものは、〈美〉によって美しい。

τῷ καλῷ πάντα τὰ καλὰ γίγνεται καλά.

プラトン「パイドン」100D(『饗宴／パイドン』292頁)
＊〈美〉とは、美しさの原型(イデア)のこと。

もしどこかにあるとすれば、人生のここにおいてこそ、人間にとってその生
が生きるに値するものとなるのです、すなわち、美そのものを眺める場合に。

ἐνταῦθα τοῦ βίου, εἴπερ που ἄλλοθι, βιωτὸν ἀνθρώπῳ, θεωμένῳ αὐτὸ τὸ καλόν.

プラトン「饗宴」211D(『饗宴／パイドン』120頁)
＊「美そのもの」とは美のイデアを指す表現で「真に価値あるもの」を含意する。

美しい語句は本当に、知性に固有の光だからです。

φῶς γὰρ τῷ ὄντι ἴδιον τοῦ νοῦ τὰ καλὰ ὀνόματα.

ロンギノス「崇高について」XXX 1(ロンギノス／ディオニュシオス『古代文芸論集』76頁)

孔雀の輝く美しさも私にはレウキッペの顔より劣るように思われました。と
いうのも彼女の身体の美しさは花園の花と競っていましたから。その顔は水
仙の色に輝き、頬からは薔薇が萌え、目の光は菫色にきらめき、巻き毛は木
蔦よりいっそう巻きついていました。それほどの花園がレウキッペの顔には
ありました。

τὸ δὲ κάλλος ἀστράπτον τοῦ ταὼ ἧττον ἐδόκει μοι τοῦ Λευκίππης εἶναι
προσώπου. τὸ γὰρ τοῦ σώματος κάλλος αὐτῆς πρὸς τὰ τοῦ λειμῶνος ἤριζεν
ἄνθη. ναρκίσσου μὲν τὸ πρόσωπον ἔστιλβε χροιάν, ῥόδον δὲ ἀνέτελλεν
ἐκ τῆς παρειᾶς, ἴον δὲ ἡ τῶν ὀφθαλμῶν ἐμάρμαιρεν αὐγή, αἱ δὲ κόμαι
βοστρυχούμεναι μᾶλλον εἰλίττοντο κιττῷ· τοσοῦτος ἦν Λευκίππης ἐπὶ τῶν
προσώπων ὁ λειμών.　アキレウス・タティオス『レウキッペとクレイトポン』I 19, 1 (26頁)

比 較

というのも、それ自体として立派ですばらしく見えるものの多くは、他のもっと優れているものと対比されると、それほどでもないと判明するからです。それゆえ、黄金も他の黄金と比較されてより優れているのかより劣っているのかが分かるのであり、さらに他のすべての製作品も現実的な効果を目ざすあらゆるものもそうなのです。

πολλὰ γὰρ τῶν καθ᾽ αὑτὰ φαινομένων καλῶν καὶ θαυμαστῶν ἑτέροις ἀντιπαρατεθέντα κρείττοσιν ἐλάττω τῆς δόξης ἐφάνη. οὕτω γέ τοι καὶ χρυσὸς ἑτέρῳ χρυσῷ παρατεθεὶς κρείττων εἴτε καὶ χείρων εὑρίσκεται καὶ πᾶν ἄλλο χειρούργημα, καὶ ὅσων ἐνέργεια τὸ τέλος.

ディオニュシオス「ポンペイオス・ゲミノスへの書簡」17
（ロンギノス／ディオニュシオス『古代文芸論集』324頁）

悲 劇

その後、悲劇作品でコンクールに出ようとしていたところ、ディオニュソス劇場の前でソクラテスが語っているのを聞き、作った詩文を燃やして次のように言った。「ヘパイストスよ、ここに来たれ。プラトンは今あなたを必要としているのだ」。

ἔπειτα μέντοι μέλλωνἀγωνιεῖσθαι τραγῳδίᾳ πρὸ τοῦ Διονυσιακοῦ θεάτρου Σωκράτουςἀκούσας κατέφλεξε τὰ ποιήματα εἰπών· Ἥφαιστε, πρόμολ᾽ ὧδε· Πλάτων νύ τι σεῖο χατίζει.

ディオゲネス・ラエルティオス「プラトン伝」5（『プラトン哲学入門』206頁）
　＊プラトンはソクラテスに出会って、自作の悲劇を火に投じたと言われる。ヘパイストスは火の神。引用文はホメロス『イリアス』XVII 392の「テティス」を「プラトン」に置き換えたもの。

人 身 御 供

人間誰しも愛しい子供がいてこその人生だ。おのれの子をすすんで殺そうとする者は誰一人いまい。わが子を殺されて、それで誉めてもらうなど、ごめんだ。だがこの身なら、いま人生の盛りの時にあるが、国を救うために死ぬ覚悟はある。息子よ、さあ、国中の皆にこのことが知られる前に、占師の勝手な予言などに頓着せず、逃げるがよい、できるだけ早くこの土地を出るのだ。

πᾶσιν γὰρ ἀνθρώποισι φιλότεκνος βίος, οὐδ᾽ ἂν τὸν αὑτοῦ παῖδά τις δοίη κτανεῖν. μή μ᾽ εὐλογείτω τἀμά τις κτείνων τέκνα· αὐτὸς δ᾽, ἐν ὡραίωι γὰρ ἕσταμεν

βίου, θνήισκειν ἕτοιμος πατρίδος ἐκλυτήριον. ἀλλ᾽ εἶα, τέκνον, πρὶν μαθεῖν
πᾶσαν πόλιν, ἀκόλαστ᾽ ἐάσας μάντεων θεσπίσματα, φεῦγ᾽ ὡς τάχιστα τῆσδ᾽
ἀπαλλαχθεὶς χθονός.　　　エウリピデス「フェニキアの女たち」965–972（『悲劇全集4』200頁）

*テバイの王権をめぐる戦争で、予言者はクレオンの息子が生贄に捧げられるなら、テバイ勢
は勝利すると言う。上記は予言を聞いたクレオンの言葉。

この神さまのずるい仕打ちにわたしは文句を言いたい。この神さまは、もし
誰であれ人間が他人の血に手を染めると、——お産の血であろうと、死体の
それであろうと——穢れているとして祭壇に近づく事を禁じるくせに、ご自
分は人身御供を喜んでお受入れになる。

τὰ τῆς θεοῦ δὲ μέμφομαι σοφίσματα, ἥτις βροτῶν μὲν ἤν τις ἅψηται φόνου
ἢ καὶ λοχείας ἢ νεκροῦ θίγηι χεροῖν βωμῶν ἀπείργει, μυσαρὸν ὡς ἡγουμένη,
αὐτὴ δὲ θυσίαις ἥδεται βροτοκτόνοις.
　　　エウリピデス「タウロイ人の地のイピゲネイア」380–384（『悲劇全集3』233頁）

美 男 と 醜 男

髪を伸ばすと、美しい男は一段と立派に見えるが、
醜い男はますます凄みがでる。

ἡ κόμη τοὺς μὲν καλοὺς εὐπρεπεστέρους ὁρᾶσθαι ποιεῖ, τοὺς δὲ αἰσχροὺς
φοβερωτέρους.　　　プルタルコス「リュサンドロス」1, 3『英雄伝3』（312頁）

*リュクルゴスの言葉。

秘 密

秘密を打ち明けられたならば、
財貨を委託されたときよりも大切に守ること。

μᾶλλον τήρει τὰς τῶν λόγων ἢ τὰς τῶν χρημάτων παρακαταθήκας.
　　　イソクラテス「デモニコスに与う」22（『弁論集1』10頁）

評 価

同じものを作ろうとするよりも、けちをつけるほうが簡単だ。

μωμήσεταί τις μᾶλλον ἢ μιμήσεται.
　　　プルタルコス「アテナイ人の名声は戦争によるか知恵によるか」346a3–4（『モラリア4』350頁）

病 人

苦しい治療に耐えさえすれば、たちどころに快方に向かうような病人がいるとする。しかしその病人の食事や飲み物に対する欲求に応えてしまえば、結局は病を長引かせ、ときには不治の状態にしてしまうことになりかねないのだ。

si quis aegro qui curari se fortiter passus extemplo conualescere possit, cibi gratia praesentis aut potionis longinquum et forsitan insanabilem morbum efficiat.

リウィウス『ローマ建国以来の歴史2』V 5, 12（292頁）

治療するひとの業を期待するのでしたら、
傷をさらさなければなりません。

si operam medicantis exspectas、oportet uulnus detegas.

ボエティウス『哲学のなぐさめ』I 散4, 1（24頁）

COLUMN 　　　　病 気 を 見 極 め る 鳥 の 話

　カラドリオスという名の鳥がいた。古代ギリシア語では χαραδριός、ラテン語では charadrius あるいは caradrius と書く。プラトンの『ゴルギアス』などに出てくる鳥だが、これについて昔の註解（古註という）を読むと、「カラドリオス。食べると同時に排泄する鳥の一種」という説明がある。普通はタゲリという和名を付けられたりして、一般にチドリ科とされるがよく分からない鳥である。いずれにせよ、プラトンは貪欲な鳥の例として使っている。

　ところがどうもこの鳥は人間の病気とも関係しているらしい。古い例で言うと、プルタルコス『食卓歓談集』（681C）にもこの鳥が出てきて、黄疸を患っている人はこの鳥を見ると治るというような話が出ている。しかも、プルタルコスはその理由もまことしやかに語っている。後の時代には、この鳥は病人の側にとまるとその病人の生死を見極めるという話になっていく。病人の死が避けがたい時には、鳥は病人から顔をそむける。すると臨終が近いことがわかる。ところが、鳥がまじまじと病人の顔をみつめ、その後太陽に向かって飛翔するようなことが起きると、病人はきまって癒される。中世ヨーロッパにおけるカラドリウスはこのような意味での奇鳥として流通する。ちなみに、三遊亭円朝の落語に「死神」がある。円朝はしばしば西洋から話を輸入して、落語にこしらえるのだが、「死神」の淵源をたどるとこの鳥に行き当たるらしい。

品 位

最も名声の高い人たちというのは、神にしたがって調べてゆくと、思慮があるという点に関しては、ほとんどまったく欠けており、それに対して、劣っていてつまらないと思われている他の人たちの方が、かえって品位がある、と私には思えたのです。

οἱ μὲν μάλιστα εὐδοκιμοῦντες ἔδοξάν μοι ὀλίγου δεῖν τοῦ πλείστου ἐνδεεῖς εἶναι ζητοῦντι κατὰ τὸν θεόν, ἄλλοι δὲ δοκοῦντες φαυλότεροι ἐπιεικέστεροι εἶναι ἄνδρες πρὸς τὸ φρονίμως ἔχειν.

プラトン「ソクラテスの弁明」22A(『エウテュプロン／ソクラテスの弁明／クリトン』73–74頁)

品位ある人間であることも低劣な人間であることも、
ひとえにわれわれ自身にかかっている。

ἐφ' ἡμῖν ἄρα τὸ ἐπιεικέσι καὶ φαύλοις εἶναι.

アリストテレス『ニコマコス倫理学』1113b(110頁)

貧 乏

貧賤（カコテス）は、容易に山ほど手に入る。道のりは平坦で、それはすぐ近くに住んでいる。一方、栄華の前には、不死なる神々が汗を置いた。

τὴν μέν τοι κακότητα καὶ ἰλαδὸν ἔστιν ἑλέσθαι ῥηιδίως· λείη μὲν ὁδός, μάλα δ' ἐγγύθι ναίει· τῆς δ' ἀρετῆς ἱδρῶτα θεοὶ προπάροιθεν ἔθηκαν ἀθάνατοι.

ヘシオドス「仕事と日」287–290(『全作品』175頁)

貧乏が裕福に勝っている唯一の強み、すなわち心配の種のないこと、
これを貧乏から奪い取ってはいけないのだ。

μηδ' ἀφαιροῦ τῆς πενίας, ᾧ μόνῳ τοῦ πλούτου διαφέρει, τὴν ἀμεριμνίαν.

プルタルコス「借金をしてはならないことについて」830A(『モラリア10』11頁)

貧窮のみが……創意工夫を促し、これこそ努力の教師。

Ἁ πενία ... μόνα τὰς τέχνας ἐγείρει· αὐτὰ τῶ μόχθοιο διδάσκαλος.

テオクリトス「エイデュリア」XXI 1–2(『牧歌』156頁)

不 安

私たちがこわがっているのではないにしても、たぶん、そういったことにおびえている子どもが、私たちの心のなかにさえいるのでしょう。

μᾶλλον δὲ μὴ ὡς ἡμῶν δεδιότων, ἀλλ᾽ ἴσως ἔνι τις καὶ ἐν ἡμῖν παῖς ὅστις τὰ τοιαῦτα φοβεῖται.　　　　　　　　プラトン「パイドン」77E(『饗宴／パイドン』225頁)

愛する者は何にでも不安になるものです。

cuncta timemus amantes.　　　　オウィディウス「変身物語」VII 719(『変身物語1』338頁)

[破壊されるカルタゴを見てスキピオは言った]「ポリュビオス、たしかにすばらしい。だがなぜだか分からないが不安なのだ。この命令をいつかだれかがわれわれの祖国に向けて発するのではないか、そんな予感が消えないのだ」。

"ὦ Πολύβιε," ἔφη "καλὸν μέν, ἀλλ᾽ οὐκ οἶδ᾽ ὅπως ἐγὼ δέδια καὶ προορῶμαι μή ποτέ τις ἄλλος τοῦτο τὸ παράγγελμα δώσει περὶ τῆς ἡμετέρας πατρίδος."
　　　　　　　　　　　　　　ポリュビオス「歴史」XXXVIII 21, 1(『歴史4』422頁)

夫 婦

[わたしはいいましょう、]彼女[奥様]は生きています、この世の生を嫌悪しながら、あなたのためにだけ息を保っているのです。

uiuit, [inquam,] tibique tantum uitae huius exosa spiritum seruat.
　　　　　　　　　　　　　ボエティウス『哲学のなぐさめ』II散4, 6(70頁)
　　　　　　　　　　　*奥様とは、囚われてあるボエティウスの妻ルスティキアナ。

まことに、夫と妻とが心を一つにして家庭を営む、これ以上に心強く価値あることはないのです。それは敵には多大の苦しみ、味方には喜びとなり、当人の聞こえもいや増すのです。

οὐ μὲν γὰρ τοῦ γε κρέσσον καὶ ἄρειον, ἢ᾽ ὅθ᾽ ὁμοφρονέοντε νοήμασιν οἶκον ἔχητον ἀνὴρ ἠδὲ γυνή· πόλλ᾽ ἄλγεα δυσμενέεσσιν, χάρματα δ᾽ εὐμενέτῃσι, μάλιστα δέ τ᾽ ἔκλυον αὐτοί.　　　　ホメロス『オデュッセイア』VI 182–185(173頁)

これは愛の妙薬と言ってよいのでしょうが、あなた、夫たる人を喜ばすのは
姿形の美しさではありません、妻としての徳なのです。

φίλτρον δὲ καὶ τόδ᾽· οὐ τὸ κάλλος, ὦ γύναι, ἀλλ᾽ ἀρεταὶ τέρπουσι τοὺς
ξυνευνέτας.
                          エウリピデス「アンドロマケ」207–208(『悲劇全集2』21頁)

あなたたちは夫ではなく敵です。私たちの身の安全に資するものを考案して
くれた女性を、あなたたちは糾弾しているのですから。

Vos coniuges non estis sed hostes, quia quae salutem nobis inuenit eam damnatis.
                          ヒュギヌス『神話伝説集』274話(284頁)
　＊まだアテナイに女性の医者がいなかった頃、羞恥から男性に身をまかせることを拒んだ妊婦
　　らはしばしば命を落とした。アグノディケという女性が男装して医術を学び、多くの女性たち
　　の出産を手伝った。男性の医師たちが彼女を糾弾した際に、女性たちが法廷に集まって言
　　った言葉。

不 運

不運はかえって愛の火を煽るもの。

fortuna amorem peior inflammat magis.
                          セネカ「オエタ山上のヘルクレス」358(『悲劇集2』257頁)

[これが最後ですが、]幸いな運[好運]は、真の善いものから、道から逸れた
ひとたちをへつらいによって引き離しますが、逆らう運[不運]はひんぱんに、
連れ帰るひとたちを真の善いものへと鉤で引っかけてでも連れもどします。

[Postremo] felix a uero bono deuios blanditiis trahit, aduersa plerumque ad uera
bona reduces unco retrahit.   ボエティウス『哲学のなぐさめ』II 散8, 5(100–101頁)

不運に耐えているだけでは、諸君には救いの希望などない。

οὐδεμία ἐλπὶς σωτηρίας ὑμῖν δυστυχήσασιν.
                          リュシアス「エルゴクレス告発」28, 15(『弁論集』380頁)

何もかも幸せという人はいない。だが人格者は不運な目に遭っても耐え忍び、
しかもなお、おくびにもそれを出さない。かたや、だめ男は、順境であれ逆
境であれ、心を抑えるすべを知らない。神々はありとあらゆる種類の贈物を

人間に届ける。だが、神々がどんな贈物を授けようとも、私たちはそれに耐えねばならないのだ。

οὐδεὶς γὰρ πάντ' ἐστὶ πανόλβιος· ἀλλ' ὁ μὲν ἐσθλός τολμᾷ ἔχων τὸ κακόν, κοὐκ ἐπίδηλος ὁμῶς, δειλὸς δ' οὔτ' ἀγαθοῖσιν ἐπίσταται οὔτε κακοῖσιν θυμὸν ἔχων μίμνειν. ἀθανάτων δὲ δόσεις παντοῖαι θνητοῖσιν ἐπέρχοντ'· ἀλλ' ἐπιτολμᾶν χρὴ δῶρ' ἀθανάτων οἷα διδοῦσιν ἔχειν.

テオグニス441–446（テオグニス他『エレゲイア詩集』162–163頁）

武 器

権利はわれわれのもつ武器の中に存在する。

se in armis ius ferre.　　　　　リウィウス『ローマ建国以来の歴史2』V 36, 5（356頁）
＊原文は間接話法。

武器と法律にはそれぞれにふさわしい時というものがある。

οὐκ ... τὸν αὐτὸν ὅπλων καὶ νόμων καιρὸν εἶναι.

プルタルコス「カエサル」35, 6,（『英雄伝5』209頁）

不 幸

涙を流しても不幸は去らずに、
苦しみにまた苦しみを重ねることになるのですから。

ἐπεὶ οὐ μὲν ἐρητύσεις κακότητος δάκρυσιν, ἀλλ' ἔτι κεν καὶ ἐπ' ἄλγεσιν ἄλγος ἄροιο.　　　　アポロニオス・ロディオス『アルゴナウティカ』I 296–297（22頁）

これ以上の災いがないとなれば、恐怖も踏みつけにできる。
究極の不幸は心に平安をもたらす。

sors autem ubi pessima rerum,sub pedibus timor est securaque summa malorum.

オウィディウス「変身物語」XIV 489–490（『変身物語2』284頁）

いいことが少ないからといって、そのことを大きな不幸と考えてはならず、運がさらなる望みをかなえてくれなかったといって、すでに与えられているものへの感謝を忘れてはならない。

καὶ μὴ τὸ μικρὸν ἀγαθὸν μέγα νομίζειν κακόν, μηδ' ὅτι τὸ ἐλπιζόμενον οὐ προσέθηκεν ἡ τύχη, καὶ περὶ τοῦ δοθέντος ἀχαριστεῖν.

プルタルコス「妻への慰めの手紙」610E（『モラリア7』330頁）

大いなる災厄に際して、神霊は指導者を奪い去るもの。

μάλιστα δέ πως ἐπὶ πταίσμασιν ἐθέλει μεγάλοις προαφαιρεῖσθαι τὸν ἡγεμόνα
ὁ δαίμων.　　　　パウサニアス「ギリシア案内記」III 6, 1（『ギリシア案内記2』26頁）

すべての禍いは、それをこうむった者を苦しませるというよりも、
それを予期する者をおそれさせる。

πάντα μὲν οὖν τὰ δεινὰ πέφυκε μᾶλλον ἐκπλήττειν τοὺς προσδεχομένους ἢ
λυπεῖν τοὺς πειραθέντας.
ディオン・クリュソストモス「ディオゲネスの僭主論」41（『王政論』156頁）

不　正

それはあまりに大きな不正であるがゆえに
いかなる法も定められなかったのだ。

διὰ τὸ μέγεθος τοῦ ἀδικήματος οὐδεὶς περὶ αὐτοῦ ἐγράφη νόμος.
リュシアス「ピロンの資格審査への反対弁論」31, 27（『弁論集』410頁）
　＊「立法者の想定外の犯罪」の存在を示唆。罪刑法定主義（Nulla poena sine lege）の視座
　　からも興味深い。

［不正を行ないながら、その事実を頑なに否定する］彼らは自分が目を閉じれば、
他人も目が見えなくなると思っている。

δοκεῖν, ἐὰν τις αὐτὸς ἐπιμύῃ, μηδὲ τοὺς πέλας ὁρᾶν.
ポリュビオス「歴史」IV 27, 7（『歴史2』44頁）

ゼウス自身がすべてに目を光らせる。我々人間は、敬虔な者も不正の者も、
けっしてその眼を逃れられない。

Ζεὺς αὐτὸς τὰ ἕκαστ᾽ ἐπιδέρκεται, οὐδέ μιν ἄνδρες
λήθομεν ἔμπεδον, οἵ τε θεουδέες οὐδὲ δίκαιοι.
アポロニオス・ロディオス『アルゴナウティカ』II 1179–1180（158頁）

嘘を言うこと以上に大きい不正を諸君にはたらくことはできません。そもそも国家の存立が言論に基づいているとき、言葉が真実でなければどうして安全な国家運営ができるでしょうか？

οὐδὲν γὰρ ἔσθ᾽ ὅ τι μεῖζον ἂν ὑμᾶς ἀδικήσειέ τις, ἢ ψευδῆ λέγων. οἷς γὰρ ἐστ᾽ ἐν λόγοις ἡ πολιτεία, πῶς, ἂν οὗτοι μὴ ἀληθεῖς ὦσιν, ἀσφαλῶς ἔστι πολιτεύεσθαι;　　デモステネス「使節職務不履行について」184（『弁論集2』276頁）
　　　　　　＊弁論家デモステネスが論敵アイスキネスを告発して語った言葉。

不　貞

女を不貞の女にするのも、しないのも、心のもち方次第。
ふとした成り行きによってどうなるというものではありません。

Mens impudicam facere, non casus, solet.　　セネカ「パエドラ」735（『悲劇集1』381頁）

不　明　瞭

不明瞭という、美質をことごとく損ない美点を晦ませてしまう闇。

ἡ πάντα λυμαινομένη τὰ καλὰ καὶ σκότον παρέχουσα ταῖς ἀρεταῖς ἀσάφεια.
　　デイオニュシオス「トゥキュディデス論」52,4（ロンギノス／ディオニュシオス『古代文芸論集』243頁）

風　呂

結構なもんだね、風呂ってえのは。え、俺様をどうしてくれた。まるで茹でた肉だわな。だれでもいい、俺の皮をつまんで、そいつをこすってみろ。べろっといくだろう。熱い湯ってものは、こういうひどいものなのさ。

εἰς μακαρίαν τὸ λουτρόν, ὡς διέθηκέ με. ἑφθὸν κομιδῇ πεποίηκεν· ἀποκναίσειεν ἂν κἂν ὁστισοῦν μου λαβόμενος τοῦ δέρματος. οὕτω στερεόν <τι> πρᾶγμα θερμόν ἐσθ᾽ ὕδωρ.　　アテナイオス「食卓の賢人たち」I 18c（『食卓の賢人たち1』64頁）
　　＊温浴を楽しむのはもともと東洋人の慣習だと言われることがあるが、ギリシアのホメロス時代の英雄たちもけっこう温浴をしている。ただ、スパルタ人のように、これを好まずもっぱら冷水浴を使う人たちもいた。

文　学

軍務と政務の合間に得られる余暇を文学で楽しんでいた大スキピオは、「仕事のないときのほうが忙しい」と言っていた。

Σκιπίων δὲ ὁ πρεσβύτερος τὴν ἀπὸ τῶν στρατειῶν καὶ τῆς πολιτείας σχολὴν ἐν γράμμασι διατριβὴν ποιούμενος ἔλεγεν, ὁπότε σχολάζοι, πλείονα πράττειν.

プルタルコス「ローマ人たちの名言集」196B（『モラリア3』118頁）

以前は文芸になんの嗜みもなかった人をさえ、恋は、詩人にする。

ποιητὴν δ᾽ ἄρα Ἔρως διδάσκει, κἂν ἄμουσος ᾖ τὸ πρίν.

プルタルコス「食卓歓談集」622C（『モラリア8』38頁）
＊エウリピデスの言葉（「断片」633）。

両者の文学作品（文学作品と呼ぶことをためらう必要はないでしょう）はともに美しいのですが、以下の点で両者はまったく違っています。すなわち、ヘロドトスの美しさは人を楽しくさせ、トゥキュディデスの美しさは人を畏怖させるのです。

καλαὶ μὲν αἱ ποιήσεις ἀμφότεραι (οὐ γὰρ ἂν αἰσχυνθείην ποιήσεις αὐτὰς λέγων), διαφέρουσι δὲ κατὰ τοῦτο μάλιστα ἀλλήλων, ὅτι τὸ μὲν Ἡροδότου κάλλος ἱλαρόν ἐστι, φοβερὸν δὲ τὸ Θουκυδίδου.

ディオニュシオス「ポンペイオス・ゲミノスへの書簡」III 21
（ロンギノス／ディオニュシオス『古代文芸論集』341頁）

文　章　表　現

文章のリズムは、けっしてつまらぬことでもなければなくてもよい付属物でもなく、じつを言えば、聴く者の耳を魔法にかけうっとりさせる最大の要因だと思うのです。

οὐ γὰρ δὴ φαῦλόν τι πρᾶγμα ῥυθμὸς ἐν λόγοις οὐδὲ προσθήκης τινὸς μοῖραν ἔχον οὐκ ἀναγκαίας, ἀλλ᾽ εἰ δεῖ τἀληθές, ὡς ἐμὴ δόξα, εἰπεῖν, ἁπάντων κυριώτατον τῶν γοητεύειν δυναμένων καὶ κηλεῖν τὰς ἀκοάς.

ディオニュシオス「デモステネス論」39, 2（ディオニュシオス／デメトリオス『修辞学論集』225頁）

慣習はあらゆることの教師であるが、とりわけ隠喩の教師である。

Πάντων δὲ καὶ τῶν ἄλλων ἡ συνήθεια καὶ μάλιστα μεταφορῶν διδάσκαλος.
デメトリオス「文体論」86（ディオニュシオス／デメトリオス『修辞学論集』438頁）
＊隠喩が何度も用いられると、隠喩だと気づかれなくなる、という意味。

それでは、最も頻繁に使われるとともに飛びぬけて最も美しい比喩、すなわち隠喩……から始めることにしましょう。ともかく隠喩は、自然そのものがわれわれに付与したものであるために、無教養であっても、またそれと気づかなくても人々は頻繁に用いるばかりか、加えて快くて華やかであるために、どれほど輝かしい弁論にあってもそれ独自の光によって輝き出るのです。

Incipiamus igitur ab eo qui cum frequentissimus est tum longe pulcherrimus, translatione dico, ... Quae quidem cum ita est ab ipsa nobis concessa natura ut indocti quoque ac non sentientes ea frequenter utantur, tum ita iucunda atque nitida, ut in oratione quamlibet clara proprio tamen lumine eluceat.
クインティリアヌス「弁論家の教育」VIII 6, 4（『弁論家の教育3』280頁）

文 体

また、彼［リュシアス］が称賛に値する理由は、単にこれ［標準的、一般的、日常的な語彙で自分の考えを述べたこと］だけではありません。詩的な技巧に頼ることなくもっともありふれた語彙を使いながら、その題材が厳粛で、並はずれ、重々しく見えるからでもあるのです。

καὶ οὐκ ἐπὶ τούτῳ μόνον ἐπαινεῖν αὐτὸν ἄξιον, ἀλλ᾽ ὅτι καὶ σεμνὰ καὶ περιττὰ καὶ μεγάλα φαίνεσθαι τὰ πράγματα ποιεῖ τοῖς κοινοτάτοις χρώμενος ὀνόμασι καὶ ποιητικῆς οὐχ ἁπτόμενος κατασκευῆς.
ディオニュシオス「リュシアス論」III 2（ディオニュシオス／デメトリオス『修辞学論集』15頁）

［リュシアスの語順調整は］あらゆる技巧的な作品に劣らず念入りに構成されているのです。……巧妙に構成されていると気づかれないことそれ自体が巧妙なのです。

ἔστι δὲ παντὸς μᾶλλον ἔργου τεχνικοῦ κατεσκευασμένος. ... ἐν αὐτῷ τῷ μὴ δοκεῖν δεινῶς κατεσκευάσθαι τὸ δεινὸν ἔχει.
ディオニュシオス「リュシアス論」VIII 6（ディオニュシオス／デメトリオス『修辞学論集』22頁）

リュシアス［の弁論］を読み、その優美さがどのようなものなのかを知ろうとする人たちには、この助言を実行するように私も助言できるでしょう。つまり、長い時間をかけ、熱心に修練し、言葉ぬきで感じ取ることで、言葉にならない感覚を鍛えあげることです。

τοῦτο κἀγὼ τοῖς ἀναγινώσκουσι τὸν Λυσίαν καὶ τίς ἡ παρ᾽ αὐτῷ χάρις ἐστὶ βουλομένοις μαθεῖν ὑποθείμην ἂν ἐπιτηδεύειν, χρόνῳ πολλῷ καὶ μακρᾷ τριβῇ καὶ ἀλόγῳ πάθει τὴν ἄλογον συνασκεῖν αἴσθησιν.

ディオニュシオス「リュシアス論」XI 4（ディオニュシオス／デメトリオス『修辞学論集』26頁）

彼［ホメロス］より後の者たちは、詩人であろうと、散文作家であろうと、おのおのが、これらのうちの一つに専念する。そして、模範例も示されており、トゥキュディデスの文は力強い種類のものを、リュシアスのは素朴なものを、デモステネスのは中間的なものを、呈している。

τῶν μετ᾽ αὐτὸν ποιητῶν ἢ λογογράφων ἐπιτηδευσάντων ἕν τι τούτων ἑκάστου, ὧν καὶ ἔστι παραδείγματα, Θουκυδίδου μὲν τὸ ἁδρόν, Λυσίου δὲ τὸ ἰσχνόν, Δημοσθένους δὲ τὸ μέσον.　　　　　プルタルコス「ホメロスについて II」73

（プルタルコス／ヘラクレイトス『古代ホメロス論集』96頁）

倫理学の領域において善い性質に悪い性質が隣接しているように（たとえば、勇敢には無鉄砲が、廉恥には恥が隣接しているように）、文体の［四つの］様式にもある種の欠点のある文体が隣接している。

Ὥσπερ δὲ παράκειται φαῦλά τινα ἀστείοις τισίν, οἷον θάρρει μὲν τὸ θράσος, ἡ δ᾽αἰσχύνη τῇ αἰδοῖ, τὸν αὐτὸν τρόπον καὶ τῆς ἑρμηνείας τοῖς χαρακτῆρσιν παράκεινται διημαρτημένοι τινές.

デメトリオス「文体論」114（ディオニュシオス／デメトリオス『修辞学論集』447頁）

分　別

人間窮すれば何をなすべきか、してはならないかの分別を
ことごとく失うのがつね。

αἱ ἀναγκαῖαι χρεῖαι τοὺς τοῦ τί πρακτέον ἢ μὴ λογισμοὺς ἀναιροῦσιν ἅπαντας.

デモステネス「アリストクラテス弾劾」148（『弁論集4』76頁）

分別に基づかないものは何であれ長続きはできないのだ。幸運が助けてくれているように思えても、無謀さは最後には見捨てられるものだ。

Nihil autem potest esse diuturnum, cui non subest ratio. Licet felicitas adspirare videatur, tamen ad ultimum temeritati non sufficit.

クルティウス・ルフス『アレクサンドロス大王伝』IV 14, 19（122頁）

［神は］初めにわれらに分別を吹き込み、
次いで思考の使者、言葉を与え給うた。

πρῶτον μὲν ἐνθεὶς σύνεσιν, εἶτα δ' ἄγγελον γλῶσσαν λόγων δούς.

エウリピデス「嘆願する女たち」203–204（『悲劇全集2』208頁）

平和

「平和」を表すギリシア語はエイレーネーεἰρήνη、ラテン語はパークス paxという。いつの時代でも平和が希求されるべきものであることに変わりはない。「平和より戦争を選ぶほど愚かな人はひとりもいません。平和の時は子が父を埋葬するのに、戦争になると父が子を埋葬するのですから」（ヘロドトス『歴史』I 87）という言葉がある。ほかにも、「戦争は平和の確保を唯一の目的としておこなわれるべきものである」（キケロ『義務について』I 80）など、古来名言名句が多い。

戦争の目的は平和であり、忙事の目的は閑暇である。

τέλος γάρ ... εἰρήνη μὲν πολέμου σχολὴ δ' ἀσχολίας.

アリストテレス『政治学』1334a15（389頁）
＊忙事は「アスコリア」の訳で、文字通りにはbusinessすなわち暇がないこと。

平和は、戦争よりははるかに尊いもの。

ταὐτην (εἰρήνην) εἶναι πολλῷ (φημι) καλλίω τοῦ πολέμου.

アイスキネス「使節職務不履行について」79（『弁論集』140頁）

平和こそ最良のもの、それにまさるものを人間は知りえない。

pax optima rerum quas homini nouisse datum est.

シーリウス・イタリクス「ポエニー戦争の歌」XI, 592–593（『ポエニー戦争の歌2』126頁）

もしあなた方が良い平和を与えてくれるなら、忠実で恒久の平和を。
もし悪い平和なら、長く続かぬ平和を。

si bonam (pacem) dederitis ... et fidam et perpetuam; si malam, haud iuturnam.

リウィウス『ローマ建国以来の歴史3』VIII 21, 4（238–239頁）

平和は怠惰を養ってはおかない。

εἰρήνη γὰρ ἀργίαν οὐ τρέφει.

アイスキネス「使節職務不履行について」161（『弁論集』186頁）
＊働かずに、戦争で金儲けする人は多い、という文脈で語られる言葉。

休戦と講和の件でピリッポスとはじめて会談したとき、ピリッポスが、ティ
トゥスは大勢の者を従えて来たが、自分は一人で来た、と言うと、それを受
けてティトゥスは、「あなたは友人や親戚を殺してしまって、自分を一人に
したのだ」と言った。

Φιλίππου δ᾽, ὁπηνίκα περὶ σπονδῶν καὶ εἰρήνης τὸ πρῶτον εἰς λόγους συνῄεσαν,
εἰπόντος μετὰ πολλῶν ἥκειν ἐκεῖνον, αὐτὸν δὲ μόνον, ὑπολαβὼν ὁ Τίτος "αὐτὸν
γὰρ" ἔφη "μόνον ἐποίησας, ἀποκτείνας τοὺς φίλους καὶ συγγενεῖς."

プルタルコス「フラミヌス」17, 5『英雄伝3』（165頁）

変　化

美しく気品あるものでも、心地よいものと同様、同じところにとどまってい
るとすべて飽きがきますが、変化によって彩りをつけられると、つねに新鮮
であり続けるからです。

κόρον γὰρ ἔχει καὶ τὰ καλὰ πάντα, ὥσπερ καὶ τὰ ἡδέα, ὄντα ἐν τῇ ταὐτότητι,
ποικιλλόμενα δὲ ταῖς μεταβολαῖς ἀεὶ καινὰ μένει.

ディオニュシオス「文章構成法」19, 2（ディオニュシオス／デメトリオス『修辞学論集』344頁）
＊同書「トゥキュディデス論」51, 4（242頁）にもよく似た議論がある。

私がそのために恐れて被害者を殺したのがありそうなことだと告訴側の言う、
富裕な財産については、事はまったく反対です。すなわち、不遇な者が状況
の変革によって得をするのです。変化によってその者たちの不遇な状況が変
わるかも知れないからです。一方、好運な状況にある者は、静かにしていて

現にある繁栄を守るのが得なのです。状況が変われば、好運から不遇が生じるからです。

περὶ δὲ τῆς εὐδαιμονίας, ἧς ἕνεκα τρέμοντά μέ φασιν εἰκότως ἀποκτεῖναι αὐτόν, πολὺ τἀναντία ἐστί. τοῖς μὲν γὰρ ἀτυχοῦσι νεωτερίζειν συμφέρει· ἐκ γὰρ τῶν μεταβολῶν ἐπίδοξος ἡ δυσπραγία μεταβάλλειν αὐτῶν ἐστι· τοῖς δ' εὐτυχοῦσιν ἀτρεμίζειν καὶ φυλάσσειν τὴν παροῦσαν εὐπραγίαν· μεθισταμένων γὰρ τῶν πραγμάτων δυστυχεῖς ἐξ εὐτυχούντων καθίστανται.

アンティポン「第二番弁論」D9 (アンティポン／アンドキデス『弁論集』38頁)

わが運勢は定まりなき神の車輪の上で、
たえず回り続け、なりを変え続ける。

ἀλλ' οὑμὸς ἀεὶ πότμος ἐν πυκνῷ θεοῦ τροχῷ κυκλεῖται καὶ μεταλλάσσει φύσιν.

プルタルコス「デメトリオス」45, 3 (『英雄伝6』74頁)

弁論家・弁論術

「弁論家」はギリシア語ではレートール ῥήτωρ、ラテン語ではオーラートル orator という。また、弁論術（レトリック）はギリシア語ではレートリケー ῥητορική、ラテン語ではレートリカ rhetorica である。弁論の技術はギリシア・ローマ世界で最も大切なものとされたが、一方で、「弁論術というのは、僕に言わせれば、政治の術の一部の影のようなものだ。むろん、醜いものだ」（プラトン『ゴルギアス』463D）というソクラテスの言葉がある。ソクラテスやプラトンによれば、弁論術は真実をではなく、真実らしく語ることであった。

真の弁論家は卑しく低劣な心をもってはなりません。というのも、全生涯にわたって些末で奴隷にふさわしいことを考え、行なう者には、何か驚嘆すべきもの、永遠の価値をもつものを生みだすことはできないからです。

ἔχειν δεῖ τὸν ἀληθῆ ῥήτορα μὴ ταπεινὸν φρόνημα καὶ ἀγεννές. οὐδὲ γὰρ οἷόν τε μικρὰ καὶ δουλοπρεπῆ φρονοῦντας καὶ ἐπιτηδεύοντας παρ' ὅλον τὸν βίον θαυμαστόν τι καὶ τοῦ παντὸς αἰῶνος ἐξενεγκεῖν ἄξιον.

ロンギノス「崇高について」IX 3 (ロンギノス／ディオニュシオス『古代文芸論集』25頁)

しかしまた、みんなから憎まれることも、性格の悪辣さで目立ち、弁論の悪辣さでさらにいっそう目立つことも、「これが、あらゆる悪徳にかけて右に出る者のないと言われている例の男だ」と指されることも、少なくとも私にとっては、大切なことなのです。

ἀλλὰ καὶ τὸ μισεῖσθαι πρὸς ἀπάντων καὶ ἐπίσημον εἶναί με ἐπὶ τῇ μοχθηρίᾳ τοῦ τρόπου καὶ πολὺ πρότερον τῶν λόγων καὶ τὸ δείκνυσθαι τῷ δακτύλῳ τοῦτον ἐκεῖνον τὸν ἀκρότατον ἐν πάσῃ κακίᾳ λεγόμενον, οὐ μικρὸν εἶναι ἐμοί γε δοκεῖ.

ルキアノス「弁論教師」25（『偽預言者アレクサンドロス』208頁）

さて最も重要なものとして、無知を、次にこれに加えて厚かましさと向こう見ずと無恥をもってきなさい。他方で、羞恥心や礼儀正しさや節度や赤面は家に残してきなさい。というのも、こうしたものは役に立たず、事に当たって妨げになるからです。

Κόμιζε τοίνυν τὸ μέγιστον μὲν τὴν ἀμαθίαν, εἶτα θράσος, ἐπὶ τούτῳ δὲ τόλμαν καὶ ἀναισχυντίαν. αἰδῶ δὲ ἢ ἐπιείκειαν ἢ μετριότητα ἢ ἐρύθημα οἴκοι ἀπόλιπε· ἀχρεῖα γὰρ καὶ ὑπεναντία τῷ πράγματι.

ルキアノス「弁論教師」15（『偽預言者アレクサンドロス』198-199頁）
＊弁論家になるための条件。

さて私は完全な弁論家を育て上げるつもりであり、完全な弁論家とはよき人物以外ではありえません。それゆえ完全な弁論家には弁論のきわだった能力のみならず、あらゆる徳を私は要求します。

oratorem autem instituimus illum perfectum, qui esse nisi uir bonus non potest; ideoque non dicendi modo eximiam in eo facultatem sed omnis animi uirtutes exigimus.

クインティリアヌス「弁論家の教育」I 序9（『弁論家の教育1』8頁）

いまの弁論家は、技術はそれとわからなければ無駄になると考えています。しかしそれとわかってしまえば、技術は技術ではなくなるのです。

perire artem putamus nisi apparent, cum desinat ars esse si apparet.

クインティリアヌス「弁論家の教育」IV 2, 127（『弁論家の教育2』190頁）

弁論術とは何か、と彼［イソクラテス］に問う人あり、
答えて曰わく。「小なるものを大に、大なるものを小にすること」。

πάλιν δ᾽ ἐρομένου τινὸς αὐτὸν τί ῥητορική, εἶπε 'τὰ μὲν μικρὰ μεγάλα τὰ δὲ μεγάλα μικρὰ ποιεῖν΄.　　　プルタルコス「十大弁論家列伝」838F（『モラリア10』47頁）

実際すでに弁舌の力なき者の多くが、真実を信じてもらえず、真実を証明し
えぬために、真実そのもののゆえに身を滅ぼしておりますのに、弁舌に長け
た者の多くが、彼の語った嘘を信じられ、嘘を吐いたがゆえにその嘘によっ
て救われているのです。

Πολλοὶ μὲν γὰρ ἤδη τῶν οὐ δυναμένων λέγειν, ἄπιστοι γενόμενοι τοῖς
ἀληθέσιν, αὐτοῖς τούτοις ἀπώλοντο, οὐ δυνάμενοι δηλῶσαι αὐτά· πολλοὶ δὲ
τῶν δυναμένων λέγειν πιστοὶ γενόμενοι τῷ ψεύδεσθαι, τούτῳ ἐσώθησαν, διότι
ἐψεύσαντο.　　　アンティポン「第五番弁論」3（アンティポン／アンドキデス『弁論集』76頁）

実際、万物の父にして世界の創造者たる、かの最初の神が人間と他の死すべ
き動物とを区別したのは、ほかならぬ弁論の能力によってなのです。

Et hercule deus ille princeps, parens rerum fabricatorque mundi, nullo magis hominem
separauit a ceteris, quae quidem mortalia essent, animalibus quam dicendi facultate.
　　　クインティリアヌス「弁論家の教育」II 16, 12（『弁論家の教育1』206頁）

その一方で、模擬弁論をおこなおうとする者は、とくに感情に訴えかける弁
論要件において、ふさわしい人物になりきらねばなりません。というのも、感
情とは人に委ねることができないものであり、他人の心の動きは本人の心の
動きほどには効果的に伝わらないからです。

Declamaturus autem maxime positas in adfectibus causas propriis personis debet
induere. Hi sunt enim qui mandari non possunt, nec eadem ui profertur alieni animi
qua sui motus.　　　クインティリアヌス「弁論家の教育」IV 1, 47（『弁論家の教育2』140頁）

私には、事柄の本性そのものが秩序をよりどころとしており、秩序が乱され
ると何もかもが滅びてしまうと考える人たちは、誤っていないと思われます。
同様に、この秩序という長所を欠いた弁論は必然的に、支離滅裂となり、舵
手を失って漂流してしまい、何ら一貫性もなく堂々めぐりをしては多くのこ
とを見落とし、まるで夜に見知らぬ土地をさまよっているかのようであって、
定められた始まりも終わりもなく計画よりも偶然に従うことになるのです。

Nec mihi uidentur errare qui ipsam rerum naturam stare ordine putant, quo confuso
peritura sint omnia. Sic oratio carens hac uirtute tumultuetur necesse est et sine
rectore fluitet nec cohaereat sibi, multa repetat, multa transeat, uelut nocte in ignotis

locis errans, nec initio nec fine proposito casum potius quam consilium sequatur.

クインティリアヌス「弁論家の教育」VII 序3（『弁論家の教育3』102–103頁）

そしてそれゆえ性質規定は、弁論家の努力が最も報われるところです。なぜなら、［原告と被告との］双方の側に創意工夫の余地が最も多くあり、また感情へ訴えかけることがこれほど有効なところはないからです。……それぞれのことがどのようなふうに思われるのか［という性質規定］は、雄弁の仕事であるからです。ここでは雄弁が君臨し、ここでは雄弁が指揮し、ここでは雄弁だけが勝利するのです。

Et ideo qualitas maxime oratoris recipit operam, quia in utramque partem plurimum est ingenio loci, nec usquam tantum adfectus ualent. ... quale quidque uideatur, eloquentiae est opus; hic regnat, hic imperat, hic sola uincit.

クインティリアヌス「弁論家の教育」VII 4, 23–24（『弁論家の教育3』167頁）

弁論術とは、立派に語るための学問である。……弁論術とは、正しく発想することと、配列することと、言い表すこととに、確かな記憶と立派な話しぶりとが結びついた学である。

rhetorice est bene dicendi scientia, ... rhetorice est inueniendi recte et disponendi et eloquendi cum firma memoria et cum dignitate actionis scientia.

クインティリアヌス「弁論家の教育」V 10, 54（『弁論家の教育2』254–255頁）

実に勉学の最大の成果であり、いわば長い労苦からの最も豊かな収穫であるのは、即興で弁ずる能力です。それを獲得しない者は、少なくとも私の見解では、市民としての務めを放棄し、書く能力だけをむしろ他の仕事に振り向けるべきでしょう。

Maximus uero studiorum fructus est et uelut prouentus amplissimus longi laboris ex tempore dicendi facultas; quam qui non erit consecutus, mea quidem sententia ciuilibus officiis renuntiabit et solam scribendi facultatem potius ad alia opera conuertet.

クインティリアヌス「弁論家の教育」X 7, 1（『弁論家の教育4』259頁）

さあ進め、君、恋する人よ。君が彼女［レートリケー（弁論術）］のもとに登り結婚し、あのすべてのもの、「富」と「名声」と「称賛」たちを手に入れようと、少しでも早く頂上に行きたいと望んでいることは明々白々だ。という

のも、法律によってそのすべてのものは夫のものとなるのだから。

Πρόσει δὴ σὺ ὁ ἐραστὴς ἐπιθυμῶν δηλαδὴ ὅτι τάχιστα γενέσθαι ἐπὶ τῆς ἄκρας, ὡς γαμήσειάς τε αὐτὴν ἀνελθὼν καὶ πάντα ἐκεῖνα ἔχοις, τὸν πλοῦτον τὴν δόξαν τοὺς ἐπαίνους· νόμῳ γὰρ ἅπαντα γίγνεται τοῦ γεγαμηκότος.

ルキアノス「弁論教師」6（『偽預言者アレクサンドロス』191頁）

法・法律

「法」「法律」を表すギリシア語はノモスνόμος、ラテン語はレークスlexという。「国民の安全こそ最高の法であれ」（キケロ『法律について』III 8）という有名な言葉があるが、一方で、メナンドロスは「自由人はみんな法という一つのものに従属するが、召使いは法と主人という二つのものに従属する」（「断片」699）とも言っている。　→掟

死すべき人間と不死なる神々のすべてを統べる法。

θνατῶν τε καὶ ἀθανάτων.

プルタルコス「教養のない権力者に一言」780C（『モラリア9』126頁）
＊ピンダロスの言葉。

法を犯したのは、むしろ導き入れた人々であって、それに従った人々ではない。

οἱ γὰρ ἄγοντες παρανομοῦσι μᾶλλον τῶν ἑπομένων.

トゥキュディデス「歴史」III 65, 2（『歴史1』315頁）

おまえを殺そうとするのは私ではない、この国の法なのだ。

οὐκ ἐγώ σε ἀποκτενῶ, ἀλλ᾽ ὁ τῆς πόλεως νόμος.

リュシアス「エラトステネス殺害に関する弁明」1, 26（『弁論集』10頁）
＊行為者が「法」であれば殺害行為も正当化できるかという問題。

法律の先に立つのではなく、法律の後ろにつき従って政治にかかわりたまえ。そうすれば民主政は正しく実践されるのだから。

μηδ' ἔμπροσθεν τῶν νόμων, ἀλλ' ὕστερος πολιτεύου. ταῦτα γὰρ ὀρθοῖ τὴν
δημοκρατίαν.　　　　　　　　　　　　アイスキネス「クテシポン弾劾」23（『弁論集』215頁）

思慮ある人は誰しも、法を国民性の表現と見なす。

τοὺς νόμους ἅπαντες ὑπειλήφασιν, ὅσοι σωφρονοῦσι, τρόπους τῆς πόλεως.
　　　　　　　　　　　　デモステネス「ティモクラテス弾劾」210（『弁論集4』219頁）

法は欲求を欠く知性。

ἄνευ ὀρέξεως νοῦς ὁ νόμος ἐστίν.　　　　アリストテレス『政治学』1287a32（170頁）

あなたはアテナイのために最善の法律を作ったのかと尋ねられると、「人が受け入れてくれるかぎりで最善の法律を」と彼［ソロン］は答えた。

ὕστερον ἐρωτηθείς, εἰ τοὺς ἀρίστους Ἀθηναίοις νόμους ἔγραψεν, 'ὧν ἂν' ἔφη
'προσεδέξαντο τοὺς ἀρίστους.'　　　　プルタルコス「ソロン」15, 2（『英雄伝1』250頁）

事例は当座であっても、判例としては永遠だ。

in praesentia re, exemplo in perpetuum.
　　　　　　　　　　　　リウィウス『ローマ建国以来の歴史1』II 44, 2（212頁）

軽微ならざる事案が、見かけはきわめて穏当な形で発議された。

haud parua res sub titulo prima specie minime atroci ferebatur.
　　　　　　　　　　　　リウィウス『ローマ建国以来の歴史1』II 56, 3（235頁）

剣を帯びたวれわれに法律を読んで聞かせるのは、やめた方がよかろう。

Οὐ παύσεσθ' ... ἡμῖν ὑπεζωσμένοις ξίφη νόμους ἀναγινώσκοντες;
　　　　　　　　　　　　プルタルコス「ポンペイユス」10, 3（『英雄伝4』445頁）

これらの方々［ケーンソルたち］の誰も十二表を読まれない、国民が最後に決議したものが法であることを誰もご存知でなかった、［と言うのか］。

nemo eorum duodecim tabulas legit? nemo id ius esse, quod postremo populus
iussisset, sciit?　　　　　　リウィウス『ローマ建国以来の歴史4』IX 34, 6（116頁）

ワレリウス法は上訴した者を鞭打ったり鉞で殺害することを禁じたのだが、もし誰かが法に違反した場合も、「その行為は正しくない」と付け足すだけだった。思うに、当時は人々の廉恥心が枷となっていたので、それだけで法は充分に拘束力を持つ、と考えられたのだろう。今ではこのようなことで本当に怖じ気づく者は、ほとんど誰もいない。

Valeria lex cum eum qui prouocasset uirgis caedi securique necari uetuisset, si quis aduersus ea fecisset, nihil ultra quam improbe factum adiecit. id. qui tum pudor hominum erat uisum, credo, uinculum satis ualidum legis: nunc uix serio ita minetur quisquam.
リウィウス『ローマ建国以来の歴史4』X 9, 5–6（172頁）

毎日毎日飲んで食う、賢者にとってはこれがゼウスだ、何ごとにもくよくよせんことだ。法律なんぞをこしらえて人間の生活をややこしくした連中には泣きを見せてやる。

ὡς τοὐμπιεῖν γε καὶ φαγεῖν τοὐφ᾽ ἡμέραν, Ζεὺς οὗτος ἀνθρώποισι τοῖσι σώφροσιν, λυπεῖν δὲ μηδὲν αὑτόν. οἱ δὲ τοὺς νόμους ἔθεντο ποικίλλοντες ἀνθρώπων βίον, κλαίειν ἄνωγα·
エウリピデス「キュクロプス」336–340（『悲劇全集5』225頁）

忘 恩

受けた親切を忘れてもいい人のことは忘れて顧みない
——人間なんてそんなもんだからです。

quia mos est oblivisci hominibus neque novisse cuius nihili sit faciunda gratia.
プラウトゥス「捕虜」985–986（『ローマ喜劇集1』481頁）

忘恩には無恥が伴う……。
忘恩はあらゆる恥辱へもっとも強力に先導するもの……。

ἕπεσθαι … τῇ ἀχαριστίᾳ ἡ ἀναισχυντία· … αὕτη μεγίστη … εἶναι ἐπὶ πάντα τὰ αἰσχρὰ ἡγεμών.
クセノポン『キュロスの教育』I 2, 7（11頁）

好意を受けるばかりでお返しをしない奴はまともな男じゃない。

nam improbus est homo qui beneficium scit accipere et reddere nescit.
プラウトゥス「ペルシア人」762（『ローマ喜劇集3』442頁）

望 郷

そして故国を追われた放浪者のよう——私たち人間は何としばしば苦難を忍
びさすらうのか——どんな大地も遠くにはなく、すべての道がすぐ眼前(めのまえ)に拡
がっている。自分の家を心に描くと、海を行き大地を進む道筋がすべて一度
に浮かんできて、次から次へすばやく思いを廻らせては、狂ったように目で
道をたどってゆく。

ὡς δ' ὅτε τις πάτρηθεν ἀλώμενος — οἶά τε πολλὰ πλαζόμεθ' ἄνθρωποι
τετληότες — οὐδέ τις αἶα τηλουρός, πᾶσαι δὲ κατόψιοί εἰσι κέλευθοι,
σφωιτέρους δ' ἐνόησε δόμους, ἄμυδις δὲ κέλευθος ὑγρή τε τραφερή τ'
ἰνδάλλεται, ἄλλοτε δ' ἄλλῃ ὀξέα πορφύρων ἐπιμαίεται ὀφθαλμοῖσιν.

アポロニオス・ロディオス『アルゴナウティカ』II 541–546（121頁）

冒 険

始めにあなたの名を挙げて、ポイボスよ、古き男らの勲(いさおし)を思い起こそう。黒
海の入口から「青黒岩(キュアネアイ)」のあいだを抜け、王ペリアスの命令により黄金(きん)の羊毛
を手に入れるため、漕ぎ座美しきアルゴー船を駆って進んだ者たちのことを。

Ἀρχόμενος σέο, Φοῖβε, παλαιγενέων κλέα φωτῶν, μνήσομαι, οἳ Πόντοιο κατὰ
στόμα καὶ διὰ πέτρας Κυανέας βασιλῆος ἐφημοσύνῃ Πελίαο χρύσειον μετὰ
κῶας ἐύζυγον ἤλασαν Ἀργώ.　アポロニオス・ロディオス『アルゴナウティカ』I 1–4（5頁）
　＊ポイボスはアポロン神のこと。アルゴー船に乗り込んだ英雄たちの冒険譚のはじまりの部分。

奉 仕

神々がわれわれを奉仕者として使い達成する
あのたいへん美しい仕事とはいったい何であるのか。

τί ποτέ ἐστιν ἐκεῖνο τὸ πάγκαλον ἔργον ὃ οἱ θεοὶ ἀπεργάζονται ἡμῖν
ὑπηρέταις χρώμενοι;

プラトン「エウテュプロン」13E（『エウテュプロン／ソクラテスの弁明／クリトン』46頁）

報 復

報復の最良の方法は、〔自分が相手に〕似たものとならないことである。

Ἄριστος τρόπος τοῦ ἀμύνεσθαι τὸ μὴ ἐξομοιοῦσθαι.

マルクス・アウレリウス『自省録』VI 6（105頁）

世のだれに対してであろうと、仕返しに不正を加えたり、害悪をはたらいた
りすることは、たとえ彼らからどんな目に遭わされようとも、けっしてして
はならない。

οὔτε ἄρα ἀνταδικεῖν δεῖ οὔτε κακῶς ποιεῖν οὐδένα ἀνθρώπων, οὐδ᾽ ἂν
ὁτιοῦν πάσχῃ ὑπ᾽ αὐτῶν.

プラトン「クリトン」49C(『エウテュプロン／ソクラテスの弁明／クリトン』162頁)

あなた方の法を軽んじ、神々をも怖れず、不敬虔をはたらく者たちに対して
は、報復することがふさわしいことです。報復には二つの目的があります。一
つには、このものたちが、犯した不正行為の裁きを受けるように、いま一
には、他の人々が、事前によく考えをめぐらすことで、神々とポリスに対し
て、害悪をなさないで済むように。

καὶ τοὺς ἀσελγῶς μὲν καταφρονοῦντας τῶν νόμων τῶν ὑμετέρων, ἀναιδῶς
δ᾽ ἠσεβηκότας εἰς τοὺς θεοὺς ἄξιον τιμωρήσασθαι δυεῖν ἕνεκα, ἵνα οὗτοί τε
τῶν ἠδικημένων δίκην δῶσιν, οἵ τ᾽ ἄλλοι πρόνοιαν ποιῶνται καὶ φοβῶνται
μηδὲν εἰς τοὺς θεοὺς καὶ τὴν πόλιν ἁμαρτάνειν.

デモステネス「ネアイラ弾劾」77(『弁論集7』52頁)

飽 満

キュルノスよ、神々が死すべき人間に与える最善のものは思慮だ。思慮はあ
らゆるものを試す道具。ああ、これが心にある者は幸いだ。これはおぞまし
い無法や悲惨な飽満よりもはるかにまさるもの。飽満は人間にとって悪しき
もの。これほど悪しきものはない。災厄はすべて、無法と飽満から起こるの
だよ、キュルノス。

γνώμην, Κύρνε, θεοὶ θνητοῖσι διδοῦσιν ἀρίστην ἀνθρώποις· γνώμη πείρατα
παντὸς ἔχει. ἆ μάκαρ, ὅστις δή μιν ἔχει φρεσίν· ἦ πολὺ κρείσσων ὕβριος
οὐλομένης λευγαλέου τε κόρου [ἐστί· κακὸν δὲ βροτοῖσι κόρος, τῶν οὔ τι
κάκιον·] πᾶσα γὰρ ἐκ τούτων, Κύρνε, πέλει κακότης.

テオグニス1171–1176(テオグニス他『エレゲイア詩集』241–242頁)
*キュルノスは著者のテオグニスが恋する少年。

飽食と安逸の中で、やがて人心は再び放恣に流れる。

ex copia deinde otioque lasciuire rursus animi.

リウィウス『ローマ建国以来の歴史1』II 52, 2(228頁)

飽満が慢心を生む。富が、邪悪で精神がまともでない者に
ついてくるときにはいつものこと。

τίκτει τοι κόρος ὕβριν, ὅταν κακῷ ὅλβος ἕπηται ἀνθρώπῳ καὶ ὅτῳ μὴ νόος
ἄρτιος ᾖ.　　　　　　　　テオグニス153–154（テオグニス他『エレゲイア詩集』132頁）

ト 占

クセノパネスとエピクロスは、ト占というものを拒絶している。

Ξενοφάνης καὶ Ἐπίχουρος ἀναιροῦσι τὴν μαντικήν.
　　　　　プルタルコス「哲学者たちの自然学説誌」904E（『モラリア11』148頁）
　　＊占いについての哲学者たちの見解はさまざまで、認める者、認めない者、部分的にのみ認め
　　る者がいる。なお、キケロには『ト占について』という著作がある。

保 証 人

この用事のために自分を［一時］釈放してほしい。
代わりにダモンを保証人として立てよう。

ἠξίωσεν οὖν ἐπὶ ταῦτα ἀφεθῆναι ἐγγυητὴν καταστήσας τὸν Δάμωνα.
　　　　　　　イアンブリコス『ピタゴラス的生き方』XXXIII 235
　　＊死刑を宣告されたピンティアスは数日の猶予を請い、友人のダモンを保証人とする。後日、
　　ダモンが処刑されようとする寸前に約束どおりピンティアスが戻ってくる。太宰治『走れメロ
　　ス』の原話。名前は異なるが、ヒュギヌス『神話伝説集』257話（269–270頁および補註102
　　参照）にも出てくる。

［ マ 行 ］

埋 葬

そなたらは敵を見事に撃退した。彼らは恥辱を味わった。裁きはついたのだ。
であるから、死体を土で被うのを許してやってはどうだ。魂は大気の中へ、肉
体は大地へと、それぞれがこの世へ生まれてくる前の元の場所へ戻してやる
がよい。

ἠμύνασθε πολεμίους καλῶς, αἰσχρῶς δ᾽ ἐκείνοις, χἠ δίκη διοίχεται. ἐάσατ᾽ ἤδη
γῆι καλυφθῆναι νεκρούς, ὅθεν δ᾽ ἕκαστον ἐς τὸ φῶς ἀφίκετο ἐνταῦθ᾽ ἀπελθεῖν,

πνεῦμα μὲν πρὸς αἰθέρα, τὸ σῶμα δ᾽ ἐς γῆν.

エウリピデス「嘆願する女たち」529–533(『悲劇全集2』229頁)

こんなにわずかな灰がヘルクレスの灰です。あの大きかった子がこんなに、こ
んなに小さくなってしまった。おお、ティタンよ、なんという巨体が虚空に
消えたことか。

tam paruus cinis Herculeus, huc huc ille decreuit gigas! o quanta, Titan, in nihil
moles abit!

セネカ「オエタ山上のヘルクレス」1758–1760(『悲劇集2』361頁)

わしの身体は、息子たちよ、わしが死ねば、黄金の棺にも、白銀の棺にも、
その他の棺にも横たえずにできるだけ早く大地に返してくれ。

τὸ δ᾽ ἐμὸν σῶμα, ὦ παῖδες, ὅταν τελευτήσω, μήτε ἐν χρυσῷ θῆτε μήτε ἐν
ἀργύρῳ μηδὲ ἐν ἄλλῳ μηδενί, ἀλλὰ τῇ γῇ ὡς τάχιστα ἀπόδοτε.

クセノポン『キュロスの教育』VIII 7, 25(400頁)

人はそれぞれ人生を終える時に肉体を大地に葬れば事足れり、
とすべきなのだ。

εἰς δὲ τὴν γῆν ἀρκείτω τὰ σώματα, ὅταν ἕκαστος τελευτήσῃ, κατακρύπτειν.

クセノポン『キュロスの教育』III 3, 3(132頁)

ここに若者の体は田園の寝床の上に高く横たえられる。
それはちょうど乙女の指で摘み取られた花のよう。

hic iuuenem agresti sublimem stramine ponunt: qualem uirgineo demessum pollice
florem.

ウェルギリウス『アエネーイス』XI 68–69(504頁)

魔 女 の 恋

恋する女を傷つけるとどうなるか教えてやろう。
目にもの見せよう。傷ついた恋する女がキルケーなのだから。

laesaque quid faciat, quid amans, quid femina, discesrebus; at est et amans et laesa et
femina Circe!

オウィディウス「変身物語」XIV 384–385(『変身物語2』278頁)
＊キルケーはギリシア神話に登場する魔女。

学びの必要を説いた名言
の数は多い。哲学者のセネ
カには、「閑暇は学びがなければ死に等しく、生ける
人間の墓場」(『倫理書簡集』LXXXII 3)という言葉
がある。　→教育

学び

学んでいるとき遊んでいるわけではない。
学びは骨の折れることである。

οὐ γὰρ παίζουσι μανθάνοντες· μετὰ λύπης γὰρ ἡ μάθησις.

アリストテレス『政治学』1339a28–29(414頁)

教師の務めは、徐々に経験を積んで類似したことに応用できるように、事柄
の順序がどのようでそれらをどのように結びつけるのかをいろいろな場合に
おいて日々示すことです。というのも、技術がなしとげるすべてを教授する
ことはできないからです。

Praeceptoris est in alio atque alio genere cotidie ostendere quis ordo sit rerum et quae
copulatio, ut paulatim fiat usus et ad similia transitus: tradi enim omnia quae ars efficit,
non possunt.　　　　クインティリアヌス「弁論家の教育」VII 10, 8(『弁論家の教育3』196頁)

学を好めば、おのずから博学の人になる。

ἐὰν ᾖς φιλομαθής, ἔσει πολυμαθής.　　イソクラテス「デモニコスに与う」18(『弁論集1』8頁)

勉強とは本来、学ぼうとする意志であって、
この意志は強制できないものです。

studium discendi uoluntate, quae cogi non potest, constat.

クインティリアヌス「弁論家の教育」I 3, 8(『弁論家の教育1』33頁)

英雄詩の崇高さによって精神を高め、[英雄たちの]偉大な功績によって魂を
奮い立たせ、[子供を]最高のものに慣れ親しませねばなりません。

sublimitate heroi carminis animus adsurgat et ex magnitudine rerum spiritum ducat
et optimis imbuatur.　　　クインティリアヌス「弁論家の教育」I 8, 5(『弁論家の教育1』103頁)

私は、勉強にどんな見返りがあるのかを計算するような人には、
この本の読者となってほしくありません。

Ne uelim quidem lectorem dari mihi quid studia referant computaturum.

クインティリアヌス「弁論家の教育」I 12, 17 (『弁論家の教育1』133–134頁)

われわれは、判断力を備えた蓄えを獲得すべきであって、山師的な流暢さで
はなく、弁論の力を目ざしているのです。しかるにそれをわれわれが手に入
れるのは、最良のものを読み聞くことによってです。

Nobis autem copia cum iudicio paranda est, uim orandi, non circulatoriam
uolubilitatem spectantibus. Id autem consequemur optima legendo atque audiendo.

クインティリアヌス「弁論家の教育」X 1, 8 (『弁論家の教育4』184頁)

多少なりとも読書の楽しさによって若者の心をとらえるならば、無味乾燥で
ひからびた紹介のために嫌悪されかねない、またとりわけ気難しい年頃の若
者にとって耳障りになりかねないように思われることでも、喜んで学んでく
れるというわけです。

si ducti iucunditate aliqua lectionis libentius discerent ea quorum ne ieiuna atque
arida traditio auerteret animos et aures praesertim tam delicatas raderet uerebamur.

クインティリアヌス「弁論家の教育」III 1, 3 (『弁論家の教育2』5頁)

聞きたがらない者は、けっして学ぶことはできません。

μὴ ʼθέλουσι μὲν οὖν ἀκούειν οὐκ ἔνι δήπου μαθεῖν.

デモステネス「序論集」47, 2 (『弁論集7』199頁)

COLUMN 古 代 の 読 書 法

「多読より精読がよいと言われている」……小プリニウス『書簡集』VII 9, 15
　　「多読より精読だ」……クインティリアヌス『弁論家の教育』X 1, 59
　「博識ですね」は人を褒めた言葉だが、ギリシアの哲人たちはこれを嫌った。考え
てみれば、中身はないね、薄っぺらだね、とも聞こえる。哲学者のヘラクレイトスは「博
識はノオスを教えない」と言った。ノオスはアッティカの方言のヌース(知性)だが、ここ
では物事のうち一番肝心なところの意味であろう。ラテン語の諺に Non multa sed

multumというのがある。英語で直訳すると、not many things but muchということ。つまりは多読より精読がよいということ。multa(many)よりmultum(much)がよい、多さより深さだの意味。万巻を読破して、物知りになっても賢くはならない。

身 内

膝は臑より近い。

γόνυ κνήμης ἔγγιον.　　　アテナイオス「食卓の賢人たち」IX 383c(『食卓の賢人たち3』382頁)
　　　　　　　　　　　　　　　*他人より身内(あるいは自分自身)をかわいがるの意。

右

履物は右足から先に履かねばならない。

δεῖ τὸν δεξιὸν ὑποδεῖσθαι πρότερον.
イアンブリコス『ピタゴラス的生き方』XVIII 83(90頁)
*ピタゴラス派の戒律(アクースマと呼ばれる)の一覧表から。

水

ピュラルコスはまた、イベリア人は世界でいちばんの金持ちだが水しか飲まない、そしてけちが高じて一日に一食しかとらない、それでいて着るものはなかなか贅沢だ、と言っている。

φησὶ (Φύλαρχός) δὲ καὶ τοὺς Ἴβηρας πάντας ὑδροποτεῖν καίτοι πλουσιωτάτους ἀνθρώπων ὄντας, μονοσιτεῖν τε αὐτοὺς ἀεὶ λέγει διὰ μικρολογίαν, ἐσθῆτας δὲ φορεῖν πολυτελεστάτας.
アテナイオス「食卓の賢人たち」II 44b(『食卓の賢人たち1』159頁)

水は、ピンダロスが言ったように、
最良のものですけれども、最も安価なのです。

τὸ δὲ ὕδωρ εὐωνότατον, ἄριστον ὄν, ὡς ἔφη Πίνδαρος.
プラトン「エウテュデモス」304B
(『エウテュデモス／クレイトポン』110頁)

未　来

未来の事についても現状の分析をもとに誤りのない予測を立てられるなどと
考えるのは、正気を失った人間にしかできないことだ。

τὴν γε περὶ τοῦ μέλλοντος ἐλπίδα μηδὲν ἂν ἐκ τῶν νῦν παρόντων εὐλόγως
βεβαιώσασθαι μηδένα τῶν νοῦν ἐχόντων.

ポリュビオス「歴史」III 31, 3（『歴史1』279–280頁）

民　衆

耳に快いことを聞きたがっておきながら、
その後それとは異なる結果が生じると、他人にその責任を問う。

βουλομένων μὲν τὰ ἥδιστα ἀκούειν, αἰτιωμένων δὲ ὕστερον, ἤν τι ὑμῖν ἀπ'
αὐτῶν μὴ ὁμοῖον ἐκβῇ.　　　　　　　　トゥキュディデス「歴史」VII 14, 4（『歴史2』229頁）

*アテナイ市民の気質について。

[アテナイ市民は] やがて真実を理解すると、遠征軍派遣を決議したのは自分
たちであったのを忘れて、派兵支持に熱弁を振るった者たちに怒りの矛先を
向けた。

ἐπειδὴ δὲ ἔγνωσαν, χαλεποὶ μὲν ἦσαν τοῖς ξυμπροθυμηθεῖσι τῶν ῥητόρων τὸν
ἔκπλουν, ὥσπερ οὐκ αὐτοὶ ψηφισάμενοι.

トゥキュディデス「歴史」VIII 1, 1（『歴史2』320頁）

しかしこれらは多数派民衆を幻惑するための虚言にすぎず、実際には変革を
実行した者たち自身が国政を独占しようと企んでいた。

ἦν δὲ τοῦτο εὐπρεπὲς πρὸς τοὺς πλείους, ἐπεὶ ἕξειν γε τὴν πόλιν οἵπερ καὶ
μεθίστασαν ἔμελλον.　　　　　　　　トゥキュディデス「歴史」VIII 66, 1（『歴史2』392頁）

民衆は声を上げなくなり、行動する気力を失って、たとえ沈黙を強いられて
も、危害を加えられなければ儲けものと考えるようになった。

ἀλλ᾽ ἡσυχίαν εἶχεν ὁ δῆμος καὶ κατάπληξιν τοιαύτην ὥστε κέρδος ὁ μὴ
πάσχων τι βίαιον, εἰ καὶ σιγῴη, ἐνόμιζεν.

トゥキュディデス「歴史」VIII 66, 2（『歴史2』392–393頁）

民衆というものは未来を見通すことができず、
眼の前にぶら下がった恵与と安楽に釣られるという性質をもっている。

τὸ πλῆθος, περὶ μὲν τοῦ μέλλοντος ἀδυνατοῦν προνοεῖσθαι. τῇ δὲ παρ᾽ αὐτὰ
χάριτι καὶ ῥαστώνῃ δελεαζόμενον.

ポリュビオス「歴史」XXXVIII 11, 11(『歴史4』407頁)

大衆の多くは本性そうしたものです。彼らはからかったりののしったりする
連中を歓迎するのです。とりわけ神聖と思われているものがくさされたとき
がそうです。たとえば以前彼らはアリストパネスやエウポリスの作品で、そ
こにいるソクラテスが舞台上でからかわれたりソクラテスを題材にとんでも
ないお笑い劇が作られたりするのを喜んだものです。

φύσει γάρ τι τοιοῦτόν ἐστιν ὁ πολὺς λεώς, χαίρουσι τοῖς ἀποσκώπτουσιν καὶ
λοιδορουμένοις, καὶ μάλισθ᾽ ὅταν τὰ σεμνότατα εἶναι δοκοῦντα διασύρηται,
ὥσπερ ἀμέλει καὶ πάλαι ἔχαιρον Ἀριστοφάνει καὶ Εὐπόλιδι Σωκράτη τουτονὶ
ἐπὶ χλευασίᾳ παράγουσιν ἐπὶ τὴν σκηνὴν καὶ κωμῳδοῦσιν ἀλλοκότους τινὰς
περὶ αὐτοῦ κωμῳδίας.

ルキアノス「甦って来た哲学者」25(『食客』81頁)

平民は民衆の友（ポプラーレース）に餌をやって太らせては、
絞め殺すのだ。

saginare plebem populares suos ut iugulentur.

リウィウス『ローマ建国以来の歴史3』VI 17, 2(38頁)
＊民衆の友は民衆によって裏切られ、破滅させられる。

民主制［政］

デモクラシーはギリシア語のデーモクラティアー δημοκρατία に由来するが、文字通りにはデーモス（民衆）がクラティアー（支配）するの意味。「民主制は独裁（僭主）制にまさる」（ディオゲネス・ラエルティオス『ギリシア哲学者列伝』I 97）はギリシア七賢人のペリアンドロスの言葉。一方で、プラトンは「独裁（僭主）制が民主制よりほかの政体から生まれることはけっしてない」（『国家』VIII 564A）と言っている。

民主主義

貧乏人、普通人、弱者といったような者が多数者になり、
恵まれた状態にあると、民主制を促進させる。

οἱ μὲν γὰρ πένητες καὶ οἱ δημόται καὶ οἱ χείρους εὖ πράττοντες καὶ πολλοὶ οἱ
τοιοῦτοι γιγνόμενοι τὴν δημοκρατίαν αὔξουσιν.

クセノポン「アテナイ人の国制」1, 4（『小品集』247頁）

民主主義は偉大な人々のよき養育者であり、言葉に関して畏怖される人々は
ほとんどがこれとともにのみ盛期を迎え、これとともに滅んでゆくと、はた
して信じるべきなのか。というのも、自由こそが偉大な精神をもつ人々の心
を養い、希望で満たし、また同時に互いへの競争心と第一位の座への名誉欲
を呼び覚ますことができる、と言われているからだ。

ἡ δημοκρατία τῶν μεγάλων ἀγαθὴ τιθηνός, ᾗ μόνῃ σχεδὸν καὶ συνήκμασαν
οἱ περὶ λόγους δεινοὶ καὶ συναπέθανον; θρέψαι τε γάρ φησιν ἱκανὴ τὰ
φρονήματα τῶν μεγαλοφρόνων ἡ ἐλευθερία καὶ ἐπελπίσαι καὶ ἅμα διελθεῖν τὸ
πρόθυμον τῆς πρὸς ἀλλήλους ἔριδος καὶ τῆς περὶ τὰ πρωτεῖα φιλοτιμίας.

ロンギノス「崇高について」XLIV 2（ロンギノス／ディオニュシオス『古代文芸論集』106頁）

そもそも人が寡頭制より民主制のもとで暮らしたがるのはなぜかを探ろうと
すれば、まずいちばん手っとりばやい答えは、民主制の方があらゆる点でよ
り寛容だということでしょう。

εἰ γὰρ θέλετ᾽ ἐξετάσαι τίνος εἵνεκα μᾶλλον ἄν τις ἕλοιτ᾽ ἐν δημοκρατίᾳ ζῆν
ἢ ἐν ὀλιγαρχίᾳ, τοῦτ᾽ ἂν εὕροιτε προχειρότατον, ὅτι πάντα πρᾳότερ᾽ ἐστὶν ἐν
δημοκρατίᾳ.

デモステネス「アンドロティオン弾劾」51（『弁論集3』278頁）
＊デモステネス「ティモクラテス弾劾」163（『弁論集4』199頁）にもみえる。

しかし、あなたたちに益をもたらすものは、それらのうちのどれでもありま
せん。そうではなくて、もし害されたなら、力なき者でも富める者を割して
もらうことができる、ということが有益なのです。

ὑμῖν δὲ οὐδὲν τούτων συμφέρει, ἀλλὰ τὸν ἀσθενῆ παρὰ τοῦ πλουσίου δίκην,
ἂν ἀδικῆται, δύνασθαι λαβεῖν.

デモステネス「ステパノス弾劾（第1演説）」67（『弁論集6』172–173頁）
＊「あなたたち」とは、裁判に出席しているアテナイ市民のこと。

いかなる企みも、
民主政治のもとでは法と正義にまさる力を持ちえない。

ἡγούμενος οὐδεμίαν παρασκευὴν μεῖζον ἰσχύειν παρ' ὑμῖν τῶν νόμων καὶ τῶν δικαίων.

アイスキネス「クテシポン弾劾」1（『弁論集』203頁）

民主政国家においては、ごくふつうの市民といえども、
法律と投票権によって王としてふるまえる。

Ἀνὴρ γὰρ ἰδιώτης ἐν πόλει δημοκρατουμένῃ νόμῳ καὶ ψήφῳ βασιλεύει.

アイスキネス「クテシポン弾劾」233（『弁論集』328頁）

そもそも我々が知る限り、アテナイ人以外には民主政によって発展した者は
なく、アテナイ人だけが民主政によって大をなしたのである。彼らは持ち前
の知力で全ギリシアを凌駕し、いささかも既存の法を破ることはなかった。

οὐ γάρ πω δημοκρατίαν ἴσμεν ἄλλους γε ἢ Ἀθηναίους αὐξήσαντας, Ἀθηναῖοι δὲ προήχθησαν ἐπὶ μέγα ἀπ' αὐτῆς· συνέσει γὰρ οἰκείᾳ τὸ Ἑλληνικὸν ὑπερεβάλλοντο καὶ νόμοις τοῖς καθεστηκόσιν ἐλάχιστα ἠπείθουν.

パウサニアス「ギリシア案内記」IV 35, 5（『ギリシア案内記2』233頁）

民主制は、分別ある人なら当然守るべきまったく公正なしきたりをほかにも
数多く含み持っていますが、とりわけて挙げるべきは、発言の自由――それ
は真実と密接に結びついて成り立っているものですが――これを妨げて真実
の明示を阻止することはできない、というしきたりです。

αἱ δὲ δημοκρατίαι πολλά τ' ἄλλα καὶ καλὰ καὶ δίκαι' ἔχουσιν, ὧν τὸν εὖ φρονοῦντ' ἀντέχεσθαι δεῖ, καὶ τὴν παρρησίαν ἐκ τῆς ἀληθείας ἠρτημένην οὐκ ἔστι τἀληθὲς δηλοῦν ἀποτρέψαι.

デモステネス「葬送演説」26（『弁論集7』94-95頁）

無知　「無知」はギリシア語ではアマティアー ἀμαθία、ラテン語ではイグノーラ
ンティア ignorantia という。「無知は隠しておく
ほうがよい」というのは哲学者ヘラクレイトス
の言葉（「断片」95）で、プルタルコス「食卓歓
談集」644F（『モラリア8』112頁）に言及されている。

無知は慎重を伴えば、放縦を伴う機敏よりは有益である。

ἀμαθία τε μετὰ σωφροσύνης ὠφελιμώτερον ἢ δεξιότης μετὰ ἀκολασίας.

トゥキュディデス「歴史」III 37, 3（『歴史1』284頁）

最高の愚かさとは、ただ知らないだけでなく、
知らないということそれ自体を知らないことである。

Summa dementia est, cum quis non solum ignoret, sed id ipsum quod ignoret nesciat.

カルキディウス『プラトン「ティマイオス」註解』209（257頁）

無知な者には哀れみの心は欠けているものだが、
知恵ある者にはそれがあります。

ἔνεστι δ᾽ οἶκτος ἀμαθίαι μὲν οὐδαμοῦ, σοφοῖσι δ᾽ ἀνδρῶν.

エウリピデス「エレクトラ」294–295（『悲劇全集2』308頁）

この男は知らないのに、何か知っていると思っているが、
私の方は知らないので、その通りにまた、知らないと思っている。

οὗτος μὲν οἴεταί τι εἰδέναι οὐκ εἰδώς, ἐγὼ δέ, ὥσπερ οὖν οὐκ οἶδα, οὐδὲ οἴομαι.

プラトン「ソクラテスの弁明」21D（『エウテュプロン／ソクラテスの弁明／クリトン』72頁）
＊ソクラテスのいわゆる「無知の自覚」。

名　称

諸君は名称について議論するのではなく、
その意図するところについて議論すべきである。

⟨δεῖν⟩ ὑμᾶς οὐ περὶ τῶν ὀνομάτων διαφέρεσθαι ἀλλὰ τῆς τούτων διανοίας.

リュシアス「テオムネストス告訴」10, 7（『弁論集』126頁）
＊法解釈においては、名称ではなく意味（意図するところ）を重視すべきである、とする見解。

迷　信

迷信ほど大衆の心をつかむものはない。ふつうは抑制がきかず、野蛮で、気まぐれな大衆も迷信にとりつかれると、指揮者たちよりも占い師たちに進んで従うのである。

Nulla res multitudinem efficacius regit quam superstitio: alioqui impotens, saeva, mutabilis, ubi vana religione capta est, melius vatibus quam ducibus suis paret.

クルティウス・ルフス『アレクサンドロス大王伝』IV 10, 7（101頁）

軍中で何が醜悪と言って、空虚な迷信ほどのものはない。

deforme sub armis uana superstitio est.

シーリウス・イタリクス「ポエニー戦争の歌」V 125–126（『ポエニー戦争の歌1』204頁）

名　声

おれ［カエサル］ならローマ人の間で第二位の人間になるよりも、
ここ［アルプスの寒村］で第一位の人間になる方を選ぶ。

ἐγὼ μὲν μᾶλλον ἂν ἐβουλόμην παρὰ τούτοις εἶναι πρῶτος ἢ παρὰ Ῥωμαίοις
δεύτερος.　　　　　　　　　　　　　　　プルタルコス「カエサル」11, 4（『英雄伝5』169頁）

［じっさい、］だれかがおこないを誇示して名声という報酬を受けとるたびに、
おのれを是とする良心の自律が、あるしかたで減少するのです。

minuit [enim] quodam modo se probantis conscientiae secretum, quotiens ostentando
quis factum recipit famae pretium.　　　ボエティウス『哲学のなぐさめ』I 散4, 33（32頁）

明晰さと簡潔さ

さらに、明晰さを保ったまま、簡潔に意見を表明すること——明晰さと簡潔
さとの二つを結びつけ適度に整えるのは本来困難なことです——を、ほかの
誰にも劣らずこの上なく見事に示してくれたのがリュシアスなのです。

καὶ μὴν τό γε βραχέως ἐκφέρειν τὰ νοήματα μετὰ τοῦ σαφῶς, χαλεποῦ
πράγματος ὄντος φύσει τοῦ συναγαγεῖν ἄμφω ταῦτα καὶ κεράσαι μετρίως, ᾗ
μάλιστα οὐδενὸς ἧττον τῶν ἄλλων ἀποδείκνυται Λυσίας.

ディオニュシオス「リュシアス論」IV 4（ディオニュシオス／デメトリオス『修辞学論集』18頁）

名誉・栄誉

大カトは、多くの人々への敬意を示して幾つもの像が立てられているのを見
て言った、「わしに関しては、人々が『カトの像がなぜそこにあるのか』とい

うよりも『なぜそこにないのか』と尋ねられるほうを、むしろわしは欲するのだ」と。

Πολλῶν δ' ὁρῶν ἀνισταμένους ἀνδριάντας 'περὶ ἐμοῦ δ'' ἔφη 'βούλομαι ἐρωτᾶν μᾶλλον τοὺς ἀνθρώπους, διὰ τί ἀνδριὰς οὐ κεῖται [Κάτωνος] ἢ διὰ τί κεῖται.'
プルタルコス「ローマ人たちの名言集」198F(『モラリア3』129頁)

この命は自ら進んで捧げるもの、嫌々ではありません。申しておきます、わたくしはこの弟たちのため、またわが身自らのために死に行くのだと。命を惜しむ思いがないからこそ、わたくしはこの上なくすばらしい見つけものをしたのです、誉を得て世を去るという。

ἥδε γὰρ ψυχὴ πάρα ἑκοῦσα κοὐκ ἄκουσα, κἀξαγγέλλομαι θνήισκειν ἀδελφῶν τῶνδε κἀμαυτῆς ὕπερ. εὕρημα γάρ τοι μὴ φιλοψυχοῦσ' ἐγὼ κάλλιστον ηὕρηκ', εὐκλεῶς λιπεῖν βίον.   エウリピデス「ヘラクレスの子供たち」530–534(『悲劇全集1』243頁)

嘘偽りのない称揚をするのは善良な人々のあいだで罪にはならない。

iustus sine mendacio candor apud bonos crimini est.
ウェレイユス・パテルクルス『ローマ世界の歴史』II 116, 5(196頁)

エウリュピアデス「競技では、先に走り出した者は棒で打たれることになっているぞ」。テミストクレス「左様左様。だがな、遅れた者が花冠を受けることはないぞ」。

Eu. 'ἐν τοῖς ἀγῶσι τοὺς προεξανισταμένους ῥαπίζουσι'. Th. 'ναί ... ἀλλὰ τοὺς ἀπολειφθέντας οὐ στεφανοῦσιν'.   プルタルコス「テミストクレス」11, 3(『英雄伝1』339頁)

人間たちにとって苦しい不幸に至る道はたやすく
栄誉に至る道はけわしい。

ῥηιδίη μὲν ἐς ἀργαλέην κακότητα αἰζηοῖσι κέλευθος, ἀνιηρὴ δ' ἐπὶ κῦδος.
クイントス・スミュルナイオス『ホメロス後日譚』XII 294–295(480頁)

王や権力者に対する民衆の好意の証拠として、
過剰な栄誉授与ほど当てにならないものはなかろう。

τὸ γὰρ φαυλότατον ὡς ἔοικεν εὐνοίας ὄχλων βασιλεῦσι καὶ δυνάσταις τεκμήριόν ἐστιν ὑπερβολὴ τιμῶν.   プルタルコス「デメトリオス」30, 6(『英雄伝6』50頁)

名 誉 欲

空しい賞賛とは、人からほめてもらうために自分をほめている、そのように思われている人の賞賛である。とくに軽蔑されるのは、名誉欲がもとで、しかも不相応な名誉を求めてそのようにしていると思われる場合だ。

Ἔστιν οὖν κενὸς ἔπαινος ὁ τῶν ἑαυτοὺς ἐπαινεῖν, ὅπως ἐπαινεθῶσι, δοκούντων· καὶ καταφρονεῖται μάλιστα, φιλοτιμίας ἕνεκα γίγνεσθαι καὶ δόξης ἀκαίρου φαινόμενος.　プルタルコス「妬まれずに自分をほめることについて」540A（『モラリア7』65頁）

滅 亡

トロイアよ、幸せ薄いトロイアよ、おまえは滅びてしまった。おまえを捨て去って行く者らの何と哀れなこと、生き延びた者にしても死に果てた者にしても。

Τροία Τροία δύσταν᾽, ἔρρεις, δύστανοι δ᾽ οἵ σ᾽ ἐκλείποντες καὶ ζῶντες καὶ δμαθέντες.　エウリピデス「トロイアの女たち」173–175（『悲劇全集3』120頁）

目 的 論 批 判

［植物の］発芽は［動物の出産に対応するもので］繁殖が完全に遂行されるために起こる。

ἡ γάρ τοι βλάστησις γενέσεως χάριν ἐστὶ τῆς τελείας.
　　　テオプラストス「植物誌」Ⅰ1, 3（『植物誌1』10頁）
　＊アリストテレスは目的論の立場から、自然には目的がないものはない、動植物は人間が利用するため、植物は動物の食糧になるために存在すると言った。これに対して、この一節は発芽に始まる植物の成長の全過程は、（動物に食べられるためでなく）植物自体の存続のためにあると言う。テオプラストスは、目的論が全面的に適用されるとは考えていなかったのである。

文 字

最高の技術者テウトよ、技術を産むことのできる者と、技術がそれを使用する者たちにどのような害や利益を与えることになるかを判断できる者とは別なのだ。今もおまえは、文字の父であるというので、ひいき目からその力を正反対に述べた。これはこれを学んだ者たちの魂の中にまず第一に忘却を与

えるだろう。記憶しようとしなくなるのだ。なぜなら、書かれたものを信用することによって、その者たちは自分たち自身の力で内から思い出すのではなく、他人の刻印したものによって外から思い出そうとするからだ。だからおまえの発明したのは、記憶することの薬ではなく、思い出させることの薬なのだ。そして次に、これを学んだ者たちにおまえが与えるのは、知恵の思いなしであって、本当の知恵ではない。彼らはおまえのおかげで教えられることなしにたくさんのことを読み、自分たちが大きな知恵を持つと思うようになるだろう。

Ὦ τεχνικώτατε Θεύθ, ἄλλος μὲν τεκεῖν δυνατὸς τὰ τέχνης, ἄλλος δὲ κρῖναι τίν' ἔχει μοῖραν βλάβης τε καὶ ὠφελίας τοῖς μέλλουσι χρῆσθαι· καὶ νῦν σύ, πατὴρ ὢν γραμμάτων, δι' εὔνοιαν τοὐναντίον εἶπες ἢ δύναται. τοῦτο γὰρ τῶν μαθόντων λήθην μὲν ἐν ψυχαῖς παρέξει μνήμης ἀμελετησίᾳ, ἅτε διὰ πίστιν γραφῆς ἔξωθεν ὑπ' ἀλλοτρίων τύπων, οὐκ ἔνδοθεν αὐτοὺς ὑφ' αὑτῶν ἀναμιμνησκομένους· οὔκουν μνήμης ἀλλὰ ὑπομνήσεως φάρμακον ηὗρες. σοφίας δὲ τοῖς μαθηταῖς δόξαν, οὐκ ἀλήθειαν πορίζεις· πολυήκοοι γάρ σοι γενόμενοι ἄνευ διδαχῆς πολυγνώμονες εἶναι δόξουσιν, ἀγνώμονες ὡς ἐπὶ τὸ πλῆθος ὄντες, καὶ χαλεποὶ συνεῖναι, δοξόσοφοι γεγονότες ἀντὶ σοφῶν.

プラトン『パイドロス』274E（124–125頁）

　＊テウトはエジプトの神で、文字を発明したとされる。文字の効用についてのプラトンの見解を述べた有名な箇所。

COLUMN　　母 音 連 続 を 嫌 っ た ギ リ シ ア 人

　古代ギリシア語を読むときの長いつぶやきをひとつ。ギリシア人は文章を書くときに、母音連続（ヒアートゥス）を嫌うという習性がある。母音連続というのは、ABと２つの単語が連続するときに、Aの最後の音とBの最初の音がともに母音であることをいう。これを回避するやり方には３ある。ひとつはエリジョンelisionと呼ばれるもので、例えば、παρὰ ἡμῖν（パラ・ヘーミン「われわれのもとで」）だと、αとἡ（アとヘー）という２つの母音が並んでいる（ギリシア語にはhを示す字母はない）。もっとも、小文字ができるのはずっとあとの時代で、当時はPARAHMINと書いていたので、これをみると、AHの母音の連続が少し気になる。それを回避するためにPARHMINと書いた。これを小文字で示すとπαρ' ἡμῖν（パレーミン）となり、前の語の最後がアポストロフィーで表される。

　もうひとつはアパイレシスaphaeresis（inverse elision）と呼ばれるもので、２つ目の語の頭を削除する。例えば、ποῦ ἐστι;（プー・エスティ「彼はどこにいる?」。「;」はクエスチョンマークである）だと、大文字でPOYESTIとなり、YEが連続する（Yは母音）。このように２つ目の語の頭が「ε（エ）」の時に限って、こちらの方が落ちて、POYSTI（プースティ）

となる。小文字で書けば ποῦ 'στι; である。

　最後の回避法としてクラシス crasis がある。意味は「混合」だが、合体と言った方がよく分かる。τὰ ἄλλα（タ・アッラ「他のもの」）だと大文字で TAALLA となり、AA がちょっと嫌である。この場合はしばしば両語が合体される。TALLA（タッラ）だが、小文字で書くと τἄλλα もしくは τἅλλα となる。*Greek Grammar* の著者 H.W. スマイスの文法書をみると、どうも両方の表記があるらしい。こうした表記を念頭に置いて読み進めていくのだが、初学者には慣れるまで時間がかかる。

もっともらしさ

もっともらしさによって証明を行なっているような議論は、ほら吹きであって、幾何学やその他どんな分野においても、人はそういう議論には用心していないと、すっかりだまされるものだ。

τοῖς διὰ τῶν εἰκότων τὰς ἀποδείξεις ποιουμένοις λόγοις ... οὖσιν ἀλαζόσιν, καὶ ἂν τις αὐτοὺς μὴ φυλάττηται, εὖ μάλα ἐξαπατῶσι, καὶ ἐν γεωμετρίᾳ καὶ ἐν τοῖς ἄλλοις ἅπασιν.　　　プラトン「パイドン」92D（『饗宴／パイドン』268頁）

物　語

わたしの思うに、オデュッセウスの物語は、
甘美な言葉のホメロスにより、その体験よりも誇大にされている。

ἐγὼ δὲ πλέον' ἔλπομαι λόγον Ὀδυσσέος ἢ πάθαν διὰ τὸν ἀδυεπῆ γενέσθ' Ὅμηρον.　　　ピンダロス「ネメア祝勝歌集」VII 21–22（『祝勝歌集／断片選』275頁）

模　倣

模倣はそれ自体では十分でありませんが、それというのもおそらく、他の人によって発明されたもので満足することは怠慢な精神の習いだからです。

imitatio per se ipsa non sufficit, uel quia pigri est ingenii contentum esse iis quae sint ab aliis inuenta.　　　クインティリアヌス「弁論家の教育」X 2, 4（『弁論家の教育4』229–230頁）

［ ヤ 行 ］

野 望

吾子よ、そなたはなぜ野望という、神々の内で最悪の神を追い求めるのです。
おやめなさい。それは不正な神です。

τί τῆς κακίστης δαιμόνων ἐφίεσαι Φιλοτιμίας, παῖ; μὴ σύ γ᾽ ἄδικος ἡ θεός.

エウリピデス「フェニキアの女たち」531–532（『悲劇全集4』168頁）

勇気

「勇気」はギリシア語ではアンドレイアー ἀνδρεία、
ラテン語ではフォルティトゥードー fortitudo という。
　　　　知恵、思慮、節制と並ぶ四元徳のひとつで、古来
名言名句が多い。「本当の勇気とは何か」は大切な問いで、アリストテ
レスには「貧困や恋心、あるいは何か苦しいことから逃れるために死ぬとい
うのは、勇気ある人のなすべきことではなく、むしろ臆病な人のすることで
ある」（『ニコマコス倫理学』116a12–14、124頁）という言葉がある。

慎重であること、これこそが真の勇敢さでありましょう。

καὶ τοῦτό τοι τἀνδρεῖον, ἡ προμηθία.

エウリピデス「嘆願する女たち」510（『悲劇全集2』228頁）

勇気さえあれば、助かる道はかならず見つかる。

si animus sit, non defore auxilium.　　リウィウス『ローマ建国以来の歴史2』III 10, 14（26頁）

過ぎたる勇気は狂気にいたり、ひとつの実りも生み出さぬ。

πολλάκις τολμᾶν περιττὸν εἰς ἄνοιαν καὶ τὸ μηδὲν κατανταν εἴωθεν.

ポリュビオス「歴史」IV 34, 2（『歴史2』54頁）

いったいなぜあなたがたの詩人たちは、敵との戦争に最も秀でた人びとのこ
とを「オオカミの心の」や「ライオンの気概もつ」や「勇猛なることイノシ

シにも似た」と呼びながら、彼らのうちの誰も、ライオンを「人間の気概も
つ」とか、イノシシを「勇猛なること人間にも似た」とは呼ばないのでしょ
うか？

τί ποθ' ὑμῶν οἱ ποιηταὶ τοὺς κράτιστα τοῖς πολεμίοις μαχομένους 'λυκόφρονας'
καὶ 'θυμολέοντας' καὶ 'συῒ εἰκέλους ἀλκὴν' προσαγορεύουσιν, ἀλλ' οὐ λέοντά
τις αὐτῶν 'ἀνθρωπόθυμον' οὐ σῦν 'ἀνδρὶ εἴκελον ἀλκὴν' προσαγορεύει;
プルタルコス「もの言えぬ動物が理性を用いることについて」988D（『モラリア12』262頁）

高貴で勇敢な行動に心を惹かれる者は多いけれども、
それを実行に移すだけの気概をもつ者は少ない。

τῶν γὰρ παραβόλων καὶ καλῶν ἔργων ἐφίενται μὲν πολλοί, τολμῶσι δ' ὀλίγοι
ψαύειν.
ポリュビオス「歴史」XVIII 53, 1（『歴史3』492頁）

アリストテレスの『ニコマコス倫理学』（VIII–IX巻）な
ど、「友情」（ピリアー φιλία、アミーキティア amicitia）を
扱った議論は多い。「友人」はギリシア語では
ピロス φίλος とラテン語ではアミークス amicus
という。「プラトンは愛すべきであるが、しかし
真理はいっそう愛すべきである」は、アリストテ
レスの同書から着想を得たものであろう（『ニコ
マコス倫理学』16頁訳註4）。友人になるためには「塩1メディムノス」（約
52リットル）をともに食べる必要があるという諺もある（『エウデモス倫理学』
1238a 2 –3）。キケロも同様の諺に言及している（『友情について』19, 67）。

友のものは共のもの。

κοινὰ ... τὰ τῶν φίλων.
ポルピュリオス「ピタゴラス伝」33（『ピタゴラス伝／マルケラへの手紙／ガウロス宛書簡』26頁）
＊ピタゴラスの言葉。友のものは共有で、友人皆のものという意。

互いに親しければ、正義をことさら必要としないけれども、
正しい人たちの方は友愛をも合わせ必要とする。

καὶ φίλων μὲν ὄντων οὐδὲν δεῖ δικαιοσύνης, δίκαιοι δ' ὄντες προσδέονται
φιλίας.
アリストテレス『ニコマコス倫理学』1155a（355頁）

友愛は、愛されることよりも、
愛することにその本質があると考えられる。

[ἡ φιλία] δοκεῖ δ' ἐν τῷ φιλεῖν μᾶλλον ἢ ἐν τῷ φιλεῖσθαι εἶναι.

アリストテレス『ニコマコス倫理学』1159a（378頁）

学校時代の友情については言うまでもないところであって、その友情は、老
年に至るまでまことにしっかりと続き、尊いと言ってもよい絆に結ばれてい
るのです。

Mitto amicitias, quae ad senectutem usque firmissime durant religiosa quadam
necessitudine inbutae.　　クインティリアヌス「弁論家の教育」I 2, 20（『弁論家の教育1』29頁）

待て、処刑人よ。私はここにいる。
その男が保証人になっているのは私だ。

Sustine carnifex, adsum quem spopondit.　　ヒュギヌス『神話伝説集』257話（270頁）
＊太宰治『走れメロス』の原話の一部。

わたしが思うには、友情の力もそれ［徳］と同じで、
ほとんど不可能なことでも解決することができる。

Eadem est, opinor, uis amicitiae parque impossibilium paene rerum extricatio.

カルキディウス「書簡」（『プラトン「ティマイオス」註解』4頁）

同じものを望み、同じものを嫌うことこそが、
堅い友情というものである。

idem velle atque idem nolle, ea demum firma amicitia est.

サルスティウス「カティリナ戦記」20（『カティリナ戦記／ユグルタ戦記』26頁）

友情は何ごとよりも楽しいものであり、友情よりも人を喜ばせてくれるもの
はほかにはありません。それゆえ追従者は快さによっておびき寄せて、みず
からも快さに関わるのです。

Ὅτι μέντοι γε πάντων ἥδιστόν ἐστιν ἡ φιλία καὶ οὐδὲν ἄλλο μᾶλλον εὐφραίνει,
διὰ τοῦτο καὶ ὁ κόλαξ ἡδοναῖς ὑπάγεται καὶ περὶ ἡδονάς ἐστιν.

プルタルコス「似て非なる友について」51B（『モラリア1』177頁）

友 人

古い友人とどのような交際をしたか、
それを確かめる前にその人を友とするな。

μηδένα φίλον ποιοῦ, πρὶν ἂν ἐξετάσῃς πῶς κέχρηται τοῖς πρότερον φίλοις.

イソクラテス「デモニコスに与う」24（『弁論集1』10頁）
＊クセノポン『ソクラテス言行録1』II 6, 6参照。

何か事を行うときには
友人がそばにいるのがいかにも大切なことなんだね。

quantum est adhibere hominem amicum, ubi quid geras.

プラウトゥス「ペルシア人」595（『ローマ喜劇集3』421–422頁）

友達を助けることが自分のためにもなる。

tibi ibidem das, ubi tu tuom amicum adiuvas.

プラウトゥス「ペルシア人」614（『ローマ喜劇集3』424頁）

忌憚ない物言いをするのを遠慮して尻込みしてしまうような人物は、正しい
心をもつ人々のあいだで真の友人とは認められない。

ἐγὼ δ᾽ οὔτε φίλον οὐδέποτ᾽ ἂν ὑπολαμβάνω γνήσιον νομισθῆναι παρὰ τοῖς
ὀρθῶς φρονοῦσι τὸν δεδιότα καὶ φοβούμενον τοὺς μετὰ παρρησίας λόγους.

ポリュビオス「歴史」XXXVIII 4, 3（『歴史4』393頁）

［マケドニアの摂政］アンティパトロスは私［ポキオン］に、友人になっても
らうと同時に追従者になってもらうことはできない。

οὐ δύναται ... Ἀντίπατρος ἅμα μοι καὶ φίλῳ καὶ κόλακι χρῆσθαι.

プルタルコス「ポキオン」30, 3（『英雄伝5』308頁）

逆境にある人間に友だちなどいるでしょうか。

φίλοι γάρ εἰσιν ἀνδρὶ δυστυχεῖ τίνες;

エウリピデス「ヘラクレス」559（『悲劇全集3』44頁）

言葉のなかでもっとも貴重でいちばん頼りになるのは、不幸にあるとき役に
立ち、助けとなる言葉だと言われている。それは友人でも同じことだ。

Τῶν λόγων ἀρίστους καὶ βεβαιοτάτους ὥσπερ τῶν φίλων φασὶν εἶναι τοὺς ἐν
ταῖς συμφοραῖς παρόντας ὠφελίμως καὶ βοηθοῦντας.

プルタルコス「追放について」599A（『モラリア7』282頁）

愛する友なしには、たとえ他の善きものをすべてもっていたとしても、だれ
も生きてゆきたいとは思わないであろう。

ἄνευ γὰρ φίλων οὐδεὶς ἕλοιτ᾽ ἂν ζῆν, ἔχων τὰ λοιπὰ ἀγαθὰ πάντα.

アリストテレス『ニコマコス倫理学』1155a（354頁）

立派な人は、自分自身にかかわるのと同じ仕方で、
友にもかかわる（なぜなら、友とは「別の自己」なのだから）。

ὡς δὲ πρὸς ἑαυτὸν ἔχει ὁ σπουδαῖος, καὶ πρὸς τὸν φίλον (ἕτερος γὰρ αὐτὸς
ὁ φίλος ἐστίν).
アリストテレス『ニコマコス倫理学』1170b（437頁）
＊同書1166aにも同様の「友」の規定がある。

［アゲシラオスは］財産より友人を奪われるほうが損失が大きいと
思っていたから、盗人よりも中傷者を憎んでいた。

τούς γε μὴν διαβόλους μᾶλλον ἢ τοὺς κλέπτας ἐμίσει, μείζω ζημίαν ἡγούμενος
φίλων ἢ χρημάτων στερίσκεσθαι.
クセノポン「アゲシラオス」11,5（『小品集』75頁）

敵対している人間、見知らぬ人間、親しくしていない人間なんかを食事に招
待するような者はいないということです。思うに、この灌奠（かんてん）と食卓とこの技
術の秘儀を共に分かち合うためにはまず友人とならねばなりません。しばし
ば人が言うのを聞いていますがね、「われわれと一緒に飲み食いせぬような輩
がどうして友だちなんだ」とね。これは一緒に飲み食いする人間こそが信頼
するに足る友人だと見なしての言だということは明らかです。

Ὅτι οὐδεὶς ἐχθρὸν ἢ ἀγνῶτα ἄνθρωπον ἀλλ᾽ οὐδὲ συνήθη μετρίως ἐπὶ
δεῖπνον καλεῖ, ἀλλὰ δεῖ πρότερον οἶμαι τοῦτον γενέσθαι φίλον, ἵνα κοινω-
νήσῃ σπονδῶν καὶ τραπέζης καὶ τῶν τῆς τέχνης ταύτης μυστηρίων. ἐγὼ
γοῦν πολλάκις ἤκουσά τινων λεγόντων, "Ποταπὸς δὲ οὗτος [ὁ] φίλος ὅστις
οὔτε βέβρωκεν οὔτε πέπωκεν μεθ᾽ ἡμῶν," δῆλον ὅτι τὸν συμπίνοντα καὶ
συνεσθίοντα μόνον πιστὸν φίλον ἡγουμένων.
ルキアノス「食客」22（『食客』202頁）

雄 弁

われわれの時代に、きわ立って弁がたち社会の機微に通じた才能、鋭く器用で、とりわけ言葉の心地よさにあふれた才能は生まれるが、わずかな例外を除いて、崇高きわまりない、ひときわ偉大な才能はもはや生まれないのは、一体どうしてなのだ。文芸における一種の世界的な不毛が、それほどにこの世界を覆っている。

πῶς ποτε κατὰ τὸν ἡμέτερον αἰῶνα πιθαναὶ μὲν ἐπ᾽ ἄκρον καὶ πολιτικαί, δριμεῖαί τε καὶ ἐντρεχεῖς, καὶ μάλιστα πρὸς ἡδονὰς λόγων εὔφοροι, ὑψηλαὶ δὲ λίαν καὶ ὑπερμεγέθεις, πλὴν εἰ μή τι σπάνιον, οὐκέτι γίνονται φύσεις. τοσαύτη λόγων κοσμική τις ἐπέχει τὸν βίον ἀφορία.

ロンギノス「崇高について」XLIV 1（ロンギノス／ディオニュシオス『古代文芸論集』106頁）
＊雄弁衰退論。

夢　「夢」はギリシア語ではオネイロス ὄνειρος、ラテン語ではソムニウム somnium という。一般の信仰では、夢は神のお告げであるが、アリストテレスは「夢は神が送ったものではない」（『夢占い』463b13）と言っている。

それというのも、はかない夢の出て来る門は二つあって、一方は角で、もう一方は象牙でできている。挽き切った象牙の門を通って来た夢は、実現せぬ言葉を運んで、人を欺くが、磨き上げた角の門を通って出て来た夢は、人が見た時には、それを真（まこと）と実現させる。

δοιαὶ γάρ τε πύλαι ἀμενηνῶν εἰσιν ὀνείρων· αἱ μὲν γὰρ κεράεσσι τετεύχαται, αἱ δ᾽ ἐλέφαντι· τῶν οἳ μέν κ᾽ ἔλθωσι διὰ πριστοῦ ἐλέφαντος, οἵ ῥ᾽ ἐλεφαίρονται, ἔπε᾽ ἀκράαντα φέροντες· οἱ δὲ διὰ ξεστῶν κεράων ἔλθωσι θύραζε, οἵ ῥ᾽ ἔτυμα κραίνουσι, βροτῶν ὅτε κέν τις ἴδηται.

ホメロス『オデュッセイア』XIX 562-567（581-582頁）

神というものは好んでよく人間に未来を夜中に語ります。とはいえ、苦労を避けられるようにではなく（運命を打ち負かすことはできませんからね）、苦痛をより楽に耐えられるようにです。突然まとめて予期せぬことがふりかかると心を襲って圧倒してしまいますが、あらかじめわかっていれば、少しずつ不幸の絶頂に慣れることであらかじめ対処できますからね。

φιλεῖ δὲ τὸ δαιμόνιον πολλάκις ἀνθρώποις τὸ μέλλον νύκτωρ λαλεῖν, οὐχ ἵνα φυλάξωνται μὴ παθεῖν (οὐ γὰρ εἱμαρμένης δύνανται κρατεῖν), ἀλλ' ἵνα κουφότερον πάσχοντες φέρωσι. τὸ μὲν γὰρ ἐξαίφνης ἀθρόον καὶ ἀπροσδόκητον ἐκπλήσσει τὴν ψυχὴν ἄφνω προσπεσὸν καὶ κατεβάπτισε, τὸ δὲ πρὸ τοῦ παθεῖν προσδοκώμενον προκατηνάλωσε κατὰ μικρὸν μελετώμενον τοῦ πάθους τὴν ἀκμήν.　　アキレウス・タティオス『レウキッペとクレイトポン』Ⅰ３, ２（７頁）

ところで彼［プラトン］は多くの人を自分の信奉者にし、非常に多くの人々を裨益したが、死に際に一つの夢を見た。それは自分が白鳥となって木から木へと飛び渡り、そのため鳥刺しに多大の面倒を与えているという夢であった。ソクラテス学派のシミアスはその夢をこう判断した。後にプラトンを解説しようとする者にとって彼は捉え難いものとなるだろう、と。というのは古人の思想を捕えようとする解釈者は鳥刺しに似ているからだが、彼の教説は自然学的にも倫理的にも神学的にも、つまり端的に言って、ちょうどホメロスの詩もそうであるように、多様に聞くことができるものだから捉え難いのである。というのは彼ら二人の魂はあらゆる調べを含むと言われ、それゆえ両者は多様な意味で聞くことができるのである。

πολλοὺς τοίνυν ἐραστὰς αὑτοῦ καταστήσας καὶ πλείστους ὠφελήσας, μέλλων τελευτᾶν ἐνύπνιον εἶδεν ὡς κύκνος γενόμενος ἀπὸ δένδρου εἰς δένδρον μετέρχεται καὶ ταύτῃ πόνον πλεῖστον παρεῖχε τοῖς ἰξευταῖς. ὁ Σιμμίας ὁ Σωκρατικὸς ἔκρινεν, ὅτι ἄληπτος ἔσται τοῖς μετ' αὐτὸν ἐξηγεῖσθαι βουλομένοις αὐτόν· ἰξευταῖς γὰρ ἐοίκασι οἱ ἐξηγηταὶ τὰς ἐννοίας τῶν ἀρχαίων θηρᾶσθαι πειρώμενοι, ἄληπτος δέ ἐστιν ἐπειδὴ καὶ φυσικῶς καὶ ἠθικῶς καὶ θεολογικῶς καὶ ἁπλῶς πολλαχῶς ἐστιν ἀκούειν τῶν αὐτοῦ, καθάπερ καὶ τῶν Ὁμήρου. δύο γὰρ αὗται ψυχαὶ λέγονται γενέσθαι παναρμόνιοι, διὸ παντοδαπῶς ἐστιν ἀκούειν ἀμφοτέρων.
　　　　オリュンピオドロス「プラトンの生涯」２（『プラトン哲学入門』288頁）

さらに次のような話もある。膝の上に抱いていた白鳥の雛がたちまちのうちに翼を生やし、美しく鳴いて飛び去るという夢をソクラテスは見た。翌日プラトンがソクラテスに紹介されたとき、ソクラテスは、この男があの鳥だったのだと言った、と。

λέγεται δ' ὅτι Σωκράτης ὄναρ εἶδε κύκνου νεοττὸν ἐν τοῖς γόνασιν ἔχειν, ὃν καὶ παραχρῆμα πτεροφυήσαντα ἀναπτῆναι ἡδὺ κλάγξαντα· καὶ μεθ' ἡμέραν Πλάτωνα αὐτῷ συστῆναι, τὸν δὲ τοῦτον εἰπεῖν εἶναι τὸν ὄρνιν.
　　　　ディオゲネス・ラエルティオス「プラトン伝」５（『プラトン哲学入門』206頁）

わたしを見ようとする人には見えません。見ようとしないと見えるのです。喋ってもいないのに喋り、走ってもいないのに走るのです。わたしは嘘つきですが、いつも本当のことを言います。［この「わたし」とは何か？］

Οὐδεὶς βλέπων βλέπει με, μὴ βλέπων δ᾽ ὁρᾷ·ὁ μὴ λαλῶν λαλεῖ, ὁ μὴ τρέχων τρέχει·ψευδὴς δ᾽ ὑπάρχω, πάντα δ᾽ ἀληθῆ λέγω.

「ギリシア詞華集」XIV 110（『ギリシア詞華集4』250頁）
＊謎々。答えは「夢」。

酔 い ざ ま し

ここでひと風呂浴びて、キャベツをどっさり食べれば、頭の重いのもすっとして、今君の額にかかっている憂いの雲も消えるだろうぜ。

ἐὰν λούσησθε νῦν ῥάφανόν τε πολλὴν ἐντράγητε, παύσεται τὸ βάρος διασκεδᾷ τε τὸ προσὸν νῦν νέφος ἐπὶ τοῦ μετώπου.

アテナイオス「食卓の賢人たち」I 34e（『食卓の賢人たち1』123頁）
＊エジプト人は、酒宴の際にはかならず煮たキャベツを食したという。そのことを紹介する詩文の一つ。

用 心

騙されないように用心する者は、
用心しているつもりでもまるで用心できていない。

qui cavet ne decipiatur vix cavet,cum etiam cavet.

プラウトゥス「捕虜」255（『ローマ喜劇集1』410頁）

良 き 市 民

私は何度もたくさんの臨時財産税を払い、多くの三段櫂船奉仕を務め、立派に合唱隊奉仕を務め、多くの者に友情融資をなし、多くの者のために多額の保証金を払ってやったのです。私は財産を裁判に訴えて獲得したのではなく、働いて得たのですし、よく犠牲を捧げ、法に反したこともありません。

ἐμὲ δὲ … πολλὰς μὲν καὶ μεγάλας εἰσφορὰς εἰσφέροντα, πολλὰ δὲ τριηραρχοῦντα, λαμπρῶς δὲ χορηγοῦντα, πολλοὺς δὲ ἐρανίζοντα, μεγάλας δὲ ὑπὲρ πολλῶν ἐγγύας ἀποτίνοντα, τὴν δὲ οὐσίαν οὐ δικαζόμενον ἀλλ᾽ ἐργαζόμενον κεκτημένον, φιλοθύτην δὲ καὶ νόμιμον ὄντα.

アンティポン「第二番弁論」B12（アンティポン／アンドキデス『弁論集』28頁）

しかし、私は良き市民たる義務だと思うのです、人々のために率先して危険
を冒そうとするのは、そして、国家のために個人的な敵を作るのを恐れず、安
閑としていないのは。個人のことにこだわる人によっては、国家がより大き
くなることはできません、公共のことを考える人によって偉大で自由なもの
となるのです。

Πολίτου δὲ ἀγαθοῦ νομίζω προκινδυνεύειν ἐθέλειν τοῦ πλήθους, καὶ μὴ
καταδείσαντα τὰς ἔχθρας τὰς ἰδίας ὑπὲρ τῶν δημοσίων ἔχειν ἡσυχίαν· διὰ μὲν
γὰρ τοὺς τῶν ἰδίων ἐπιμελουμένους οὐδὲν αἱ πόλεις μείζους καθίστανται, διὰ
δὲ τοὺς τῶν κοινῶν μεγάλαι καὶ ἐλεύθεραι γίγνονται.

アンドキデス「第四番弁論」1（アンティポン／アンドキデス『弁論集』334頁）

善 き 人

善き人びとについては、これを賞讃するにとどまらず、
さらにまねなければならない。

μὴ μόνον ἐπαινεῖτε τοὺς ἀγαθούς, ἀλλὰ καὶ μιμεῖσθε.

イソクラテス「ニコクレス」61（『弁論集1』56頁）

よ く 生 き る

最も大切にすべきは、ただ生きることではなくて、
よく生きることである。

οὐ τὸ ζῆν περὶ πλείστου ποιητέον ἀλλὰ τὸ εὖ ζῆν.

プラトン「クリトン」48B（『エウテュプロン／ソクラテスの弁明／クリトン』158頁）

正しく生きることの選択は、われわれの手中にある。

recte uiuendi optio penes nos est.　　カルキディウス『プラトン「ティマイオス」註解』163（210頁）

欲 望

愚かなり、目の前にあるものを捨て、無いものを追い求める者は。

νήπιος, ὃς τὰ ἑτοῖμα λιπὼν ἀνέτοιμα διώκει.　　ヘシオドス断片240（『全作品』419頁）

欲望に憑かれてあるまじき所業に手を初める輩はいずれも、最悪の困難を覚悟するのではなく成功の暁に手にするものを当てにするのが世の慣いだ。

τῶν γὰρ ὑπὲρ τοῦ πλεονεκτεῖν ἐπιχειρούντων οἷς οὐ χρὴ οὐ τὰ δυσχερέσταθ᾽ ἕκαστος εἴωθε λογίζεσθαι, ἀλλ᾽ ἃ κατορθώσας διαπράξεται.

デモステネス「アリストクラテス弾劾」114(『弁論集4』59頁)

[でも、] 資力は、満たされがたい貪欲を消し去ることはできませんし、権限は、悪徳的な情欲がほどけない鎖で縛られた状態に捉えているひとを自制的にはしませんし、不誠実なひとたちにもたらされた顕職は、彼らをそれにふさわしくしないばかりか、むしろふさわしくないひとたちをつくりだして、見せつけるものです。

[Atqui] nec opes inexpletam restinguere auaritiam queunt, nec potestas sui compotem fecerit quem uitiosae libidines insolubilibus adstrictum retinent catenis, et collata improbis dignitas non modo non efficit dignos sed prodit potius et ostentat indignos.

ボエティウス『哲学のなぐさめ』II 散6, 18(90頁)

予 言 者

予言者とはいったい何者だ。当てるといっても真実はわずかで、
たいていは嘘ばかり言う。当てられなければ一切無と化す輩だ。

τίς δὲ μάντις ἔστ᾽ ἀνήρ, ὃς ὀλίγ᾽ ἀληθῆ, πολλὰ δὲ ψευδῆ λέγει τυχών, ὅταν δὲ μὴ τύχηι διοίχεται;　エウリピデス「アウリスのイピゲネイア」956–958(『悲劇全集5』74頁)

世 の 中

世の中とはそんなもの。不動のものは何一つありません。

τὰ θνητὰ τοιαῦτ᾽· οὐδὲν ἐν ταὐτῶι μένει.

エウリピデス「イオン」969(『悲劇全集3』390頁)

喜 び

予想を超える大きな喜びは、苦悩や恐怖にもまして、
人の心を錯綜させ迷走させる。

οὕτως ἄρα καὶ λύπης καὶ φόβου μᾶλλον ἐξίστησι καὶ σάλον παρέχει τῇ ψυχῇ τὸ χαίρειν ἄνευ λογισμοῦ παραγινόμενον.　プルタルコス「アラトス」17, 7(『英雄伝6』412頁)

［ ラ 行 ］

理 性

いや心配ないよ、君、わたしたちにはそれに対抗する強力な解毒剤がある。真実とどんな場合でも正しさを失わぬ理性だ。これを使用すれば、あんな空虚な馬鹿げた嘘話のどれ一つにもわずらわされないですむはずだ。

Ἀλλὰ θαρρῶμεν, ὦ φιλότης, μέγα τῶν τοιούτων ἀλεξιφάρμακον ἔχοντες τὴν ἀλήθειαν καὶ τὸν ἐπὶ πᾶσι λόγον ὀρθόν, ᾧ χρωμένους ἡμᾶς μηδὲν μὴ ταράξῃ τῶν κενῶν καὶ ματαίων τούτων ψευσμάτων.

ルキアノス「嘘好き人間」40（『食客』261頁）

一般的に、動物が理性を分け持つことを哲学者たちが論証する際の証拠は、動物に備わる、目標や準備や記憶や感情、子供への配慮や快適さへの喜び、痛みを与えるものに対する復讐心、さらには、必要なものを見つける能力、勇敢さや協調性や自制心や度量の大きさなどの徳の表出なのです。

καθόλου δ’, ἐπεὶ δι’ ὧν οἱ φιλόσοφοι δεικνύουσι τὸ [τε] μετέχειν λόγου τὰ ζῷα, προθέσεις εἰσὶ καὶ παρασκευαὶ καὶ μνῆμαι καὶ πάθη καὶ τέκνων ἐπιμέλειαι καὶ χάριτες εὖ παθόντων καὶ μνησικακίαι πρὸς τὸ λυπῆσαι, ἔτι δ’ εὑρέσεις τῶν ἀναγκαίων, ἐμφάσεις ἀρετῆς, οἷον ἀνδρείας κοινωνίας ἐγκρατείας μεγαλοφροσύνης, ...

プルタルコス「陸棲動物と水棲動物ではどちらがより賢いか」966B（『モラリア12』184頁）

ストア派やペリパトス派の人々は、これに真っ向から反論しているのです。つまり、もしすべての動物に理性が備わっていたら、正義は完全に形を失い、実質を失うが、正義はそれ以外の在り方を保てないのだ、と。

οἱ γὰρ ἀπὸ τῆς Στοᾶς καὶ τοῦ Περιπάτου μάλιστα πρὸς τοὐναντίον ἐντείνονται τῷ λόγῳ, τῆς δικαιοσύνης ἑτέραν γένεσιν οὐκ ἐχούσης, ἀλλὰ παντάπασιν ἀσυστάτου καὶ ἀνυπάρκτου γιγνομένης, εἰ πᾶσι τοῖς ζῴοις λόγου μέτεστι.

プルタルコス「陸棲動物と水棲動物ではどちらがより賢いか」963F（『モラリア12』176頁）

良 心

ひとりひとりの心のなかに住む良心にもまして手ごわい証人はなく、恐るべき告発者はない。

οὐδεὶς γὰρ οὕτως οὔτε μάρτυς ἐστι φοβερὸς οὔτε κατήγορος δεινὸς ὡς ἡ σύνεσις ἡ κατοικοῦσ᾽ ἐν ταῖς ἑκάστων ψυχαῖς.

ポリュビオス「歴史」XVIII 43, 13（『歴史3』479頁）

輪廻転生

プラトンの書物を読むと輪廻転生説が出てくる。輪廻転生説は仏教だけのものではなく、アジアで生まれ、一部はギリシアに、一部はインドに渡来した。ピタゴラスは、アイタリデス、エウポルボス、ヘルモティモス、猟師ピュロス、そしてピタゴラスへの輪廻転生を受け、しかもそれぞれで経験したことを覚えていたという。

魂に関して語られる、肉体へのふたたびの移住について、もしその証明が信用に価せずとも、少なくともその疑わしさは大いなる用心と恐怖に価する。

τῆς λεγομένης ταῖς ψυχαῖς εἰς σώματα πάλιν μεταβολῆς εἰ μὴ πίστεως ἄξιον τὸ ἀποδεικνύμενον, ἀλλ᾽ εὐλαβείας γε μεγάλης καὶ δέους τὸ ἀμφίβολον.

プルタルコス「肉食について」998D（『モラリア12』300頁）

魂は死ぬことがない。いつでも、前の住処をあとにしたら、
新しい家で生き続ける。そこに迎えられて住むのだ。

morte carent animae semperque priore relictaesede nouis domibus uiuunt habitantque receptae.

オウィディウス「変身物語」XV 158–159（『変身物語2』318頁）

霊　感

われわれはそれらを作ったのが神アポロンだなどと見なしたりはしない。むしろ、神は動のきっかけを与えるだけであって、一人ひとりの巫女がそのつど動かされてその本性にふさわしいものを作るというのがわれわれの見解だ。というのは、もし神託が口頭で伝えられるのではなく、文字で書かれねばならなかったのだとしても、思うにわれわれは、それらの文字を神のものと見なして、文字の美しさにおいて王の書記官たちに及ばないなどと言って非難したりはしなかっただろうからね。つまり、少なくとも声は神のものではないし、発話も語法も韻律も神のものではなく、神託を語る当の女性のもので

ある。神は彼女の心の中にイメージだけをもたらし、未来を照らし出す光を
その魂の中に灯す。じっさい霊感とはこういったものなのだ。

μὴ νομίσωμεν αὐτὰ πεποιηκέναι τὸν θεόν, ἀλλ᾽ ἐκείνου τὴν ἀρχὴν τῆς
κινήσεως ἐνδιδόντος ὡς ἑκάστη πέφυκε κινεῖσθαι τῶν προφητίδων. καὶ γὰρ εἰ
γράφειν ἔδει μὴ λέγειν τοὺς χρησμούς, οὐκ ἂν οἶμαι τοῦ θεοῦ τὰ γράμματα
νομίζοντες ἐψέγομεν, ὅτι λείπεται καλλιγραφίᾳ τῶν βασιλικῶν. οὐ γὰρ ἔστι
θεοῦ ⟨γ᾽⟩ ἡ γῆρυς οὐδ᾽ ὁ φθόγγος οὐδ᾽ ἡ λέξις οὐδὲ τὸ μέτρον ἀλλὰ τῆς
γυναικός· ἐκεῖνος δὲ μόνας τὰς φαντασίας παρίστησι καὶ φῶς ἐν τῇ ψυχῇ
ποιεῖ πρὸς τὸ μέλλον· ὁ γὰρ ἐνθουσιασμὸς τοιοῦτόν ἐστι.

プルタルコス「ピュティアは今日では詩のかたちで神託を降ろさないことについて」
397B–C（『モラリア5』184頁）
＊冒頭の「それら」とは、神託を言葉で表したもの。

「歴史」を意味するギリシア語ヒスト
リアー ἱστορία（ラテン語もヒストリア
historia）は、もともと探究、調査の意。
さまざまな出来事の由来や原因を調
査し、記述したものが歴史である。

歴史

人間にとって過去のできごとを知ることは、
自らの行ないを正すための最も手近な方法である。

μηδεμίαν ἑτοιμοτέραν εἶναι τοῖς ἀνθρώποις διόρθωσιν τῆς τῶν
προγεγενημένων πράξεων ἐπιστήμης.　　　ポリュビオス「歴史」I 1, 1（『歴史1』4頁）

現実的歴史から得られる経験こそは、
実生活のための最良の教育だと考えねばならない。

καλλίστην παιδείαν ἡγητέον πρὸς ἀληθινὸν βίον τὴν ἐκ τῆς πραγματικῆς
ἱστορίας περιγινομένην ἐμπειρίαν.　　　ポリュビオス「歴史」I 35, 9（『歴史1』56頁）

きわめて重大な事件はしばしばほんの些細な事から生じる。

φύεται μὲν ἐκ τῶν τυχόντων πολλάκις τὰ μέγιστα τῶν πραγμάτων.

ポリュビオス「歴史」III 7, 7（『歴史1』248頁）

過去に起こった類似の事例を現代に移し変えることによって、
未来を予見するための基礎と材料が得られる。

ἐκ γὰρ τῶν ὁμοίων ἐπὶ τοὺς οἰκείους μεταφερομένων καιροὺς ἀφορμαὶ
γίνονται καὶ προλήψεις εἰς τὸ προϊδέσθαι τὸ μέλλον.

ポリュビオス「歴史」XII 25b, 3(『歴史3』248頁)

COLUMN　　　　　　歴 史 に 名 を 残 し た 娼 婦 た ち

　古代ギリシアの娼婦にはポルネーπόρνηとヘタイラーἑταίραがあり、前者は売春宿
で春をひさぐ女だが、ヘタイラーは高級娼婦で、文学・芸術の教養を身につけ会話術
にもすぐれていた。ヘタイラーには名の知れた人が多かった。

　幼少より美貌で名を馳せ、賢人ソクラテスをとりこにしたと言われるアルキビアデス
は、ペロポネソス戦争の局面を打開するためシチリア遠征を企て指揮官に選ばれる。
遠征の途次身に危険がおよぶと、たちまちスパルタに亡命する。スパルタ王妃と密通
し、不義が露見すると、あろうことか今度はペルシアへ逃亡した。そんなアルキビアデ
スにつき従ったのが娼婦ティマンドラである。彼女はそのたくみな技倆でいつもアルキ
ビアデスの無聊を慰め、二人でプリュギアの僻村に滞在していたとき、アルキビアデス
を恨む男たちによって家に火をかけられる。家を飛び出して射殺された主人を彼女は
自らの衣服で覆い、丁重に葬ったという。

　ティマンドラの娘がライスである。ライスという名の娼婦は何人かいて、なかでも名
妓の評判の高く、絶世の美女と謳われたのがコリントス出身のライスだが、ティマンド
ラの娘のライスも有名で、哲学者のアリスティッポスや弁論家のデモステネスをとりこに
したと伝わっている。

歴 史 書

私に言わせれば、歴史書はそっけない、無造作な、平凡な文体で書かれてい
てはならず、何がしか詩的な趣を持っていなければなりません。

ἐγὼ δὲ οὔτε αὐχμηρὰν καὶ ἀκόσμητον καὶ ἰδιωτικὴν τὴν ἱστορικὴν εἶναι
πραγματείαν ἀξιώσαιμ᾽ ἄν, ἀλλ᾽ ἔχουσάν τι καὶ ποιητικόν.

ディオニュシオス「トゥキュディデス論」51, 4(ロンギノス／ディオニュシオス『古代文芸論集』242頁)

労 働

労働は不面目ではない、働かないのが不面目なのだ。

ἔργον δ᾽ οὐδὲν ὄνειδος, ἀεργίη δέ τ᾽ ὄνειδος.

ヘシオドス「仕事と日」311（『全作品』177頁）
*トゥキュディデス『歴史』II 40, 1参照。

裸で耕し、裸で種を播け。

nudus ara, sere nudus.　　　ウェルギリウス「農耕詩」I 299（『牧歌／農耕詩』94頁）
*ヘシオドス「仕事と日」391（『全作品』182頁）にも見られる言葉。

王が監視している方が人ははるかによく働くものだからだ。

ἐπεὶ πολὺ λώιον ἄνδρες ἔργῳ ἐποίχονται, ὁπότ᾽ εἰσορόωσιν ἄνακτες.
クイントス・スミュルナイオス『ホメロス後日譚』XII 342–343（483頁）

老年 古代には「老年論」と呼ばれるものがあった。プラトン『国家』第1巻ケパロスの老年論、キケロの『老年について』などがある。昔から老年を嘆く言葉は多いが、本項に引用したソロンのように、老いてもなお学ぶべきものはあると考える人もいた。

老人が死にたいというのは嘘です。老いを託ち、長生きは嫌だというくせに、死期が近くなってごらんなさい、誰も死にたいとは言いません。彼らには老いは荷物じゃありません。

μάτην ἄρ᾽ οἱ γέροντες εὔχονται θανεῖν, γῆρας ψέγοντες καὶ μακρὸν χρόνον βίου· ἢν δ᾽ ἐγγὺς ἔλθῃ θάνατος, οὐδεὶς βούλεται θνῄσκειν, τὸ γῆρας δ᾽ οὐκέτ᾽ ἔστ᾽ αὐτοῖς βαρύ.　　エウリピデス「アルケスティス」669–672（『悲劇全集1』57頁）

つらい老年がやって来ると美男とて醜くなり、つらい心配事がつねに心を悩ませ、陽の光を見ても喜ばず、少年には厭われ、女には侮られる。神様は老年をこんなにもつらいものになさった。

ἐπεὶ δ᾽ ὀδυνηρὸν ἐπέλθηι γῆρας, ὅ τ᾽ αἰσχρὸν ὁμῶς καὶ κακὸν ἄνδρα τιθεῖ,
αἰεί μιν φρένας ἀμφὶ κακαὶ τείρουσι μέριμναι, οὐδ᾽ αὐγὰς προσορῶν τέρπεται
ἠελίου, ἀλλ᾽ ἐχθρὸς μὲν παισίν, ἀτίμαστος δὲ γυναιξίν· οὕτως ἀργαλέον γῆρας
ἔθηκε θεός.　　　　　　　　　　ミムネルモス断片1（テオグニス他『エレゲイア詩集』49–50頁）

私はつねに多くのことを学びながら年をとる。

γηράσκω δ᾽ αἰεὶ πολλὰ διδασκόμενος.
　　　　　　　　　　　　　　ソロン断片18（テオグニス他『エレゲイア詩集』91頁）
　　＊プラトンの作と伝えられる『恋がたき』（133C）の引用による。プラトンは『ラケス』（188B）、『国
　　家』（第7巻536D）などでもこの詩句に言及している。

すでに私のこめかみは白鳥の羽のようになり、白き老年が黒髪を染めている。
すでに衰弱の年月と活動停止の老年が忍び寄り、すでに力を失った私にとっ
て自分を支えることが難しくなっている。

Iam mea cycneas imitantur tempora plumas, inficit et nigras alba senecta comas. iam
subeunt anni fragiles et inertior aetas, iamque parum firmo me mihi ferre grave est.
　　　　　　オウィディウス「悲しみの歌」IV 8, 1–4（『悲しみの歌／黒海からの手紙』176頁）

老齢の故をもってソロンをアレイオスパゴス［アレスの丘］の評議会から、
大カトーを元老院から、われわれは追い出してはならない。

μηδὲ τῆς ἐξ Ἀρείου πάγου βουλῆς Σόλωνα μηδὲ τῆς συγκλήτου Κάτωνα διὰ τὸ
γῆρας ἐξάγωμεν.　プルタルコス「老人は政治活動に従事するべきか」790C（『モラリア9』163頁）
　　＊政治家を年齢を理由に退職させるべきではないという意。

老人は経験によって、若者は本性たる若さによって人に優れている。

οἱ μὲν [γεραίτεροι] ἐμπειρίᾳ τὴν ἀρετήν, οἱ δὲ [τῆς ἡλικίας ἐντὸς γεγονότες]
φύσει κεκτημένοι.
　　　リュシアス「コリントス戦争の援軍として斃れた戦士への葬礼演説」2, 50（『弁論集』36頁）

COLUMN　　　　　　　　　　　　　　　　　古 代 の 老 年 観

　古代における老後の生活はけっして楽なものではなかった。国家も医療従事者も
高齢者のケアについてほとんど関心を示していなかったから、安楽な生活を維持する
ためにはもっぱら息子たちの援助に頼るしかなかった。詩人ユウェナリスには「死より

もはるかに恐ろしき老年」(『風刺詩』11, 45)という言葉がある。

　一方で、ホメロスに登場するネストルの例でもわかるように、老人は豊かな知恵を有する者として尊敬された。いわゆる「老年論」は哲学者たちの関心を集めた。プラトンの『国家』の冒頭などにもみえるし、キケロは「性急な行動は青春につきもの、分別は老年につきもの」(『老年について』VI 20)といった格言のような言葉を残している。

浪 費

陛下は信心深いわけでもなく、名誉を重んじるわけでもない、ただ病気をおもちだ。館を建ててよろこぶ病気をだな。かの、話に出てくるミダス王のごとく、自分に触れるあらゆるものが、金と大理石になればよいとお思いだ。

οὐκ εὐσεβὴς οὐδὲ φιλότιμος τύ γ᾽ ἐσσί· ἔχεις νόσον· χαίρεις κατοικοδομῶν, ὥσπερ ὁ Μίδας ἐκεῖνος ἅπαντά σοι χρυσᾶ καὶ λίθινα βουλόμενος γενέσθαι.

プルタルコス「ププリコラ」15, 6 (『英雄伝1』300頁)

演劇の最初の起源もまた、他の物のささやかな始まりのなかに加えうるように思われた。しかしその結果明らかになったのは、いかに始まりが健全であろうと、そこから富裕な王国にとってさえほとんど耐えがたいこの馬鹿げた浪費へと至ってしまったということだ。

inter aliarum parua principia rerum ludorum quoque prima origo ponenda uisa est, ut appareret quam ab sano initio res in hanc uix opulnetis regnis tolerabilem insaniam uenerit.

リウィウス『ローマ建国以来の歴史3』VII 2, 12 (102頁)

ローマ人の気質

われわれの精神と肉体には勇敢さと忍耐心が宿っている。

et animis et corporibus suis uirilem patientiam inesse.

リウィウス『ローマ建国以来の歴史2』V 6, 5 (293頁)

ローマ人の気概は平等な法の下でも決して衰えることがない。

nec aequatis legibus imminutam uirtutem populi Romani esse.

リウィウス『ローマ建国以来の歴史2』III 61, 6 (126頁)

論 理 学

ストア派の人々は、論理学〔ことばの学〕は哲学の道具〔オルガノン〕と呼ばれるべきではないのみならず、何らかの小部分と呼ばれるべきでないとし、これをむしろ哲学の部分としている。

οἱ μὲν Στωϊκοὶ τὴν λογικὴν οὐ μόνον ὄργανον οὐκ ἀξιοῦσι καλεῖσθαι φιλοσοφίας, ἀλλ᾽ οὐδὲ μόριον τὸ τυχόν, ἀλλὰ μέρος.

クリュシッポス「初期ストア派断片集」II 49（『初期ストア派断片集2』53-54頁）
　＊アリストテレスとその学派（ペリパトス派）では論理学を「諸学問を遂行するための道具（オルガノン）」として捉えたが、ストア派の人々は〈ことばの学〉を「哲学の部分」とみなす。〈ことばの学〉の対象である〈ロゴス〉は「自然法則」として世界内に浸透しており、「神」とも呼ばれるものだからである。

アリストテレスは述べなかったが昨今の人々〔ストア派の人々〕が──論証のために無益であるにもかかわらず──語ったことがらを、これらのことがらをアリストテレスが無視したのは、無知のゆえではなく、これらが無益だからである。

καὶ ταῦτα, περὶ ὧν αὐτὸς μὲν οὐκ εἴρηκε (Aristoteles), λέγουσι δὲ οἱ νεώτεροι, ἀχρήστων ὄντων πρὸς ἀπόδειξιν, δι᾽ ἀχρηστίαν οὐ δι᾽ ἄγνοιαν παρέλιπεν. クリュシッポス「初期ストア派断片集」II 259（『初期ストア派断片集2』360頁）
　＊たとえば「もしAであるならBである。しかるにAである。ゆえにBである」という推論形式において、BをAと同一の命題とすると「もしAであるならばAである。しかるにAである。ゆえにAである」という推論が形成される。アリストテレスは、このような推論を「新たな知識をもたらさない無益な推論」として無視したが、ストア派の人々は、完璧な学を構築するためにこのような推論についても積極的に論じた。われわれはここにストア派の〈ことばの学〉の性格を見て取ることができる。

［ ワ 行 ］

若 さ

ああ情けないこと、人間、若いということは悪なのですね。
とりわけ若さに加えて道理を弁えぬ者の場合は。

φεῦ φεῦ· κακόν γε θνητοῖς τὸ νέον ἔν τε τῶι νέωι τὸ μὴ δίκαιον ὅστις ἀνθρώπων ἔχει.　エウリピデス「アンドロマケ」183-185（『悲劇全集2』19頁）

若さこそ、富んでいてもこの上なく愛しく、
また貧窮の身にもこの上なく愛しい。

ἃ καλλίστα μὲν ἐν ὄλβωι, καλλίστα δ' ἐν πενίαι.

エウリピデス「ヘラクレス」647–648（『悲劇全集3』50頁）

神さまの託宣が実を結ばないのを、ぼくのせいにしたくない。やらなきゃならん。若い者にはどんな苦労も言い訳の種にはならんのだから。

οὐ γὰρ τὸ τοῦ θεοῦ γ' αἴτιος γενήσομαι   πεσεῖν ἄχρηστον θέσφατον·
τολμητέον. μόχθος γὰρ οὐδεὶς τοῖς νέοις σκῆψιν φέρει.

エウリピデス「タウロイ人の地のイピゲネイア」120–122（『悲劇全集3』216頁）

別 れ

アガメムノン　ほら、このとおりだ、おまえに会えて、娘よ、嬉しいぞ。
イピゲネイア　ではなぜ目から涙をおこぼしになるのです？
アガメムノン　いずれ来る別離（わかれ）は長いものとなるからだ。

Αγ. ἰδού, γέγηθά σ' ὡς γέγηθ' ὁρῶν, τέκνον. Ιφ. κᾆπειτα λείβεις δάκρυ' ἀπ'
ὀμμάτων σέθεν; Αγ. μακρὰ γὰρ ἡμῖν ἡ 'πιοῦσ' ἀπουσία.

エウリピデス「アウリスのイピゲネイア」649–651（『悲劇全集5』50–51頁）

禍

まこと人間には、出会わぬほどに離れてある禍（わざわい）などない。

ὡς οὐκ ἀνθρώποισι κακὸν μήκιστον ἐπαυρεῖν.

アポロニオス・ロディオス『アルゴナウティカ』I 82（10頁）

悪 だ く み

何たって結局おもしろいのは、しみったれた、年のいった、欲の深い、けちな奴らから金を巻き上げることだ。

nam id demum lepidumst, triparcos homines, vetulos, avidos, aridos bene admordere.

プラウトゥス「ペルシア人」266–267（『ローマ喜劇集3』387頁）

われわれのもの

確かに、欲求、判断、意志、同意、準備、選択、回避はわれわれのものであるが、他方、富、名声、容姿、頑健、その他、われわれが望むことはできるが、所有権を主張できないようなものは、われわれのものではない。

nostra quidem appetitus iudicium uoluntas consensus praeparatio electio declinatio, aliena uero diuitiae gloria species fortitudo ceteraque quae potius optare possumus quam uindicare.　　　カルキディウス『プラトン「ティマイオス」註解』164（210頁）

＊本来自分が所有するものと所有しないものとの峻別を述べた箇所。

［本文画像出典］
数字は本文の頁数を表す。

Harry Thurston Peck (ed.), *Harper's Dictionary of Classical Literature and Antiquities*, New York (1898)　p.008, 014, 019, 025, 030, 032, 038, 040, 045, 047, 049, 051, 055, 058, 060, 064, 077, 080, 089, 098, 105, 113, 123, 129, 134, 138, 144, 147, 149, 150, 151, 165, 167, 173, 174, 183, 197, 198, 199, 202, 208, 215, 219, 228, 229, 233, 240, 242, 247

F. Warre Cornish (ed.), *A Concise Dictionary of Greek and Roman Antiquities: Based on Sir William Smith's Larger Dictionary, and Incorporating the Results of Modern Research*, London (1898)　p.021, 162, 221

Wellcome Collection (https://wellcomecollection.org/works/x3cm6nze)　p.090

WIKIMEDIA COMMONS　p.028, 139, 158

メトロポリタン美術館所蔵品より加工　p.007, 011, 023, 031, 035, 036, 073, 082, 085, 116, 119, 170, 188, 204, 217, 239

アムステルダム国立美術館所蔵品より加工　p.053

著 作 名 索 引

「西洋古典叢書」収録の著作家のジャンルの目安、活動年代を簡単な説明文
とともに掲載する。太字の**哲**は哲学、**史**は歴史、**文**は文学、**科**は科学である
ことを、**G**はギリシア語作家、**L**はラテン語作家であることを示す。数字は
本書の収録頁を表わす。本叢書の既刊書で採録できなかった書目もあること
をお断りしておく。

西洋古典名言名句集

© Kyoto University Press Editorial Office 2023

2023 年 12 月 12 日　初版第一刷発行

編　者　　西洋古典叢書編集部

発行人　　足　立　芳　宏

京都大学学術出版会

京都市左京区吉田近衛町 69 番地
京都大学吉田南構内（〒606-8315）
電　話（０７５）７６１-６１８２
Ｆ Ａ Ｘ（０７５）７６１-６１９０
Home page https://www.kyoto-up.or.jp
振　替　０１０００-８-６４６７７

ISBN978-4-8140-0506-2
Printed in Japan

ブックデザイン　森　華
印刷・製本　亜細亜印刷株式会社
定価はカバーに表示してあります

西洋古典叢書

ギリシア・ラテンのあらゆる作品群の悉皆翻訳をめざす一大書林

- ▶ 専門研究者によるギリシア・ラテン語原典からの新訳
- ▶ 充実した訳註と解説で作品に対する深い理解をサポート
- ▶ 正確でわかりやすい日本語訳で、一般読者も楽しめる

体裁：四六判変型 上製　　配本間隔：不定期 年5~6冊

刊行書目一覧
https://www.kyoto-up.or.jp/

入門ガイドブック
「西洋古典叢書がわかるリターンズ」無料公開中！